三语环境下外语教师课堂语码转换研究

● 刘全国 著

中国社会科学出版社

图书在版编目(CIP)数据

三语环境下外语教师课堂语码转换研究／刘全国著.
北京：中国社会科学出版社，2012.12
ISBN 978-7-5161-2305-8

Ⅰ.①三… Ⅱ.①刘… Ⅲ.①民族地区-外语教学-教学研究 Ⅳ.①H09

中国版本图书馆 CIP 数据核字(2013)第 055454 号

出 版 人	赵剑英	
责任编辑	任　明	
责任校对	韩天炜	
责任印制	李　建	

出　版	中国社会科学出版社	
社　址	北京鼓楼西大街甲 158 号（邮编 100720）	
网　址	http://www.csspw.cn	
	中文域名：中国社科网　010-64070619	
发 行 部	010-84083685	
门 市 部	010-84029450	
经　销	新华书店及其他书店	

印　刷	北京奥隆印刷厂	
装　订	北京市兴怀印刷厂	
版　次	2012 年 12 月第 1 版	
印　次	2012 年 12 月第 1 次印刷	

开　本	710×1000　1/16	
印　张	16	
插　页	2	
字　数	253 千字	
定　价	45.00 元	

凡购买中国社会科学出版社图书，如有质量问题请与本社联系调换
电话：010-64009791
版权所有　侵权必究

前　言

我们生活的世界是一个多民族多语言的世界，使用两种以上语言进行交际的现象极为普遍。在双语或多语社区中，交际事件中的人们在两种或两种以上语言间进行语码转换也就成了非常普遍的社会语言现象。课堂是师生双方在互相交往中共同建构知识、传承文化的交际场域，课堂话语是实现课堂交往的语言载体和话语机制。在多语环境下，课堂语码转换是课堂话语得以实现和延续的重要手段，也是教师课堂话语的显著特点。本书关涉的是三语环境下外语教师课堂语码转换现象。

本书第一章为绪论，阐明了本书的研究背景、意义和创新。本章首先指出多元文化教育思想是三语教学的教育学基础，双语教育的蓬勃发展是三语教学的理论和现实基础，而三语教学研究的前沿性和创新性则为三语环境下教师课堂语码转换研究提供了广阔的生长空间和全新的研究意义；就研究意义而言，本研究在丰富和发展语码转换和课堂语码转换研究，三语教学理论构想和实施，以及对民族外语教育的启示等方面都有着重要的理论和现实意义；本书的特色与创新表现在对三语环境下教师课堂语码转换的影响模式及生成机制的构建，对三语教学的文化生态分析，对三语教师话语特征的解读，对三语环境下外语教育的课程特征、语言价值和文化追求的阐释，以及研究设计的特色与创新上。

课堂语码转换不仅是一种语言现象，而且是一种社会文化现象。本书是在教育人类学原理、接触语言学理论、课堂话语会话分析理论、语言顺应理论等理论基础上设计论证的。

本书第二章对于书中涉及的理论原理及其分析框架进行了简单梳理。

本书第三章对50年来语码转换的文献进行了梳理和评析。本章首先对语码转换研究的缘起、语码转换的界说、语码转换研究的发展和语码转换的分类等本体论问题进行了阐释，然后对语码转换、借用和临时借用等三个概念进行了辨析，最后对不同学科视野中语码转换研究的传统和方法进行了述评，社会语言学、心理语言学、语法学、会话分析和语用学等语言学分支学科有关语码转换的经典理论和研究成果在此都有论及。

本书第四章呈现了近20多年语言教育领域对课堂语码转换研究的基本理论和经典个案。本章首先总结了20多年来课堂语码转换研究的特点，然后从双语课堂交往的角度出发，采用理论阐释和个案呈现相接合的方式，论述了语码转换的课堂语篇功能、课堂语篇中语码转换的交际研究、课堂语码转换的会话分析研究、教育人种志研究观照下的课堂语码转换研究，以及课堂语码转换的社会文化解读等问题。

本书第五章从研究问题、研究架构、研究方法、样本地区、学校和个案对象的选定，数据采集以及数据的整理和分析等六个方面对本研究的研究设计进行了描写。研究问题涉及三语环境下外语教师课堂语码转换的分布特征、影响模式及生成机制，以及对这一现象的教育学学理思辨等；本章还提出对三语环境下外语教师课堂语码转换实行"三步骤两层面六因素"研究的总体架构和基本思路，从宏观上特征描写、模式构建和学理思辨三个步骤，中观上语言因素和非语言因素两个层面，微观上三语相对水平、三语接触时长、对三种语言的价值判断和态度、教育背景和民族身份、对三种文化的价值判断和态度以及课堂交际语境六个因素对研究课题进行解读；在研究方法上，综合运用个案研究和理论研究的研究设计方法，教育人类学中的田野工作、参与型课堂观察和半结构访谈等数据采集方法，以及描述性统计分析和语料会话分析等数据分析方法等构成的多种研究方法；选取甘南藏族自治州玛曲县寄宿制藏族中学和玛曲县藏族寄宿制小学两所学校的六名英语教师为个案教师，然后对采集到的数据进行了整理和分析。

本书第六章在统计分析的基础上对三语环境下教师课堂语码转换的特征进行描写，描写的维度涉及六种语码转换形态的分布，三种语码转换结构类型的分布，两种语码转换功能类型的分布，以及三种语言保持时长和六种影响因素变量的分布等。

本书第七章在前一章对教师课堂语码转换进行描写的基础上，对超过六种影响因素变量平均影响水平的三个主要因素（民族身份和教育背景、三语相对水平和三语接触时长）对教师课堂语码转换形态的影响模式以及生成机制逐一进行分析，然后构建出三个主要影响因素变量对教师课堂语码转换形态的整合影响模式和生成机制。每一个层面的模式构建都采用"频数交互分布—模式图式表达和描写—语料求证"的研究步骤，遵循从"数据—理论—语料"的逻辑思路。

第八章对与课堂语码转换相关的一些问题进行教育学学理思辨。首先论述了三语环境下教师课堂语码转换与教师课堂话语的关系问题；然后对三语环境下教师课堂语码转换从文化生态学的视阈进行了阐释；最后对三语教师专业发展的有关问题和三语课堂语码转换对民族外语教育理论的启示等问题进行了教育学学理思辨。

第九章是本研究的结论。研究表明：

1. 在三语环境下，教师课堂语码转换课堂语言形态选择和语码转换模式与三语教师的三语水平关系密切；教师句际转换的频次和比重均明显高于句内转换和附加转换；教师基于语篇的语码转换在频数和比重上都明显高于基于交际者的语码转换；英语的保持时长最长，汉语和藏语保持的时长视教师两种语言的相对水平而定。

2. 民族身份和教育背景是影响三语教师汉英课堂语码转换的主要因素变量；三语接触时长和三语相对水平是影响英藏语码转换的主要因素变量；而藏英语码转换的主要影响因素是民族身份和教育背景，以及三语接触时长；英汉语码转换的主要影响因素是三语接触时长；汉藏语码转换的主要影响因素是三语相对水平。同时，微观层面语码转换的生成机制是通过三个主要因素变量在三语教师心理上形成的投射、三语概念体系和三语选择心理等心理过程实现的。

3. 在三语环境下，教师课堂话语具有话语形态多元化、话语选择策略灵活和教师话语权得到延伸和拓展等特征；文化涵化和文化操控是影响三语教师课堂语码转换的两种文化生态机制；参差不齐的三语水平、淡薄的多元文化意识和对三语教学及语码转换缺乏科学认识是我国目前三语师资的主要弊端，因此应对三语教师进行职后继续教育；在三语环境下，民族外语课程具有课程目标多元化、课程组织复杂化和课程资源多样化等特点；应对民族外语教育的语言价值进行审视和解读，对三种语言在课堂话语中的分布趋势、结构特征、功能作用和交际效果等问题进行深入研究，加强对三种语言间的对比分析研究，同时对民族外语教育中的三语教学进行规范和指导；在强调民族文化和二语文化在三语文化格局中心地位和外语文化的重要作用的同时，民族地区的外语教育应以构建多元文化价值观为其文化追求。

目 录

第一章 绪论：多维视野下的语码转换研究 ……………………… (1)
  第一节 多元文化教育：三语教学的教育学基础 ………………… (1)
    一 多元文化教育的缘起、界说与发展 ……………………… (1)
    二 多元文化教育与三语教学 ………………………………… (4)
  第二节 双语教育的蓬勃发展：三语教学的理论和实践基础 …… (6)
    一 双语教育的界说 …………………………………………… (7)
    二 双语教育的发展及现代双语教育的特征 ………………… (7)
  第三节 三语教学研究的前沿性和创新性 ………………………… (10)
    一 我国三语教学研究的现状 ………………………………… (11)
    二 三语教学的形态分类和界说 ……………………………… (13)
  第四节 三语环境下教师课堂语码转换研究的意义与特点 …… (15)
    一 研究意义 …………………………………………………… (16)
    二 研究内容 …………………………………………………… (17)
    三 研究创新 …………………………………………………… (19)
  本章小结 …………………………………………………………… (20)

第二章 三语教师课堂语码转换研究的理论基础 ……………… (22)
  第一节 教育人类学原理 …………………………………………… (22)
    一 教育人种志研究方法 ……………………………………… (23)
    二 濡化原理 …………………………………………………… (24)
    三 涵化原理 …………………………………………………… (24)
  第二节 接触语言学理论 …………………………………………… (25)
  第三节 课堂话语会话分析理论 …………………………………… (28)
  第四节 语言顺应理论 ……………………………………………… (29)
  本章小结 …………………………………………………………… (31)

第三章　语码转换研究五十年 (32)
　第一节　语码转换研究的缘起 (32)
　第二节　语码转换的界说 (34)
　第三节　语码转换研究的发展 (35)
　第四节　语码转换的分类 (37)
　第五节　相关概念辨析 (40)
　第六节　不同学科语码转换研究的传统和方法 (44)
　　一　社会语言学的传统和方法 (46)
　　二　心理语言学的传统和方法 (54)
　　三　语法学的传统和方法 (60)
　　四　会话分析的传统和方法 (69)
　　五　语用学的传统和方法 (71)
　本章小结 (78)

第四章　课堂语码转换研究二十年 (80)
　第一节　课堂语码转换研究的特点 (80)
　第二节　双语课堂交往与课堂语码转换 (82)
　　一　课堂语篇中语码转换的功能研究 (82)
　　二　课堂语篇中语码转换的交际研究 (84)
　　三　课堂语码转换的会话分析研究 (87)
　　四　教育人种志研究理论观照下的课堂语码转换研究 (90)
　　五　课堂语码转换的社会文化解读 (92)
　本章小结 (97)

第五章　研究设计 (99)
　第一节　研究问题 (99)
　第二节　研究架构 (100)
　第三节　研究方法 (104)
　第四节　样本地区、学校和个案对象的选定 (109)
　　一　样本地区的选定 (110)
　　二　样本学校的选定 (115)
　　三　个案对象的选定 (117)
　第五节　数据采集 (118)

第六节　数据分析方法 (121)
　　一　对搜集到的语码转换的语料从三个维度进行分类 (122)
　　二　记录和统计三语教师每种语言保持的时长 (123)
　　三　利用 SPSS（13.0）统计软件建立三语语码转换
　　　　数据库 (124)
　　四　对三语语码转换的特征进行统计分析 (125)
　本章小结 (125)

第六章　三语环境下教师课堂语码转换的特征描写 (127)
　第一节　三语环境下教师课堂语码转换的形态描写 (129)
　　一　六名教师课堂语码转换形态的整体描写 (129)
　　二　六名教师课堂语码转换形态的个体描写 (133)
　第二节　三语教师课堂语码转换的结构描写 (143)
　第三节　三语教师课堂语码转换的功能描写 (146)
　第四节　三语教师课堂语言保持的时长描写 (149)
　第五节　三语教师课堂语码转换的影响因素描写 (152)
　本章小结 (157)

第七章　三语环境下教师课堂语码转换的模式构建 (160)
　第一节　不同形态中的语码转换频数 (160)
　第二节　民族身份和教育背景对课堂三语语码转换的
　　　　　影响模式 (162)
　第三节　三语相对水平对教师课堂语码转换的影响模式 (165)
　第四节　语言接触时长对教师三语语码转换的影响模式 (168)
　第五节　三语环境下教师课堂语码转换的整合模式构建 (172)
　　一　三语环境下教师课堂语码转换的影响模式 (173)
　　二　三语环境下教师课堂语码转换的生成机制 (174)
　本章小结 (179)

第八章　三语环境下教师课堂语码转换的教育学学理思辨 (181)
　第一节　三语环境下教师课堂语码转换与教师课堂话语 (182)
　　一　话语形态多元化 (183)
　　二　话语选择策略的灵活性 (183)
　　三　三语环境下教师话语权的延伸与拓展 (184)

第二节 三语环境下教师课堂语码转换的文化生态解读 ……（186）
    一 教育和文化的辩证关系 …………………………（186）
    二 三语环境下教师课堂语码转换的文化生态解读 …（187）
第三节 关于三语教师专业发展的有关问题的思考 ………（190）
    一 三语水平参差不齐 ………………………………（191）
    二 多元文化意识较为淡薄 …………………………（191）
    三 对三语教学和语码转换缺乏科学的认识 ………（192）
第四节 三语课堂语码转换对民族外语教育理论的启示 …（192）
    一 三语环境下民族外语课程特征解读 ……………（193）
    二 三语环境下民族外语教育的语言价值审视 ……（194）
    三 三语环境下民族外语教育的文化追求 …………（196）
本章小结 ………………………………………………………（198）

第九章 结论与思考 ……………………………………………（200）
第一节 研究结论 ………………………………………………（200）
第二节 几个需要进一步探讨的问题 …………………………（202）
    一 对影响水平未达到均值的三种因素变量对语码
      转换的影响未作探讨 ……………………………（203）
    二 对语码转换的三种结构类型、两种功能类型和
      六种影响因素变量的关系未作探讨 ……………（203）
    三 运用不同学科的研究传统和方法解读三语语码
      转换将有着巨大的研究潜力 ……………………（204）

参考文献 …………………………………………………………（205）
附录一 甘南藏族自治州英语三语教学语码转换田野工作
    记录表 ……………………………………………………（217）
附录二 三语环境下教师课堂语言保持时长数据库 …………（218）
后记 ………………………………………………………………（243）

图　目

图 2-1　文化涵化过程示意图 …………………………… (25)
图 3-1　实验预测的语码分布与实际对话中语码分布对比 …… (59)
图 3-2　顺应机制的语境因素图解 ………………………… (73)
图 3-3　语码转换的顺应机制图示 ………………………… (77)
图 5-1　三语语码转换研究的"两层面"构架示意图 ………… (101)
图 5-2　微观层面语码转换"六因素"图示 ………………… (104)
图 6-1　六名教师语码转换频数条形图 …………………… (128)
图 6-2　六种形态的语码转换频数分段条形图 …………… (131)
图 6-3　六名教师语码转换结构类型分簇条形图 ………… (144)
图 6-4　六名教师语码转换结构类型频数分布线形图 …… (145)
图 6-5　六名教师语码转换功能分簇条形图 ……………… (148)
图 6-6　语言选择、语码转换和语言保持相互关系图示 …… (150)
图 6-7　教师语码转换六种影响因素分段条形图 ………… (153)
图 6-8　六名教师语码转换影响因素分段条形图 ………… (157)
图 7-1　三种主要因素与六种形态的频数交互线形图 …… (161)
图 7-2　民族身份和教育背景对课堂三语语码转换影响
　　　　模式 ………………………………………………… (162)
图 7-3　三语水平对教师课堂语码转换频数的影响图式
　　　　表达 ………………………………………………… (166)
图 7-4　三语相对水平对教师课堂语码转换的影响模式 … (167)
图 7-5　三语接触时长对课堂三语语码转换影响模式图 … (171)
图 7-6　三个主要影响因素对课堂三语语码转换的影响
　　　　模式 ………………………………………………… (174)
图 7-7　三语环境下教师课堂语码转换生成机制 ………… (175)
图 8-1　文化和教育辩证关系图示 ………………………… (187)

表 目

表1-1 2000—2012年国内以"三语"为篇名的论文统计 …… (11)
表1-2 三语教学形态分类表 …………………………………… (15)
表2-1 人种志研究策略 ………………………………………… (23)
表2-2 接触语言学三维视点与本研究影响因素对照表 ……… (28)
表3-1 语码转换和借用概念的区分与比较 …………………… (42)
表3-2 费希曼区分的五种语域 ………………………………… (50)
表3-3 结构和经验因素对语码转换的影响 …………………… (58)
表3-4 帕普拉克语码转换四维机制类型比较 ………………… (63)
表3-5 4-M模式四种语素在英语中的表征 …………………… (67)
表3-6 奥尔使用的标注符号与表征意义对照表 ……………… (71)
表4-1 赞特拉的双语课堂中三种出现频率最高的语码转换
　　　模式 …………………………………………………… (85)
表5-1 "三步骤两层面六因素"的立体多维模式架构 ……… (100)
表5-2 本研究的多维方法论构架及其功能作用图解 ………… (106)
表5-3 访谈问题和结构特征 …………………………………… (108)
表5-4 个案教师个人信息列表 ………………………………… (117)
表5-5 田野工作日程安排 ……………………………………… (119)
表5-6 三语语码转换时长统计表中观测量列表 ……………… (123)
表5-7 基于SPSS（13.0）的三语语码转换数据库观
　　　测量表 ………………………………………………… (124)
表6-1 六名教师语码转换频次总数及百分比列表 …………… (128)
表6-2 六种语码转换形态的频数和百分比 …………………… (130)
表6-3 六名教师语码转换形态影响因素频数总体分布表 …… (132)
表6-4 六名教师语码转换形态频数及百分比 ………………… (134)

表6-5	教师1语码转换形态的影响因素频数表	(135)
表6-6	教师2语码转换形态的影响因素频数表	(136)
表6-7	教师3语码转换形态的影响因素频数表	(138)
表6-8	教师4语码转换形态的影响因素频数表	(139)
表6-9	教师5语码转换形态的影响因素频数表	(141)
表6-10	教师6语码转换形态的影响因素频数表	(142)
表6-11	三种语码转换结构类型的频数和百分比	(143)
表6-12	六名教师语码转换结构频数表	(144)
表6-13	六名教师课堂语码转换功能类型频数表	(147)
表6-14	两种语码转换功能类型的百分比	(147)
表6-15	六名教师语言保持时长和比重列表	(151)
表6-16	语码转换六种影响因素的频数和百分比	(152)
表6-17	三语教师语码转换影响因素频数表	(156)
表7-1	三种主要影响因素和六种转换形态的频数交互分布表	(161)
表7-2	三语相对水平影响下六名教师的转换形态频数分布	(166)
表7-3	三语接触时长因素影响下六名教师语码转换形态分布	(170)

第一章

绪论：多维视野下的语码转换研究

第一节 多元文化教育：三语教学的教育学基础

"多元化"是现代教育学文献中出现频率最高的词汇之一。从"一元"到"多元"的变迁不仅代表了教育主导理念的嬗变和教育价值取向的更改，而且体现了现代教育发展的基本走向。多元文化教育所揭示的是多元文化时代人们对文化多样性、文化多元选择以及教育的文化传承功能的认知，也是各种文化在相互作用过程中形成的多元共生的文化格局在教育上的集中反映。主张在保持本族文化认同的基础上，参与各种文化的交流和对话，尊重差异，维护多样性是多元文化理论所倡导的主旨，也是多元文化教育得以产生和发展的理论基点。

一 多元文化教育的缘起、界说与发展

多元文化教育是20世纪60—70年代伴随着西方主要国家的种族复兴运动和政治民主化进程兴起的。"二战"以后，西方各主要国家的种族群体并非像有些社会预言家所预言的那样在现代化的进程中逐渐衰退，反而对自身的民族文化和生存发展表现出狂热的迷恋与追求，掀起了轰轰烈烈的种族复兴运动。种族复兴运动促使人们对种族本质的复杂性重新进行冷静而深刻的审视，教育这一文化的传承和繁衍的重要手段便理所当然地承担起多元文化传承的重要功能。

政治民主化是多元文化教育产生和发展的又一重要契机。政治民主化的曲折进程使人们对民主的认识日益深化到心理共识，即民主社会存在于国家、社会、团体的理性的选择历程中。而理性的选择意味着运用多元的方式提供不同的途径，多元文化教育自然被视为民主形成的重要机制。

多元文化教育思想有其厚重的理论基础。美国社会民族理论中的文化多元主义（Cultural Pluralism）、文化人类学中的文化传承理论和文化相对主义、心理学中的社会学习理论和教育学中的教育机会均等理论等都为多元文化教育思想的形成和发展提供了理论基础，其中文化多元主义理论是多元文化教育思想得以形成和发展的直接理论依据。[①]

作为一个政治运动的旗帜和标语，多元文化的内涵与外延长期以来缺乏一种严格的学术界定。许多国家根据自己的文化教育现状，从不同的视点、用不同的方法对多元文化进行过界定。

英国多元文化教育理论家詹姆斯·林茨（James Lynch）认为，多元文化教育"就是在多民族的社会中，为满足各少数民族群体或个体在文化、意识、自我评价方面的需要而进行的一场教育改革运动，其目的是帮助所有不同文化的民族群体学会如何在多元文化社会中积极和谐地生活，保持群体间教育成就的均衡，以及在考虑各民族差异的基础上促进相互尊重和宽容"[②]。

许多日本学者认为，多元文化教育是在多民族国家中，"对具有多种多样的文化和民族背景的青少年，特别是对少数民族和移民等处境较差的社会集团的子女们提供平等教育的机会，并在尊重他们的民族及其文化特征的基础上实施的教育"[③]。

长期致力于多元文化教育理论的学者詹姆斯·A. 班克斯（James A. Banks）认为，多元文化教育的一个重要任务就是对学校工作必须作出重大改革，使多种群体的每个学生获得在学业上成功的均等机会，提高不同性别、不同民族和不同文化群体的学生以及一些特殊学生的教育素质。这些改革指的是涉及全部学校或教育环境的体制改革过程，而不仅仅是局限于课程的改革，班克斯把这一过程称为"多元文化教育"。[④]在班克斯看来，"多元文化教育是一场精心设计的社会改革运动，其目

---

① 滕星：《英美多元文化教育学简述》，载滕星《族群、文化与教育》，民族出版社2002年版，第94页。
② 哈经雄、滕星：《民族教育学通论》，教育科学出版社2001年版，第576页。
③ 王军、平山求：《日本"异文化教育"研究》，《民族教育研究》1995年第2期。
④ 哈经雄、滕星：《民族教育学通论》，教育科学出版社2001年版，第576页。

的是改变教育的环境,以便让那些来自不同种族、民族、性别与阶层的学生在学校获得平等受教育的权利。多元文化教育理论假设,与其让那些来自不同种族、民族、性别与阶层的学生仅属于和保持本群体的文化和性别特征,莫不如让他们在教育领域获得更多的选择权,从而在社会化过程中获得成功"[1]。

在我国,多元文化教育主要被称为多民族文化教育或少数民族教育,主要是从文化背景的广域视角来研究民族教育的有关问题。在综合各种不同说法的基础上,我国民族学学者把多元文化教育看成社会中各种集团和个体在文化上、情感上和认知上的需求。它追求的是为少数民族、移民、妇女与残疾人等处境较差的社会集团的子女们提供平等的教育机会,以及提高不同民族的文化集团间的相互尊重与理解。多元文化教育必须使年轻人对他们所生活的世界达成这样一种认识:在保存他们对本民族文化认同的同时,也要发展他们对周围世界的深刻认识和了解,使他们获得充分参与社会生活的自信和机会。简而言之,多元文化教育就是以尊重不同文化为出发点,在各集团平等的基础上,为促进不同文化集团间的相互理解,有目的、有计划地实施的一种共同平等的"异文化间的教育"。[2]

自20世纪70年代末以来,西方对多元文化教育思想的研究与多元文化教育实践一起向纵深发展。80年代开始有了专门研究多元文化教育研究的文献,如高尼克(Golinick)等的《多元社会中的多元文化教育》[3]和班克斯(Banks, J. A.)的《多元文化课程改革方法》[4]等;从80年代以后至现在,多元文化理论的研究得到了极大的丰富和发展,学者们围绕多元文化教育的宏观理论构建、多元文化教育模式的国别研究和国际比较等问题对多元文化教育进行了广泛深入的研究;自此之后,多元文化教育的研究路向主要集中在实践应用和理论反思两个方

---

[1] Banks, J. A. & Banks, C. M., *Multicultural Education: Issues and Perspectives*, Boston: Allyn and Bacon, 1993, p.359.
[2] 哈经雄、滕星:《民族教育学通论》,教育科学出版社2001年版,第577页。
[3] Gollnick, D. M. & Chinn, P. C., *Multicultural Education in a Pluralistic Society*, Columbus: Bell & Howel, 1986.
[4] Banks, J. A., *Approaches to multicultural curriculum reform*, Theory and Practice, 1986 (5), pp.60—67.

面，多元文化教育思想得到了近一步的丰富和发展。① 在长期多元文化教育的实践基础上，从事多元文化教育研究的学者们在多元文化教育的目标、多元文化教育的课程模式以及多元文化教育的评价等方面开展的研究取得了长足的进展，大大丰富了多元文化教育的思想和理论，产生了一批有代表性的研究成果，如：Banks 的 *An Introduction to Multicultural Education* 和 *Multicultural Education：Theory and Practice*、James Lynch 的 *Multicultural Education：Principles and Practice* 和 *Multicultural Education in Global Society*、Trever Corner 的 *Education in Multicultural Societies*、Carl A. Gran 的 *Multicultural Education：Commitments, Issues and Applications* 以及 Carlos Diaz 的 *Multicultural Education for the 21th Century*。

多元文化教育是一种进步的教育观，是文化多元化在教育上的折射和体现，但是应当看到，多元文化教育的发展和成熟是一个长期的、开放的动态过程，这一过程的发展走向受教育理念、教育体制、民族教育政策和文化格局等诸多因素的影响和制约。

二 多元文化教育与三语教学

我国奉行"中华民族多元一体"的民族格局理论，所谓"一体"指中华民族的实体，"多元"指中国境内的 56 个少数民族，"一体"与"多元"是辩证统一的关系。② 多元文化教育思想对我国民族教育有着重要的启发意义和借鉴价值。

多元文化教育是我国民族教育所面临的重大命题，民族地区文化结构的复杂性和多元化使多元文化教育成为少数民族地区教育的必然选择。外语进入民族地区课程体系后，外语文化进入少数民族地区的教育文化格局，外语课堂上的三种语言及其所承载的三种文化共同构成民族地区外语教育的多元文化生态环境，这种多元共存的生态环境成为研究多元文化教育的绝好素材。

国内许多学者在多元文化及其教育理论的介绍与应用研究方面也作

---

① 王鉴：《多元文化教育：西方民族教育的实践及其启示》，《民族教育研究》2003 年第 6 期。

② 费孝通：《简述我的民族研究经历与思考》，《北京大学学报》（哲学社会科学版）1997 年第 2 期。

出了很大的贡献。哈经雄、滕星主编的《民族教育学通论》、王鉴的《民族教育学》等都辟以专门章节对多元文化教育理论及其与我国民族地区语言教育的结合问题作了探讨；李森以多元文化为背景对双语教学的特点与趋势进行了研究；王鉴、孟凡丽、李庶泉等围绕多元文化教育课程的本土建构、地方课程开发、课程理论等问题撰写了博士论文；台湾学者陈美如的《多元文化课程的理念与实践》、陈枝烈著的《台湾原住民教育》等也分别对多元文化课程及其本土化问题作了探索。这些研究对多元文化教育在我国的发展及其应用起到了重要的作用。

多元文化教育本身是一种文化传递过程。作为一种特殊的教育活动，三语环境下的外语教学不仅是培养学生的语言应用能力的主要手段，也是生成多元文化价值观的重要途径。在民族地区的外语教育过程中，学生不仅受三种语言形态相互转换的影响，而且还在三种文化环境中习得语言知识、发展语言能力。而且，民族地区外语课堂中民族语言文化、汉语言文化和外语文化共同构成了民族学生的文化生态环境，这种多元的文化语境对民族学生的文化养成是至关重要的。三种文化因子相互作用，相互渗透，共同构成了民族学生的文化养分。三语教学中外语文化的输入一方面大大提高了民族学生的外语学习兴趣，拓宽了其文化视野，使他们在更加广阔多元的文化背景下学习外语；另一方面，也可能对其传统的文化价值判断造成冲击。因此，应引导学生树立科学的多元文化观，使他们在接受外语文化的同时，正确对待民族文化和传统文化，培养自己的民族认同感和国家认同感，辩证地看待民族文化的地位和作用。[①]

三语环境下的民族外语教育应承担起自己的多元文化教化角色，构筑民族文化、汉语文化和外语文化互通有无、融会贯通的桥梁，使民族地区的外语课堂教学在三种语言和三种文化的滋养中健康顺利进行，并在培养学生的语言技能和多元文化价值观上真正有所建树，这是我国民族地区多元文化教育的应有之义。

新中国成立以来，国家通过各种少数民族语言文字政策保障了这些

---

① 刘全国：《我国民族地区外语教育中的三语教学问题》，西部民族地区外语基础教育研讨会论文，兰州，2005年8月。

地区双语教学的顺利实施，也为三语教学的滋生和发展提供了丰富养分。1952年8月颁布的《中华人民共和国民族区域自治纲要》规定："各民族自治机关得采用各民族自己的语言文字，以发展各民族的文化教育事业。"1953年2月教育部在《关于兄弟民族应用何种语言教学的意见》中指出：少数民族学校，应使用本民族语文教学。但在有本民族通用语言而无文字或文字不完备的民族，在创立出通用文字之前，可暂时采用汉语文或民族所习用的语文进行教学。从1957年开始到"文化大革命"结束这段时间，少数民族语言教育停滞不前，甚至前期建设成果也受到破坏，直到"文化大革命"之后才开始复兴。从1979年到1985年，云南省有彝、白、哈尼、壮、傣、苗、傈僳、拉祜、佤、纳西、景颇、藏、瑶和独龙等14个民族恢复推行或试行了20种民族文字或文字方案的工作，通过恢复民族文字试行工作、开展双语教育实验和完善民族文字改革等措施贯彻实行民汉兼通的方针。近年来，双语教育实践证明，在目前和今后相当长的时间里，少数民族语文是少数民族社区主要的交际工具，但随着社会的发展，势必需要进一步使用功能最强的全国通用的汉语文和作为国际通用语言的英语，三语教学的发展势在必行。

　　总之，三语教学是我国少数民族地区一种特殊的多元文化教育形式。多元文化教育的理论和思想对我国民族地区三语教学具有一定的指导意义。但是，应当看到，多元文化教育只观照着三语教学中的文化传承和文化构建过程，对三语教学的整个理论构建不具有普遍的解释力和全部的概括性。这里所讨论的三语教学是一个极其复杂的语言教学活动，其最终目的是让学习者的语言运用能力获得全面的发展，文化意识的培养只是语言综合运用能力的一个组成部分，三语教学过程中三种语言的迁移模式和作用机制等问题的求证和解决还有赖于更广泛的学科基础，如应用语言学以及第二语言习得等学科的研究，单凭多元文化教育的理论和模式无法解释三语教学的所有问题。

第二节　双语教育的蓬勃发展：三语教学的理论和实践基础

　　同任何一个新兴的研究领域一样，三语教学的研究要处理好继承和创新的辩证关系。毋庸置疑，三语教学在理论上离不开相对成熟的双语教学研究的滋养和补充，在实践上又以双语教学为其厚重的不可或缺的现实基础。

一 双语教育的界说

学界普遍认为，"双语教育"和"双语教学"是两个同质的概念，在我国一般以"双语教学"谓之，包括双语政策规划、双语社区教育和隐性双语课程等。本书运用双语教育这一概念来涵盖包括课堂双语教学在内的一切双语教育教学。[①] 钟启泉区分了三个层次的"双语教学"：

第一，最广义的层面就是作为一个国家的语言政策所驱动的"双语教育"；

第二，广义的层面是以两种语言作为教学语言的教学；

第三，狭义的层面是指外语教学（英语教育）本身。[②]

本书所讲的双语教育是指广义上学校使用两种语言的教育，主要包含三种形式的教育：一是我国少数民族地区实行的以民族语言和汉语为教学语言的双语教育，二是我国目前试点的以汉语和英语为教学语言的学科教学，如从2001年起在上海莘庄中学进行的高中化学双语教学试验等；三是以汉语和外语作为教学语言的外语学科教学，在这种情况下，外语既是教学的工具语言，也是教学的目标语言。本文所研究的三语教学正是外语进入民族地区原有的双语教育体系而出现的多语教育形式。

二 双语教育的发展及现代双语教育的特征

在所有的古典文化中，教育系统往往被限制在一小部分人的范围内，是建立在一种语言的基础上，与一种具体的语言相联系，以单语教育作为自己的目标。[③] 虽然古代历史上也不乏学习和使用两种语言的例子，如在中世纪的欧洲，为了解读辉煌的古希腊罗马文化，很多学者都

[①] 杨四耕：《我国双语教学研究新进展》；黄兰宁：《学校双语课程》，广西教育出版社2004年版，第1页。

[②] 钟启泉：《"双语教学"之我见》，《全球教育展望》2003年第2期。

[③] 何增俊、柯森：《双语教育与综合英语》，中山大学出版社2003年版，第16页。

通晓希腊语或拉丁语，并用这些语言进行阅读和写作，使他们成为掌握母语和第二门语言的双语者；11世纪中叶，诺曼底公爵征服英国以后，英国社会进入长达四个世纪之久的三语时期，虽然英语、法语和拉丁语分别成为公众语言、贵族语言和学术宗教语言，但这一时期的英国还是有很多人学习或运用两种或两种以上的语言。几乎历史上每一次外族的入侵都伴随着两种语言的冲突和交融，自然就会出现双语接触现象。然而，历史上任何时候双语或多语的学习和教育都无法同今天世界各地的双语教育相提并论。现代社会的双语教育具有以下特征：

（一）双语教育的系统性大大提高

就其本质而言，双语教育是运用两种语言传承知识、培养受教育者的社会实践活动。这是双语教育的本质属性和价值归宿。然而，作为一种以两种语言为介质的教育活动，双语教育与语言学、第二语言习得等学科有着千丝万缕的联系，这就规约了双语教育和双语教学的复杂性。系统性是衡量一门学科发展成熟程度的重要指标，从20世纪中叶以来，双语教育经过半个多世纪的发展，已形成较为完备的"理论—模式—实践"的三维科学体系，从双语教育规划与政策到双语教育理论，从双语教育模式到双语教育师资、教材和方法都已初步形成各自的体系。双语教育的系统性使双语教育的理念贯穿于课程设计、教材编写、大纲制定、教学组织和教育评级等各个教育环节，规约着双语教育的实施效果和发展走向。

（二）双语教育理论渐趋成熟

20世纪50年代以来，国外双语教育理论迅速发展，人们对双语教育的课程论、双语教育模式、双语教育方法论以及双语教育的文化价值判断、双语教育规划、双语教育与民族心理等问题进行了较为深入的探讨和研究。双语教育的理论研究呈现出异彩纷呈的可喜局面，如平衡理论、思想库模式、阈限理论、依存假设、兰伯特（Lambert）的态度—动机模式、加德纳的社会—教育模式、斯皮尔斯基（Bernard Spolsky）的双语教育评价模式、柯林·贝克（Colin Baker）的"输入—输出—情景—过程"双语教育模式以及卡明斯（Jim Cummins）的双语教育理论等理论，从不同的视点和维度对双语教育的有关重要问题进行了探讨。

然而，正如加德纳（R. C. Gardner）所言："对任何理论模式的真正考验,不仅在于它能够揭示它所阐述的现象,而且在于它能够提出进一步调查的建议,提出新的问题,促进新的发展,拓宽新的视野。"①应当看到,双语教学的基础理论还处于不断修正完善和发展变化之中,学界对各种双语教育理论中有些关键问题的见解还存在争议,但双语教育各种基础理论的多元共生从一个侧面说明了双语教育理论研究的繁荣。

同时,对双语教育的分类更加科学完善。对双语教育类型的界定和区分是双语教育研究系统化的又一重要标志。沉浸式双语教育(submersion bilingual education)、种族隔离主义语言教育(segregationist language education)、过渡性双语教育(transitional bilingual education)、滴注式语言计划(drip-feed language program)、分离主义少数民族语言教育(separatist minority language education)、保留性双语教育(maintenance bilingual education)、双向双语教育(two-way bilingual education)和主流双语教育(mainstream bilingual education)等概念的区分和界定,不仅解决了双语教育各种类型难以甄别、易于混淆的尴尬局面,也为双语教育的操作模式提供了可资借鉴的理论依据。

(三)双语教育普及面广,涉及对象众多

双语教学是我国民族地区语言教育的一个主要实现方式。从新中国成立初期的民族语言政策支持到动乱时期的停滞再到后来的复兴和发展,双语教学研究与实践已逐步走向成熟,第二语言习得理论、相关语言学理论、学习理论等的丰富和发展以及教学实验的开展为双语教学的发展和成熟提供了理论和实践支持,也为第三语言习得、民族地区语言接触生态研究等提供了实践基础,因而在本质上充当了三语教学研究与实践的基础和前期准备。双语教学研究与实践的丰富和发展是民族地区语言教育发展的必经之路。

其实双语教育很早就已出现,特别是地理大发现及工业革命以后,全球贸易的发展和国际交流的频繁使双语教育开始流行并发展起来。今天,在较发达的地区,随着不同的开放政策,都会相应地发展双语教

---

① 转引自王斌华《双语教育与双语教学》,上海教育出版社2003年版,第49页。

育,并构成一道令人瞩目的风景线。① 多元语言国家为推行其语言文化政策,采用各种积极措施推行双语教育,如美国1968年起就制定了一系列双语教育法案,对境内移民学生进行双语教育;澳大利亚实行大型的语言教育方案,推行双语和多语教学,以期建立一个多元文化的国家;同时,全球经济一体化对双语和多语人才的潜在需求为双语教育的推广和普及提供了广阔的市场。随着欧盟经济一体化进程的加速,欧盟各国成为推行双语或多语教育的主要国家。根据国际有关法律的规定,我国在民族自治地方的民族中小学实行民族语文授课和汉语教学的"双语"教学机制。截至2002年,全国共有1万多所民族中小学使用21个民族语言开展双语教学,接受教育的在校人数达600多万人。② 同时,在全球范围内,双语教育涉及面更为广泛,从学前教育到高等教育,从学科教育到外语教育,双语教育已成为当代教育最主要的教育形式和重大命题之一。

第三节 三语教学研究的前沿性和创新性

我国现有的三语教学是在双语教学的基础上添加了第三门语言的教学形式,当外语进入操民族语言和第二语言的双语课堂或社区时,三语教学的现象随即产生。随着我国社会经济的全面发展和课程改革的逐步推进,少数民族地区的办学条件和师资状况得到明显的改善,外语逐步进入民族教育的课程体系,并且占据了日益重要的位置,三语教学成为少数民族地区外语教学普遍采用的形式之一。在三语环境下,民族语言、汉语和外语之间的语码转换以及他们所承载的三种文化的交融和冲突成为民族地区外语课堂的重要特色。③ 这种特殊的语言教育现象所蕴涵的复杂机制和深刻内涵为外语教育学和民族教育学提供了宝贵的研究

---

① 何增俊、柯森:《双语教育与综合英语》,中山大学出版社2003年版,第11页。
② 陈至立:《高举邓小平理论的伟大旗帜认真实践"三个代表"重要思想努力开创民族教育工作新局面——在第五届全国民族教育工作会议上的讲话(2002年7月27日)》(教育部民教司对部分数据进行了更改),载国家教育发展研究中心《2003年中国教育绿皮书——中国教育政策年度分析报告》,教育科学出版社2003年版,第22页。
③ 姜秋霞、刘全国、李志强:《西北民族地区外语基础教育现状调查》,《外语教学与研究》2006年第2期。

素材,由此派生出的对三语环境下外语教育和民族教育相关问题的研究也将成为具有开拓意义的研究课题。

一 我国三语教学研究的现状

我国对三语教学的研究刚刚起步,根据"中国知网中国知识资源总库——CNKI 系列数据库中国期刊全文数据库和中国优秀博硕士论文库"的统计,我国研究文献中首次出现以"三语"为题的研究论文始于 2000 年,自 2000 年 1 月到 2012 年 12 月,题名中含有"三语"的学术论文和学位论文共有 146 篇,其中学术论文 126 篇,刊载在核心期刊上的只有 34 篇,硕士学位论文 18 篇(详见表 1-1),[①] 其成果的数量和质量都有待进一步提高。

表 1-1　　2000—2012 年国内以"三语"为篇名的论文统计

年份	期刊				学位论文			
	所有期刊		核心期刊		硕士学位论文		博士学位论文	
	数量(篇)	比例(%)	数量(篇)	比例(%)	数量(篇)	比例(%)	数量(篇)	比例(%)
2000	3	2.055	0	0.000	0	0.000	0	0.000
2001	3	2.055	0	0.000	0	0.000	0	0.000
2002	4	2.740	0	0.000	0	0.000	0	0.000
2003	6	4.110	2	1.370	0	0.000	0	0.000
2004	3	2.055	0	0.000	2	1.370	0	0.000
2005	4	2.740	2	1.370	0	0.000	0	0.000
2006	5	3.425	0	0.000	1	0.685	0	0.000
2007	1	0.685	0	0.000	0	0.000	1	0.685
2008	10	6.849	3	2.055	2	1.370	0	0.000
2009	13	8.904	5	3.425	3	2.055	0	0.000
2010	19	13.014	9	6.164	3	2.055	1	0.685
2011	28	19.178	5	3.425	3	2.055	0	0.000
2012	27	18.493	8	5.479	4	2.740	0	0.000
合计	126	86.301	34	23.28	18	12.329	2	1.370

---

① 统计日期截至 2012 年 12 月 31 日。

究其原因，三语教学的研究现状与这一领域的跨学科性质和我国三语教学的实践基础息息相关。首先，三语教学的研究横跨教育学、民族学和语言学等几大学科。从宏观上来讲，虽然三语教学是一种特殊的教育形态，但它也遵循人类教育活动的一般规律，因此，教育哲学和教育学的基本原理对三语教学的理论构建和实践研究具有普遍积极的指导意义。20世纪80—90年代以来，教育科学已经由原有的单一的学科体系发展成为群星璀璨的教育学科群，并对其他相关学科的研究产生了巨大的辐射和带动作用，在学科格局中居重要地位，同时为其他相关学科的研究提供了新的生长点，近年来学科教育学的发展就是教育学和各学科教育研究联姻的结果。作为一个新兴的研究领域，三语教学应在教育科学一般理论的观照下，以开放的姿态汲取教育科学的优秀研究成果，完成自身繁重的基础理论的构建任务。其次，我国三语教学的现实基础是民族地区在民、汉双语基础上实施的外语教育，其研究必然涉及民族学中民族语言、民族心理、民族文化等民族学的内容。民族学中多元文化思想、民族认同理论等将为三语教学语码转换提供解释学视角。再次，这里所讲的三语教学是在三语环境下进行的外语教育，因此，语言学中社会语言学、语用学、语言接触等理论在三语教学的研究中将发挥主要作用。

三语教学研究的跨学科性质，对研究者的跨学科教育背景和知识结构提出了很高的要求，研究者必须在上述领域内均有涉猎。就我国科研队伍的现状而言，这样的研究人才极为匮乏。首先，我国现有的教育科学理论研究人员虽有较高的理论研究水平和科研工作经验，但缺乏相关的学科教育背景。其次，语言学科的研究人员的研究视野大都集中于语言和语言教学的本体研究，加之国内外语教师的课业负担普遍偏重，对语言学研究与其他学科交叉的研究领域思考不够成熟。再次，广大一线三语教学从业教师本应成为三语教学校本研究和行动研究的中坚力量，但遗憾的是，目前我国民族地区的三语师资现状不容乐观，他们的教育背景和科研素养很难胜任像三语教学这样的跨学科研究工作。

但同时应当看到，作为我国少数民族地区一种新型的特色语言教学现象，三语教学逐渐由零星的自发试验到目前已初具规模，并逐步将成为继"双语"教学后的一个重大的教育事件。① 近年来国家资助的三语教学的实验研究和理论研究的课题明显增多，如 2002 年在内蒙古赤峰市开题的全国教育科学"十五"规划课题《民族中小学自主创新三语教育整体改革实验研究》（在全国有 12 个省区、100 多所学校、1000 余人参与了该课题子课题的研究②），2004 在辽宁阜新市开题的全国教育科学"十五"规划教育部规划课题《少数民族散杂居地区"三语"教学改革的创新研究》，以及笔者主持的教育部人文社科 2005 年度青年基金项目《西北藏族地区英语三语教学田野工作研究》和 2006 年度国家社科基金西部项目《民族地区"三语"环境下的语言接触：田野工作与理论研究》。这些课题虽然是基于不同的民族背景和三语教学实践论证的，而且采用不同的研究方法，但为三语教学研究在我国的顺利开展起到了抛砖引玉的先导作用。

二 三语教学的形态分类和界说

在全球视野下，三语或多语教学是多元语言社区较为普遍的现象，如欧洲经济一体化和欧盟的建立使很多欧盟成员国的语言更加多元化，语言接触的现象也更为复杂。多元文化的教育政策使这些国家原本复杂的语言教育更加错综复杂。美国、加拿大等移民国家实行的削减性语言教育政策，中国少数民族外语三语教学等使三语教学呈现出纷繁复杂的存在形态。由于各多语国家地缘文化差异和语言现实相去甚远，目前对三语教育形态缺乏系统科学的分类。因此，为使三语理论研究更加科学系统，我们认为，有必要提出广义和狭义的三语教学。假如以课堂教学所要达到的目标为出发点，我们就可以将广义的三语教学区分为第三语言教学和狭义的三语教学。第三语言教学是以第三语言为课堂教学目标语言的教学，而狭义的三语教学是运用三种语言实施的课堂教学，其教学目标不是让学生学习一门语言，而是运用三种语言获得相应的学科知识，如物理、化学、生物等。在此基础上可对两种形态进行进一步分类。

---

① 魏宏君：《中国少数民族"三语教学"形式浅析》，《石河子大学学报》（哲学社会科学版）2005 年第 4 期。
② 敖木巴斯尔：《三语教育改革实验研究课题的理论构思与实践框架》，《民族教育研究》2004 年第 1 期。

据此可见，课堂语言和三语教学的属性变量是影响三语教学分类的重要因素，教学内容是否是第三语言对三语教学的分类也具有区分意义。我们认为，三语教学应该有如下不同的四种形态。

形态1：以第三语言为教学工具语言，以第三语言发展为目的的非添加性（non-addictiveness）（削减性）第三语言教学。这种教学形态一般具有削减性质，即教育的目的是让第三语言逐渐代替双语人的第一和第二语言；在课堂语言的运用上一般全部使用第三语言，因此具有淹没性（submersion），如美国、加拿大等移民国家对双语移民实行的以英语为第三语言的教学。

形态2：以第三语言为教学工具语言，以第三语言发展为目的的添加性第三语言教学。这种教学形态具有明显的添加性质；在多元文化社会中，这种语言教育通常并不以牺牲双语人的第一和第二语言为代价，因此就有保留性质（maintenance）；课堂教学语言运用除第三语言之外，一般辅以第一或第二语言，如很多少数民族机构举办的对民汉双语人实施的出国前英语培训教育。

形态3：综合运用三种课堂语言，以除第三语言之外的学科教学为内容的教学形式。这种教学旨在教授学科知识的同时，提高学生第三语言能力的发展，因此具有添加性和保留性。课堂语言不只是第三语言，因此，不具有淹没性，如我国目前在一些地方试验的三语学科教学，如中学化学三语学科教学等。

形态4：综合运用三种课堂语言，以第三语言为教学内容的教学形式。这种教学旨在提高学生第三语言能力的发展，因此具有添加性和保留性。课堂语言不只是第三语言，因此，不具有淹没性。我国现行的少数民族地区实行的外语教学大都属于这一类型，这也是本书讨论的三语教学形态。严格来讲，这种形态也应属于形态3的范畴，因为第三语言的教学也属于学科教学的范畴，但鉴于第三语言既作为教学语言又作为教学内容的特殊性，将这一形态单独讨论。

需要指出的是，从理论上来讲，每种属性的变化都会产生新的形态。因此，表1-2列示的四种形态远没有穷尽和包罗三语教学的所有类型，只是从笔者所掌握的文献中了解到的目前国内外较为普遍的四种三语教学形态。并借鉴双语教学属性的三个维度（添加性、保留性和淹没性）对它们进行了描写。三语教学的形态是极其错综复杂的，随着三语教学理论和实践的不断发展，对三语教学的界定和分类将会不断得到丰富和发展。

表 1-2　　　　　　　　三语教学形态分类表

形态		教学工具语言	教学目标语言（L3）	三语教学属性描述			实施对象
				添加性	保留性	淹没性	
第三语言教学	形态1	L3	+	−	−	+	接受第三语言教育的双语移民
	形态2	L3	+	+	+	−	接受第三语言培训的双语人
三语教学（狭义）	形态3	L1，L2，L3	−	+	+	−	除第三语言外的三语学科教学
	形态4	L1，L2，L3	+	+	+	−	以第三语言为目标的三语学科教学

说明：1. L1、L2 和 L3 分别代表第一语言、第二语言和第三语言；
　　　2. 教学目标语言和三语教学属性描述中，"+"代表"是"，"−"代表"否"。

第四节　三语环境下教师课堂语码转换研究的意义与特点

三语教学的创新性和前沿性给与三语教学相关的研究课题赋予了全新的研究意义和广阔的研究前景。语码转换（对于其界定见本书第三章第二节）是双语和多语语言接触的普遍现象，国内外现有的语码转换研究大都局限在单语或双语环境下，三语或多语环境下的课堂语码转换是个全新的、尚未开拓的研究领域。

自英语纳入我国民族地区的教育体制以来，成为添加在原有双语教学基础上的第三种语言。在三语环境下，学生语言学习的机制更为抽象复杂，三种语言的迁移和三种语言所负载的文化的交融和碰撞不仅使三语教学的语言形态、迁移机制、文化生态和元语言意识更加复杂[1]，而且使教

---

[1] Cenoz J. and Jessner U., "Expanding the scope: sociolinguistic, psycholinguistic and educational aspects of learning English as a third language in Europe", In J. Cenoz and J. Ulrike (eds.), *English in Europe: The Acquisition of a Third Language*, Clevedon: Multilingual Matters, 2000, pp. 248—260.

师课堂话语更加多样。在三语环境下，教师课堂话语具有语言选择策略更加多样、语码转换形态更加复杂等特点，深入了解和研究三语环境下教师课堂语码转换现象具有重要的现实指导价值和理论开拓意义。

本书是笔者主持的教育部人文社科 2005 年度青年基金项目《西北藏族地区英语三语教学田野工作研究》和 2006 年度国家社科基金西部项目《民族地区"三语"环境下的语言接触：田野工作与理论研究》两项科研项目的部分内容，对于语码转换研究、三语教学研究和民族教育理论研究都具有一定的理论意义和现实价值。

一 研究意义

（一）对语码转换和课堂语码转换研究的丰富和发展

三语环境下的课堂语码转换研究是语码转换和课堂语码转换研究的重要组成部分，以往的语码转换和课堂语码转换研究都局限在单语环境下各语言变体之间和双语环境下的两种语言之间，三语环境下的语码转换研究将为语码转换和课堂语码转换的研究提供丰富的语料支持，进一步丰富和发展了这一领域的研究成果。

（二）对三语教学理论构想和具体实施具有重要的意义

三语教学的实践和研究在国内都刚刚起步，这一领域的很多课题都有待进一步的开发和探讨，本书对三语环境下教师课堂语码转换进行的研究是在三语教学的背景下进行的，研究发现和结果对三语教学的理论构想和具体实施都具有重要的意义。

（三）对民族外语教育研究的启发意义和借鉴价值

本书所讲的三语教学是在民族地区原有的双语教学的基础上添加一门外语，并以此为教学目标语言的第三语言教学，这是目前我国民族地区普遍存在的外语教育形态。虽然本研究的结论是在藏、汉、英三语环境下开展的个案研究的基础上衍生抽象而来的，研究结论的普适范围和应用价值还有待进一步求证，但应当指出，研究的结果和发现对我国民族外语教育事业的发展有一定的启发意义。在研究三语环境下外语教师课堂语码转换的过程中，必然对我国现行的民族外语教育政策、师资、课程等问题有所了解，并形成对这些教育因素的认识和评价。这些主观的经验知识将成为民族外语教育研究的宝贵素材，经过科学求证后，会上升为民族外语教育的理论知识。

二 研究内容

（一）建构了三语环境下教师课堂语码转换的影响模式和生成机制

语言选择和语码转换不仅是一种语言现象，也是一种社会文化现象。作为一个新兴的研究领域，三语环境下教师课堂语码转换现象的诸多方面都是潜力很大的研究课题，其中三语教师语码转换的生成机制和影响模式，涉及三语教师"为什么进行语码转换"、"如何进行语码转换"等基本的认识论问题，是三语语码转换研究理论中不可或缺的组成部分。本书的意义之一在于在实证研究的基础上，对这些重大问题进行回答，并抽象出三语教师语码转换的影响模式和生成机制，为三语语码转换的理论构建提供研究基础。

具体而言，本书对三语环境下教师课堂语码转换从语言因素和非语言因素两个层面进行双维考察，对语码转换这一现象的生成机制进行较为全面准确的阐释。三语环境下教师课堂语码转换的影响模式和生成机制的构建将极大地丰富和发展教师三语课堂语码转换的基础理论，对这一领域的后续研究起到抛砖引玉的作用。

（二）对三语教学的多元文化生态进行了分析

我国民族地区英语作为第三语言的教学有着丰富而复杂的多元文化生态环境，在三语环境下，母语所承载的民族本土文化、汉语所承载的第二语言文化和英语所承载的外语文化共存于一个多元文化生态系统中，三种文化在文化生态系统中的相对地位具有群族共性和个体特性的双重特征。多元文化生态内部各要素会互相作用，使三种文化形态互相迁移。同时，各要素还会通过文化概念体系和语言选择心理对三语教师的课堂语码转换产生影响。因此，要解读三语教师的课堂语码转换的发生机制，必须考察三语教师所生活的文化生态系统及其系统内各文化因子的相互作用和对整个系统运动变化的影响。

首先，本书将为解读三语教学多元文化生态的内部结构提供了重要的观测视点。三语课堂文化生态是一个动态的、开放的系统，系统的各个组成部分和要素会在特定的环境下取得相对稳定的存在形态和位置。在三语环境下，三种语言文化的因子和要素在文化生态中的地位和作用会通过三语教师的课堂语言选择和语码转换行为得到一定程度的体现，因此，三语环境下教师课堂语码转换研究将为多元文化生态的内部结构解读提供重要的观测视点。

其次，语码转换不仅能折射出文化生态系统中各要素的地位和作用，还能反映出系统中三种文化的迁移模式。文化迁移是文化生态系统运动变化的主要方式之一，系统中居中心地位的文化形态会对其他文化形态产生一定的影响和辐射作用，但是各文化形态的地位和作用只具有相对的稳定性，系统的整体运动和各形态的局部运动是相辅相成的。在三语环境下，语码转换是系统局部形态变化的最重要的标志之一，语言形态的变化将为系统内各文化形态的运动变化提供重要的参考依据。

再次，三语环境下的课堂语码转换研究还有助于了解多元文化生态对三语教学的影响机制。三语教学的多元文化生态对三语教学的影响是普遍而深刻的，文化生态不仅制约着教师的语言选择心理和话语运作模式，而且对学生的语言学习机制和师生双方的课堂交往都有着重要的影响。深入解读三语教学的课堂文化生态对三语教学规划、三语教学课堂设置、三语教学心理等将有着重要的现实意义。同时，三语教学文化生态理论的探索将为三语教学理论的构建提供重要的认识基础和解释依据。

三语教学的文化生态解读对教育学和文化学来讲都是一个全新的研究课题，这一领域的研究将会深化三语环境下人们对教育和文化辩证关系的理解，同时也会为两者关系的研究提供现实基础。

（三）对三语环境下教师话语特征进行了解读

三语环境下教师课堂语码转换既是一种语言现象，也是一种课堂教学现象。从教育学的学科体系而言，课堂语码转换的研究与课堂教学中的教师话语息息相关。语言选择、语码转换和语言保持都是课堂教学中与教师话语相关联的语言现象，现有的教师话语研究大都集中在单语或双语环境下教师话语、课堂角色和教师话语的关系[1]，教师话语在课堂

---

[1] 陈勤：《教师话语、课堂角色与语言学习》，《四川师范大学学报》（社会科学版）2004年第4期。

场域权利运作中的作用①，以及有关语言课堂话语模式等方面②。课堂话语形态的转换以及由此引起的对教师话语策略和话语权的影响尚未进入教育学界的研究视野。

本研究在对三语语码转换进行描写的基础上，从三语环境下教师话语形态、教师话语选择策略以及教师话语权的变化等方面对三语语码转换对教师课堂话语的影响进行教育学学理思辨，研究结论首次从语言形态的变化出发，对多语环境下教师课堂话语特征进行抽象概括和理性阐释，具有一定的开拓性和创新性。

（四）对三语环境下外语教育的课程特征、语言价值和文化追求进行了阐释

三语环境下的课程观、语言观和文化观是三语教学理论所关涉的重要问题，都属于全新的研究课题。课程观是三语教学的认识论基础，制约着课程目标的制定、课程内容的确定、课程实施和课程评价等重要环节，是一切课程活动的基础和出发点；语言是三语课程得以实现的话语载体，三语教学的语言观制约着三语课程的话语形式和语言选择，也影响着三语语言生态的发展变化；文化观则规约着三语课程中文化教学的实施及其地位，影响着课程文化含量的高低，也制约着三语教学文化生态环境的变迁，并以潜在的方式贯穿于三语教学的课程目标、课程内容、课程实施、课程评价等过程中。

本书第八章第四节将从三语环境下民族外语教育的课程特征、语言价值和文化追求等角度对三语教学的课程观、语言观和文化观进行初步反思，这些结论将为三语教学基础理论的构建提供重要的理据支持。

三 研究创新

本书在研究选题、研究架构、研究方法和研究内容等方面都具有一定的前沿性和独创性，对类似三语或多语环境下民族外语教育和教师课堂语码转换研究具有一定的启发意义和借鉴价值。

---

① 李松林：《课堂场域中的权力运作与学生的生存境遇》，《教育科学》2006年第8期。
② 贾爱武：《课堂话语模式的分析与改进》，《解放军外国语学院学报》1999年第4期。

在研究选题上，选取三语环境下教师课堂语码转换为研究课题，对这一全新的研究课题首次进行深入、系统的研究。在研究构架上，提出了"三步骤两层面六因素"的研究构想，遵循着"特征描写—模式构建—学理思辨"的研究思路，从语言和非语言两个层面出发，探讨了民族身份和教育背景、三语相对水平、三语接触时长、对三种语言的价值判断和态度、对三种文化的价值判断和态度，以及课堂交际语境等六个因素影响下三语教师课堂语码转换的影响模式和生成机制。

在研究方法上，本研究采用多维立体的方法论构架，运用个案研究与理论研究相结合的研究设计方法，田野工作、课堂观察和半结构访谈相结合的数据采集方法，以及描述数理统计和语料会话分析相结合的数据分析方法对研究课题进行详尽解读。在研究内容上，本书在对语码转换的分布特征和影响因素进行数理统计分析的基础上，构建了各主要影响因素对三语语码转换的影响模式及其生成机制，并对三语环境下教师课堂话语、三语语码转换的文化生态环境、三语教师专业发展以及本研究对民族外语教育的启示等问题进行教育学学理思辨。

因此，本书不仅会对三语环境下教师课堂语码转换的后续研究起到抛砖引玉的作用，而且还会带动我国民族教育研究的发展，丰富民族外语教育研究的理论成果，促进民族外语教育事业的发展。

本章小结

本章论述了三语环境下教师课堂语码转换的研究背景和意义。

本章前三节从多元文化思想、双语教育和三语教学等三个方面论述了三语课堂语码转换的研究背景。第一节论述了多元文化教育思想的缘起、发展与界说，以及对三语教学的理论观照与启示，指出多元文化教育思想是我国现行的三语教学的教育学基础；第二节论述了双语教育的界说、双语教育的发展和现代双语教学特征等问题，指出双语教育的蓬勃发展是三语教学的理论和实践基础；第三节论述了三语教学研究的前沿性和创新性，本节首先描写了我国三语教学研究的现状，然后对三语教学的形态进行了分类和界说；第四节论述了本研究的研究意义与创新。本节首先论述了本研究对语码转换研究、课堂语码转换研究、三语教学和民族外语教学的意义,然后论述了本研究的特色与创新,指出本书在建构三语环境下教师课堂语码转换的影响模式和生成机制、对三语教学多元文化生态的分析,对三语环境下教师课堂话语特征的解读以及研究设计等方面均有较大创新。

第二章

三语教师课堂语码转换研究的理论基础

本书是以三语环境下外语教师课堂语码转换行为为研究对象的，如前所述，课堂语码转换不仅是一种语言现象，而且是一种社会文化现象。根据研究对象的性质，本书是在教育人类学原理、接触语言学理论、课堂话语会话分析理论、语言顺应理论等理论基础上设计论证的。

第一节 教育人类学原理

教育人类学（Educational Anthropology）是应用人类学的概念、原理和方法来研究教育的一门介于教育学和人类学之间的新兴边缘学科。该学科的研究在西方已有100多年的历史，当初正是人类学者将不同文化种族中的教育现象作为人类学研究的对象之一，从此这些现象便获得了与家庭、种族、亲属制度、社会组织等领域一样的学术地位，并逐渐产生了这门学科。①

教育人类学从研究视角和研究方法上分为两大学术体系：一类是以英美及亚太等国家和地区为代表的文化教育人类学体系，另一类是以德奥为代表的欧洲等国的哲学教育人类学体系；20世纪50年代以后，文化教育人类学经过几十年的发展又形成了两个不同学术派别：一派是以美国人类学家斯宾德勒（George Spindle）和奥格布（John U. Ogbu）为首的文化教育人类学学派，另一派是以美国的詹姆斯·A. 班克斯（James A. Banks）和英国的林奇（James Lynch）等教育家为代表的多元

---

① 钱民辉：《当代欧美教育人类学研究的核心主题与趋势》，《北京大学学报》（哲学社会科学版）2005年第5期。

文化教育学派。① 之所以选择教育人类学作为本书的理论基础，是因为它集多种学科于一体从而发挥各单独学科所不能具有的更深刻的功能，同时对具体教育实践的关注与倚重使这一学科对本书田野工作的研究结果具有较好的解释力。

一 教育人种志研究方法

教育人类学的研究形式很多，方法各异，但主要表现为三大特点：一是跨文化比较研究，二是实地考察，三是释义学方法。② 教育人类学的研究方法，特别是教育人种志研究方法为本书采用的个案研究、田野工作、课堂观察和半结构访谈等研究方法提供了重要的理论基础。

作为一种以田野工作和深度访谈为主的质化研究方法，人种志方法对研究的操作有较为严格的策略规范。斯图尔特（Stewart）认为，人种志研究的策略主要包括三个方面：真实性、客观性和睿智性（详见表2-1）。③

表2-1　　　　　　　　　　人种志研究策略

真实性策略（veracity）	客观性策略（objectivity）	睿智性策略（perspicacity）
1. 长时间的田野工作 2. 寻找不确定的观察者 3. 保持良好的参与者角色关系 4. 专注情境 5. 多重模式的资料收集	1. 追随人种志研究者的足迹 2. 反应的确认 3. 来自局外人的回馈 4. 对文献和规范的内在验证 5. 广泛的记录资料	1. 对资料反复地考虑 2. 研究调查

人种志研究所倡导的在最真实自然的状态下接近研究对象，以及在特定的文化背景和情境下对研究对象进行深入的解析性描述等理念，对主张质化研究的教育科学研究传统有着重要的借鉴价值和

---

① 黄晓岚：《从文化教育人类学看中国教育》，《湖北民族教育学院学报》（哲学社会科学版）2005年第1期。
② 冯增俊：《教育人类学》，江苏教育出版社1998年版，第31—32页。
③ 刘彦尊：《人种志方法在比较教育研究中的应用》，《外国教育研究》2006年第9期。

启发意义，教育人种志研究便应运而生。一般人们把教育人种志研究定义为"提供对特定情况下的教育制度、过程和现象的科学描述的过程"。[①]

二 濡化原理

教育人类学的濡化原理（Enculturation）又称为文化适应原理，是文化延续和个体文化化的基本过程。M.J.赫斯科维茨对文化适应的一般功能作过详尽研究，认为文化适应包括了"使人类远离其他生物的学习经历的一切方面……是始终发生于某些特定习俗体的认可范围内的一个有意识和无意识的、正式的和非正式的文化陶冶过程"[②]。濡化是文化作用于个体的主要机制和方式，根据教育人类学的观点，濡化过程中的自我效验，即个体能有效满足某种情景要求的预期，体现了自我的文化适应能力，对濡化过程有重要的影响。在三语课堂环境下，通过民族身份和教育背景、三语相对水平、三语接触时长、对三种语言的价值判断和态度、对三种文化的价值判断和态度，以及课堂交际语境等影响因素表征的三语课堂文化对教师和学生的濡化机制是极其复杂的，本书将运用文化濡化的原理构建和解读三语文化对教师课堂语言选择和语码转换的影响机制和生成模式。

三 涵化原理

涵化（Acculturation）是与人类学和文化学相关的学科中频繁使用的重要概念，用以描写文化的变迁和运动模式。与文化对个体作用的濡化过程不同，涵化泛指文化与文化之间的横向移入、统合及适应。涵化或称文化移入或文化接触变容，是指具有自己文化的集团进行直接接触，致使一方或双方集团原来的文化式样发生变化的现象。[③] 文化涵化的过程是一个由"文化涵化（输入）—模式重组（调适）—制度化

---

① 李德显、杨淑萍：《人种志方法与课堂研究》，《教育理论与实践》2002年第7期。
② Herskovits, M. J., *Man and His Works*, New York：A. A. Knofp, 1948, p.39, p.51.
③ Herskovits, M. J., *Acculturation：The Study of Culture Contect*, Cloucester, Mass：Peter Smith, 1938.

（均衡）"三个步骤组成的周而复始、不断向高层运动变化的过程，这一过程如图 2-1 所示。

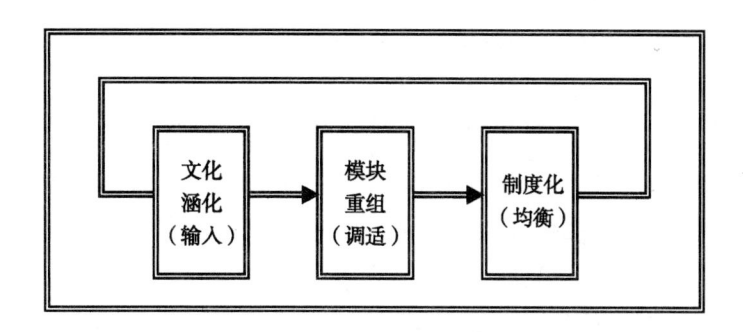

图 2-1　文化涵化过程示意图①

涵化关涉的是两个或两个以上的先前独立的文化系统之间的作用方式和迁移模式，文化涵化的结果一般表现为文化接触和碰撞后形成的文化变迁。研究表明，涵化的结果大致有三种：（1）接受，包括自愿接受与被迫接受；（2）适应，单方适应（一方被另一方所同化）与双方适应（即文化融合）；（3）反抗，一种文化拒绝接受另一种文化，这意味着涵化的失败。②

在英语文化进入原有的民、汉双语文化格局后，三种文化会在学校和课堂场域中相互碰撞、作用和整合，经历一个涵化、分化和重组的过程，最终形成宏观意义上民族地区三语教学的文化生态格局。在本书中，涵化原理将被用于解读三语文化生态的形成机制和阐释三语教师课堂语码转换的文化生态。

第二节　接触语言学理论

鉴于社会语言学、心理语言学、语法学、会话分析等语言学各分支学科语码转换研究的不足，本书是在接触语言学（Contact Linguistics）

---

① 武文：《文化学论纲——社会文化人类学的解读》，兰州大学出版社 2000 年版，第 115 页。
② 范国睿：《教育生态学》，人民教育出版社 2000 年版，第 53 页。

的理论基础上进行论证的。这一理论的主要魅力在于从语言本体因素、语言使用者主体因素和语言使用环境客观因素三维层面对语言接触现象进行解读,克服了上述学科研究传统和方法的诸多局限,较好地涵盖了影响语言接触和语码转换的语言因素和非语言因素,为本研究对语码转换的透视维度提供了重要的理论基础。

狭义上的接触语言学可以追溯到20世纪50年代初,此前学界对语言接触的兴趣一直集中在跨文化借词的研究上,虽然欧洲对古典语言接触的关注由来已久,但文莱奇、费希曼和豪根首次对现代形态语言接触的非语言因素进行了研究,综合考虑了语言接触的种族因素、干扰与迁移、社会文化因素、语域和态度等因素对语言接触的影响。[1]

接触语言学是1979年在布鲁塞尔举行的首届世界语言接触与语言冲突会议上首次提出的,是多语研究中产生并发展起来的一个交叉学科,是从语言、语言使用者和语言范围三个视点解读语言接触现象的。接触语言学对语言现象的研究不仅涉及话语分析、文体学、语用学等语言本体层面,而且还综合考虑了语言外因素,如语言接触的民族环境、语言社团状况、语言界限、移民问题以及参与接触的各种语言形态等。[2] 接触语言学考察语言接触的三个维度涉及的因素可描述如下:

  语 言:语言形态、语言干扰、语言迁移、双言现象、族际语等;
  语言使用者:年龄、性别、语言少数族身份、语言意识、语言态度、文化态度等;
  语言环境:语言生态、社团状况、文化环境、宗教环境、政治环境、科学环境、技术、工业、管理、媒体环境等。[3]

---

[1] Nelde P. H., "Language conflict", In F. Coulmas (ed.), *The Handbook of Sociolinguistics*, Beijing: Foreign Language Teaching and Research Press, 2001, p. 286.
[2] Ibid., pp. 286 – 287.
[3] Ibid., pp. 287 – 288.

接触语言学是一个极为庞杂、宽泛的体系，关涉到影响语言接触的语言、个体、社会、文化和心理等要素。这一学科的基本理论可表述如下：

首先，语言本体因素是解读语言接触现象的基础。语言接触首先是一种语言现象，因此，对参与接触的语言进行本体论考察，揭示各种语言的迁移机制是语言接触研究的起点。接触语言学除了考察语言干扰和语言迁移等现象外，提出参与接触的语言形态对语言接触现象有较大的影响。同时，对语言接触过程中产生的双言制和族际语等语言现象也进行了语言本体论解读。

其次，接触语言学极为关注语言使用者主体变量对语言接触的影响。正如奈尔达（P. H. Nelde）所言：语言社团的内部结构对语言使用者来说是至关重要的，除了传统意义上的性别、年龄和社会关系等因素外，语言少数族身份应该引起从事多语现象研究的研究者的特别重视。[1] 这种对语言使用者主体变量诸因素的关注和倚重正是接触语言学与其他语言学分支学科解读语言接触和语码转换的主要分野之一。

再次，接触语言学对语言接触现象的解读是多维的、动态的、开放的。语言接触不仅以语言社团中的个体为载体，而且是一种社会群体现象，受语言生态、社团语言状况、文化环境、政治环境、科学环境等诸多因素的影响和制约。同时，现代社会的技术、工业、管理、媒体等也会对语言接触产生了影响。[2] 由此可见，接触语言学对语言接触的解读是多维的、全方位的。这种广域的视角较好地克服了语言学各分支学科以往对语言接触和语码转换研究的局限，为多语环境下该领域的整合研究提供了全新的理论基础。

本书关涉的是三语环境下课堂语言接触的一个普遍现象——三语课堂语码转换，研究涉及的语言形态复杂，影响因素众多。研究设计是建立在接触语言学的理论基础之上的，研究架构的理论依据如表 2 - 2 所示。

---

[1] Nelde P. H., "Language conflict", In F. Coulmas (ed.), *The Handbook of Sociolinguistics*, Beijing: Foreign Language Teaching and Research Press, 2001, p. 287.

[2] Ibid., p. 288.

表2-2　　接触语言学三维视点与本研究影响因素对照表

接触语言学视点	三语环境下的现实载体	本研究影响因素变量
语　言	藏语、汉语和英语	三语接触时长
语言使用者	三语教师	三语相对水平
		民族身份和教育背景
		对三种语言的价值判断和态度
		对三种文化的价值判断和态度
语言环境	三语课堂	课堂交际语境

在接触语言学的理论观照下，本书析出了三语接触时长、三语相对水平、民族身份和教育背景、对三种语言的价值判断和态度、对三种文化的价值判断和态度以及课堂交际语境等六个因素解读三语环境下外语教师的课堂语码转换行为。

第三节　课堂话语会话分析理论

根据斯塔伯斯（Stubbs）的定义，课堂话语是最小交互单位会话形式，包含一个话轮的发话和回应，常以问答的形式进行，在课堂上以"提问—回答—反馈"的循环模式展开，是一种以知识传授为主要目的的话语形式，也是课堂教学的手段之一。英语课堂话语是一种交互性的言语活动，是建立在语言知识层面上的，以认知为基础、交际为目的、逻辑推理为手段的话语释义过程，在特定的话题域和现场语境下，参与交流的双方以谋求最大的相关来达到理想的交际目的。然而，不同于其他形式的会话，英语课堂话语在诸多方面有着特殊性，如参与会话的双方在认知能力、身份、地位、语言能力、知识掌握的程度、信息的来源等方面存在差异等，因此这种特殊的言语活动在话语释义和交际的方式上具有特殊性。[①]

课堂会话分析（Classroom Discourse Analysis）的基本要义在于从大量的自然会话中寻找反复出现的模式，使隐含在人们会话行为背后的交际知

[①] 寮菲、冯晓媛：《英语课堂话语的认知语境与交际效果分析》，《外语教学》2005年第1期。

识明晰化。① 会话分析遵循解释学的研究路向，主张从语言本身对交际者话语行为的会话意义进行阐释和解读。同时，实证研究也是会话分析重要的研究传统，实证研究的传统使会话分析语料搜集的方法极为考究，主张研究所依据的材料仅限于对课堂互动活动的录音、录像，而排斥其他类型的材料。为了避免研究者把自己先入为主的假设强加在熟悉的课堂交际行为中，课堂话语会话分析坚持对收集到的录音资料进行转写，认为这是十分重要的语料描述手段。这一理论并不讨论社会结构、会话者的动机与策略等对课堂话语的潜在建构作用，以避免在观察语料前就因分析类别框架先入为主而影响观察的全面性和敏感性。这种深受解释学和实证研究传统影响的"纯会话分析"的语料搜集和分析方法虽然较好地保证了研究语料的原生态特征和语料文本转写过程中信息的真实再现，避免了话语分析中的主观性倾向，但会话分析过于注重语料本身的解释功能，忽视了语料现实中各环境要素和社会因素对话语意义构建的作用。

本书秉承课堂会话分析理论实证研究的传统，采用视频记录的方式采集了三语课堂语码转换的原始语料，并对部分语料进行了文本转写和再现，以对三语环境下教师课堂语码转换的研究发现进行讨论和解释，并利用转写后的语料文本，对构建的三语语码转换的影响模式和深层机制进行了求证。本书也克服了课堂话语会话分析研究的不足，在描述性统计分析的基础上，考察了主体的民族身份和教育背景、三语相对水平、三语接触时长、对三种语言的价值判断和态度、对三种文化的价值判断和态度，以及课堂交际语境等社会文化因素在课堂话语意义构建中的作用及对语码转换的影响机制。

第四节 语言顺应理论

语言顺应理论（Adaptation Theory of Linguistics）是语用学三大代表性理论（合作原则、关联理论和顺应理论）之一，这一理论对教师课堂语言行为具有一定的解释力。语言顺应理论对语码转换的研究在第三章第六节"不同学科语码转换研究的传统和方法"中将有详细论述，

---

① 黄小苹：《课堂话语微观分析：理论，方法与实践》，《外语研究》2006年第5期。

这里对这一理论的基本主张和原则对本研究的观照和启示进行阐释。

自80年代末期语言顺应理论问世以来，尽管存在对语码转换的内部结构和句法限制关照不够等缺陷，但这一理论因其对语码转换从物质、环境和心理三个维度进行较为全面的解读，奠定了语用学视阈中语码转换研究的理论基础。经过反复的修正和改进，顺应理论对教师课堂语码转换行为的解释力不断增强。

沃茨库仁认为，语言的使用过程是一个语言使用者基于语言因素和非语言因素在不同的意识水平上不断进行语言选择的过程，其中包括语言形式和语言策略的选择。顺应理论认为，自然语言选择的三大特征（变异性、商讨性和顺应性）是解读语言选择和语码转换机制的认识论基础。变异性是指人类语言可供选择的种种可能性和不确定性，以及这些可能性实现后表现出的语言选择的复杂性和多样性；商讨性关涉的是人类语言选择的灵活性。顺应理论认为，人类的语言选择行为并非是按照严格的形式和功能关系作出的机械选择，而是在高度灵活的原则和策略的指导下作出的；顺应性则是指人类从所有可能的语言选项中作出商讨性的语言选择，从而使交际接近或达到成功的语言特征。[①]

在对沃茨库仁的顺应模式进行修正的基础上，于国栋提出了语码转换顺应机制的总体原则和三条具体细则：

> 在不同意识水平上从可供选择的语言资源中进行商讨性、社会性的语言和非语言选择，从而实现或接近具体的交际目的：
> 细则1：语言现实是交际者进行顺应的一个因素，因为这是交际者进行语言选择的源泉。
> 细则2：社会规约是交际者进行顺应的另外一个因素，因为交际者是社会化的个体，所以他们的行为必然要与社会期望保持一致。
> 细则3：心理动机是交际者进行顺应的另外一个因素，因为交际者通常是带有一定交际目的而进入交际过程的，而且这个交际目的往往会影响甚至控制交际者对于语言形式和交际策略的选择。[②]

---

① 于国栋：《语码转换的顺应性模式》，《当代语言学》2004年第1期。
② 同上。

语言和非语言的双维层面，语言现实、社会规约和语言心理三重视点的顺应原则构架使顺应理论观照到课堂语码转换的语言本体、社会文化和心理动机等方面的因素，特别是该模式关于主体对语言顺应心理的解读为本书三语课堂语码转换的影响模式和生成机制的构建提供了重要的心理学理论基础。

本章小结

本章论述了教育人类学、接触语言学、课堂会话分析、语言顺应理论等不同理论在本研究的设计、分析、阐释方面的重要贡献。教育人类学是适用于各人文社会科学学科的一个综合性质化研究方法，关注教育实践，解释力强，对本书的思路、方法的形成起到了重要的作用。第一节从教育人类学角度对教育人种志研究方法、濡化原理、涵化原理的概念、原理和方法进行了分析，并对教育人类学与本研究的高度相关性作了分析；接触语言学理论认为，语言本体、语言使用者和语言使用环境相互作用共同构成了一个语言生态环境体系，而三者之间的三维互动关系是语言消长变化的主要动力源泉。第二节对本书的另外一个理论支撑——接触语言学理论进行了分析，对其在影响语言接触和语码转换的语言因素和非语言因素方面所具有的阐释力进行了说明；会话分析理论是从自然语言中分析出人们会话行为背后的交际知识，探索交际、会话中的普遍规律和一般模式。本书的一个重要数据分析手段就是在收集课堂自然语言的基础上进行会话分析，找出教师课堂语码转换的规律性。第三节对于会话分析及其在本研究中的应用进行了梳理，并对课堂会话分析理论的自身缺陷及本书所采取的克服措施进行了说明；语言顺应理论中有关主体对语言顺应心理的解读为本研究三语课堂语码转换的影响模式和生成机制的构建提供了重要的心理学理论基础，因此也是本书的重要理论基础和分析工具之一。第四节主要介绍了语言顺应理论的基本主张和原则及对本书的观照和启示。

第三章

语码转换研究五十年

　　三语环境下的课堂语码转换是一个全新的、尚未开拓的探究领域，国内外的文献中未有涉及。但语码转换本身属于传统研究课题，学界对其关注由来已久。要想探究三语环境下的课堂语码转换，就必须对语码转换的研究加以梳理。本书的文献述评部分将集中回顾和梳理国内外双语语码转换的研究文献。本章主要对国内外语码转换研究的相关成果进行梳理。

第一节　语码转换研究的缘起

　　20世纪中叶以来，双语教学研究刚刚起步，其中50年代出版的文莱奇（Weinreich）和豪根（Haugen）的三本专著有着尤为重要的里程碑意义。这些著者初步奠定了语言接触的理论框架，成为这一领域研究的开拓者。"语码转换"这一术语就是豪根首次创造并使用的，用于指双语人话语中使用另一种语言中完全陌生的词汇的情形。① 沃格特（Hans Vogt）在1954年出版的专著中也使用了"语码转换"一词，认为语码转换本身并非一种语言现象，而是一种由非语言因素引发的心理现象。② 这一时期，文莱奇对双语现象从心理语言学、语法学和社会语言学等视角开展了研究，为双语环境下语码转换的研究打下了一定的研究基础。由此可见，作为语言接触的普遍现象之一，语码转换这一概念的缘起和发端与双语现象研究的进展息息相关，从事

---

　　① Ho-Dac Tuc, *Vietnamese-English Bilingualism: Patterns of Code-switching*, London & New York: Taylor & Francis Group, 2003, p. 5.
　　② 转引自于国栋《英汉语码转换的语用学研究》，山西人民出版社2001年版，第15页。

双语现象的研究者很早就对双语接触环境下的语码转换进行过研究和论述，对语码转换的研究作出了历史性贡献。

正如对语码转换的定义难以达成共识一样，对语码转换的缘起与发端问题也存在不同的观点。学界一般认为，20世纪50年代，文莱奇在其双语教学专著中首次提出并使用语码转换的概念，豪根在其1956年出版的专著中对双语接触环境下的语码转换进行了论述。豪根认为，语码转换（code-switching）、语言整合（integration）和语言干扰（interference）[1] 共同构成语言接触与语言扩散过程的三个阶段。[2] 于国栋在其2001年出版的专著《英汉语码转换的语用学研究》中指出，传统的关于语码转换起源的论述有失偏颇，因为沃格特（Hans Vogt）在其1954年出版的论文中首次使用了语码转换一词。[3] 但西班牙学者奥瓦瑞兹（Celso Alvarez-Caccamo）经过考证指出，语码转换一词的首次使用可追溯到雅各布森（Jacobson）、范特（Fant）和黑尔（Halle）于1952年合著的《话语分析入门：区别性特征及其相关性》（*Preliminaries to Speech Analysis*: *The Distinctive Features and Their Correlates*），因为雅各布森在这部书中首次使用语码转换一词的动词化名词 switching code。[4] 雅各布森在其麻省理工学院出版社1952年出版的专著中写道：

> 显而易见，由于交际者频繁地"转换语码"（switching code）或语言学家"多种音位体系的并置"（coexistent phonemic systems），解码的难度便大大增加，上个世纪俄国贵族的双语话语就是一个绝好的例证，即在一个单句中，他们不断地从俄语转换为法语，然后又从法语转换为俄语（雅各布森、范特、黑尔，

---

[1] 本书中部分英语词汇的翻译参考了陈慰主编的《英汉语言学词汇》，商务印书馆2003年版。

[2] Ho-Dac Tuc, *Vietnamese-English Bilingualism*: *Patterns of Code-switching*, London & New York: Taylor & Francis Group, 2003, p. 6.

[3] 于国栋：《英汉语码转换的语用学研究》，山西人民出版社2001年版，第15页。

[4] Alvarez-Caccamo, Celso, "From 'switching code' to 'code switching': towards a reconceptualization of communicative codes", in Peter Auer (ed.), *Code-switching in Conversation*: *Language, Interaction and Identity*, London & New York: Routledge, 1998, p. 31.

1952：603—604）①。

笔者认为，1952年雅各布森动词化名词switching code一词的使用可以看做语码转换的缘起与发端，而语码转换一词的首次正式使用则见于沃格特1954年出版的论文《语言接触》（Language Contact）中。语码转换是本书涉及的核心概念，从缘起和发端上对语码转换进行考据，有利于澄清语码转换研究的语源学偏误，促进语码转换研究的准确性和科学化。

第二节 语码转换的界说

作为一个众多学科共同关注的研究课题，语码转换的界说也是众说纷纭、莫衷一是。然而，对这一概念的界说是从事研究的先导和基础，具有重要的导向意义和规约作用。历时地回顾和梳理这一概念的界说将有助于掌握该领域研究的发展过程和基本脉络，评价相关研究的基本图景和发展走向。

对于语码转换这个术语，研究者们往往根据自己的研究目的、研究方法和对该现象的认识进行界说，不同的视点使对语码转换的界说出现了众说纷纭的局面。在浩繁复杂的关于语码转换的文献中，根据语码转换和语码混用的区别，出现了三种不同的界说，即认为语码转换（Code switching）与语码混用（Code mixing）之间存在区别的区分论、认为语码转换与语码混用没有什么区别的等同论和对于二者之间是否存在区别不置可否的模糊论。

区分论的研究者的认知基础在于他们对被转换的语码的语言单位（linguistic units）或者语言结构（linguistic structure）的理解。以奥尔（Auer）为代表的区分论者用语码转换来指称句间的转换（inter-sentential switching），用语码混用来指称句内的转换（intra-sentential switching）。这种区分在某些特殊的研究情景下（比如在寻求转换的语法限

---

① Alvarez-Caccamo, Celso, "From 'switching code' to 'code switching': towards a reconceptualization of communicative codes", in Peter Auer（ed.）, *Code-switching in Conversation*: *Language, Interaction and Identity*, London & New York: Routledge, 1998, p. 31.

制方面）是有一定的意义的，但是这样的区分在研究转换的功能或心理动机时没有必要了；等同论的学者放弃了句间语码转换和句内语码混用的区别。持等同论者还可以分成两类：其中一类用语码转换来概括句间语码转换和句内语码混用，大多数等同论者都属于这一类，比如沃茨库仁（Verschueren）认为语码转换表示语言或语码的变化，是一个非常普通和受人青睐的策略。还有些等同论者用语码混用来囊括句间语码转换和句内语码混用，比如格罗斯金（Grosjean）；模糊论对于语码转换和语码混用之间的区别不置可否，比如泰（Tay）就一方面承认句间语码转换和句内语码混用在理论上的区别，另一方面又认为它们之间没有明确的界限。[①]

可以看出，对于语码转换的三种界说的分歧涉及对语码转换的语码混用问题的基本认识，因此，对二者的区分成为界说语码转换研究的不可避免的重要命题。本章在"语码转换相关概念辨析"一节中对这一问题有详细论述。本书沿用沃茨库仁对语码转换的理解，对语码转换和语码混用不作区分，统一使用语码转换这一术语。根据沃茨库仁的界定，语码转换是根据特定地域、社会阶层、功能任务和使用环境进行的有系统、有选择的明显的语言变异[②]，本书涉及的主要是语际语码转换，因此用语码转换特指两种语言成分的并置使用。

第三节 语码转换研究的发展

20世纪50年代是语码转换研究的孕育和萌芽时期，其中文莱特和豪根关于语码转换的经典著作奠定了以后半个多世纪语码转换研究的发展走向，但自语码转换研究伊始，许多问题就有待于科学的求证和解释，如对这一现象的界定和分类一直莫衷一是，这些问题成为此后几十年语码转换研究的热点问题。

60年代以来，哈索摩（Hasselmo）在美国首次开展了瑞典语—英语双语接触研究，其间对语码转换进行了较为深入的研究，并于1961年

[①] 何自然、于国栋：《语码转换研究述评》，《现代外语》2001年第1期。

[②] Verschueren, J., *Understanding Pragmatics*, London, New York, Sydney, and Auckland: Arnold, 1999, p.118.

完成了题为《美式瑞典语》（American Swedish）的博士学位论文。哈索摩指出，语码转换就是对话者根据自己的双语水平，连续使用两种语言中不同的音段（stretch）的现象。两种语码的转换可根据音位的变化情况分为完全转换（clean switch）与不完全转换（ragged switch）。前者指音位的完全转换，后者指涉及语法和词汇转换的非音位语码转换。哈索摩对语码转换的研究涉及语码转换的很多重要命题，对语码转换的后续研究作出了重要贡献。[①] 特别是对语码转换音位特征的描述在当时具有积极意义，但是应当指出，单从音位切分的角度诠释语码转换这一复杂的语言现象难以触及其句法结构特征、深层的驱动机制和社会文化内涵等，在理论解释力上具有一定的局限性。

同一时期，在澳大利亚从事德语—英语双语研究的克林（Clyne, 2003）区分了基于结构特征的内约语码转换（internally-conditioned code-switching）和基于非结构、非语言因素特征的外约语码转换（externally-conditioned code-switching）。克林对于语码转换研究的一大贡献还在于他提出了触发理论（theory of triggering），其中后随（consequential）触发和先行（anticipational）触发的论述较为系统地阐述了说话人话语生成和语码选择之间的先后顺序，认为说话人可能在决定使用何种语码以前已经组成了完整的句子，对语码转换的心理过程作出了可贵的探索。[②]

70年代以来，语码转换研究的学科视野开始呈现出多元化态势，社会语言学、语法学和语用学等学科开始从全新的视点关注语码转换现象。这一时期的语法研究主要从双语水平的差异关注语码转化，而语用学研究则将研究兴趣集中在基于话题、时空境、参与者等因素的"情境转换"（situational switching）和基于非交际影响的"会话转换"（conversational switching）。布鲁姆（Blom）和甘柏兹（Gumperz）还提出了隐喻转换（metaphorical switching）的概念，用以指说话人想要达到的交际效果。

20世纪80年代和90年代，语码转换的研究更加系统科学，这一时期研究者们共同关注的话题之一就是对语码转换的形态和种类进行较为

[①] Ho-Dac Tuc, *Vietnamese-English Bilingualism: Patterns of Code-switching*, London & New York: Taylor & Francis Group, 2003, p. 6.

[②] Ibid., p. 14.

科学的界定和区分。句内转换（intra-sentential switching）和句际转换（inter-sentential switching）的分野是这一时期语码转换研究的主要特征之一。同时句际转换研究的兴起也使原本众说纷纭、莫衷一是的语码转换的概念界定更加混乱复杂，关于两种转换形式的具体区分将会在"语码转换的分类"一节中详细阐述。

第四节　语码转换的分类

分类是人类抽象思维的一种主要运动方式，对一个事物和概念分类的详尽度和科学性在很大程度上折射出人们对该事物和概念认识和理解的广度与深度。范畴化标准的选择和制定是一切分类思维的起点，同时对事物各个内部特征共性和差异的认识也是分类思维的基础。自语码转换这一概念问世以来，对其分类的论争作为一条主线贯穿始终。这种现象有其深刻的认识论根源，因为从理论上来讲，不同的研究往往建立在不同的范畴化标准之上，而不同的范畴化标准就会产生不同的分类形式。但是，尽管范畴化标准各异，分类形式也千差万别，人们对这一概念本身的理解和认识却在旷日持久的分类论争中日臻成熟和完善。现将语码转换的各种分类形式梳理如下：

帕普拉克（Poplack）区分了三种类型的语码转换：句际/间语码转换（inter-sentential switching）、句内语码转换（intra-sentential switching）和附加语码转换（emblematic /tag switching）。句际语码转换发生在两个句子或分句的分界处，而且每个句子或分句都分别属于一种语言；

A：今天晚上一起去吃饭吧。
B：Sorry, I have an appointment tonight, maybe next time? [1]
一个小段落的英文标题译成英文是：Slow and Sorrowful, Slow and Sad, Slow and Grave. [2]
All right! Do you know something about "Shenzhou 5 satellite" and

---

[1] 于国栋：《英汉语码转换的语用学研究》，山西人民出版社2001年版，第19页。
[2] 何自然、于国栋：《语码转换研究述评》，《现代外语》2001年第1期。

"the Chinese Long March Rocket"，中国的长征号火箭？
Ss：Yes, but only a little.①

句内语码转换涉及句子或分句内部的转换，具体表现为在一种语言中嵌套另一种语言的词汇或表达。

唯有真实，才是 MUD 游戏的 true color。②
阿妹说，谈恋爱之后，她觉得改变不大，但倒有机会出国或到 pub 玩。③
他们不满足于唱别人的歌。几乎每支处于起飞阶段的 Band 都会经常去其他院校或酒吧看 Show。"刚开始 Band 的时候，总是玩一些自己很感兴趣的音乐，但却受到很多的'批判'，自己的感觉也很不好。"④

附加语码转换指的是在单一语言表达的句子或分句中插入另一种语言表述的附加成分（tag）。这种类型的语码转换也被称做句外语码转换（extra-sentential codeswitching）。

Soredakra, ANYWAY, asokade SMOKEN SALNON katta no yo.
（それでから，anyway，あそこでsmoked salmon かたのよう）.⑤

需要指出的是，帕普拉克还是第一个关注语码转换和交际者语言水平的研究者。从交际者的语言水平、不同语言社团（speech community）中语码转换的发生机制和心理过程等方面进行的研究，成为过去 20 年语码转换研究的主流路向和研究范式之一。帕普拉克在详细考察语码转换的不同流利程度后，进而提出了顺畅转换（smooth switching）和不顺畅转换（flagged

---

① 黄成夫：《论英语课堂中的语码转换》，《云南师范大学学报》2004 年第 6 期。
② 何自然、于国栋：《语码转换研究述评》，《现代外语》2001 年第 1 期。
③ 于国栋：《英汉语码转换的语用学研究》，山西人民出版社 2001 年版，第 90 页。
④ 同上书，第 98 页。
⑤ 何自然、于国栋：《语码转换研究述评》，《现代外语》2001 年第 1 期。

switching）的二分法理论。顺畅转换包括第一语言和第二语言之间的顺畅转换，没有初始口误、犹豫或长时间的停顿等。不顺畅转换正好相反，往往包括上述一些语言特点和特殊的词汇。通常顺畅转换被认为是极具研究价值的语码转换，因为这类转换为研究语码转换的普遍语法限制提供了非常重要的语料来源。[①] 顺畅理论较好地解决了语码转换中交际者语言水平与语码转换的互动关系，试图建立交际者语言水平和语言选择的作用模式，是从语言学本体论角度对语码转换研究作出的可贵探索。

90年代初，奥尔根据语码转换的功能，提出了两种类型的语码转换：基于语篇的转换（discourse-related alternation）和基于交际者的转换（participant-related alternation）。奥尔认为与语篇相关的转换是以说话人为中心的，是说话人为顺利完成交际任务而采取的转换策略，它可以用来在言谈应对中完成不同的交际行为；而与交际者相关的转换则是以听话人为中心的，是基于听话人的语言喜好和语言能力进行的语码转换。奥尔的分类是基于语码转换的语篇功能和交际功能论述的，这种分类只考虑到双方在交际过程中的作用对语言选择和语码转换的影响，对两种语言的句法结构、交际者的语言选择心理和社会文化环境对语码转换的影响等问题不具有解释力。

此后，穆斯肯（Muysken）提出了另外一种语码转换类型：交替（alternation）、插入（insertion）和词汇等同（congruent lexicalization）。穆斯肯还提出了区分上述类型的语码转换的13条标准。交替是由一种语言向另一种语言的真正转换，其中涉及语法和词汇。交替是一种特殊的语码转换，它发生在话轮之间或话轮之内。比如：

　　A：你还有几篇作业没写完呢？
　　B：哎！Uncountable nouns![②]

插入表示在一种语言表达的语言结构中嵌入由另一语言表达的成分，比如：

[①] 何自然、于国栋：《语码转换研究述评》，《现代外语》2001年第1期。
[②] 同上书，第88页。

A：你当时就应该写，要不到后来就都忘了。
B：这是我这个学期最大的悲哀，应该 touch and go！①

词汇等同指的是两种语言享有同样的语言结构，从而一种语言的词汇可以换作另一语言的词汇，比如：

Bueno, *in other words*, el *flight* [que sale de Chicago *around three o'clock*]．②

这种分类方法同时考虑了结构因素（考虑分类的语言结构）、心理因素（考虑两种语言的激活程度）和社会因素（考虑双语者的语言策略），比前两种分类方法更为成熟全面。

本书中对于语码转换从三个视点进行了分类，根据语码转换的语言形态，将语码转换分为六种形态：藏语—汉语转换（以下简称藏汉转换，下同）、藏语—英语转换、汉语—藏语转换、汉语—英语转换、英语—藏语转换和英语—汉语转换等；根据语码转换的句法结构，将其分为句际转换、句内转换和附加转换；根据语码转换的功能，将语码转换分为基于语篇的语码转换和基于交际者的语码转换。

第五节 相关概念辨析

本节重点区分语码转换、借用（borrowing）和临时借用（nonce borrowing）三个概念。

语码转换和借用（borrowing）之间的区别和联系是语码转换文献中讨论最多的热点问题之一。过去二、三十年，句内转换概念的引入，使原本就复杂模糊的语码转换的界说更加混乱，这种混乱在旷日持久的语码转换和借用的区分和认同的争论中有增无减。

班克库斯（Backus）、豪根（Khogan）、司各腾（Mysers-Scotton）、

---

① 何自然、于国栋：《语码转换研究述评》，《现代外语》2001 年第 1 期。
② 同上。

帕普拉克、罗曼因（Romaine）、帕夫（Pfaff）、克林等研究者都探讨过语码转换和借用的区别。究其原因，语码转换和借用的甄别和区分是语码转换概念的界说和分类中必须澄清的重要问题，对这一问题的见解和认识在语码转换的研究中具有重要的基础作用。但是各界却未就两者的区别达成一致的见解。关于单个词汇的转换是属于语码转换还是属于借用就有两种不同的观点：区分论（比如帕普拉克）认为语码转换和借用是完全不同的现象，它们有着不同的表层结构和受不同条件的制约。

帕夫认为，语言接触现象并非孤立存在的，因此，没有必要将语码转换和借用完全割裂开来，但这并不否定两者之间的差异。帕夫根据交际者的双语能力对二者进行了区分，借用是基于单语语言能力的语言接触现象，而语码转换的前提条件是交际者必须具备双语语言能力。[①] 尝试从语码转换主体的双语能力区别语码转换和借用虽然未能触及二者深层机制的差异，却具有较强的可操作性和参考价值。

早在20世纪70年代，雷耶斯（Reyes）和甘柏兹都对语码转换和借用作过区分。雷耶斯指出语码转换一般都有着明显的句法衔接特征，而且有自身的内部句法结构。甘柏兹也曾对二者作过如下区分：

> 借用主要是使用另外一种语言中单个词汇、短语和习惯用语，借用的成分会有机地嵌入施借语言（the borrowing language）的语法体系。它们通常被视为施借语言的词汇组成部分，具有施借词汇的词法特征并融于其句法结构。相比之下，语码转换则是说话人根据两种不同语言体系的内部句法规则使用的不同语符列（string）的并置。[②]

甘柏兹对借用的定义是基于借用成分和施借语言之间的句法关系进行论述的，这一论述进一步丰富和发展了雷耶斯从句法特征角度对二者作出的界说和区分，但甘柏兹没有具体规定借用成分在何种程度上才算融入施借语言，因此，对二者的区分在操作层面仍存在诸多问题。

70年代初期，克林在其《语言接触面面观》（*Perspectives on Lan-*

[①] Ho-Dac Tuc, *Vietnamese-English Bilingualism: Patterns of Code-switching*, London & New York: Taylor & Francis Group, 2003, p. 8.

[②] Ibid.

guage *Contact*）中区分了与借入语言（the recipient language）①的借用成分相关的两大要素：融合种类（type of integration）和融合程度（degree of integration）。前者包括音位、词法、语义和标音的融合，而后者则关涉的是借用成分使用和融合的稳定性。克林进而指出，语码转换事实上是一种多元迁移（multiple transference）。

80年代以来，帕普拉克和桑考夫（Sankoff）沿着豪根、甘柏兹、克林等人的研究路向对语码转换和借用进行了更为系统的区分，他们对二者的界说和区别表示如下：

如表3-1所示，就使用频率而言，借用在话语中出现的频率高于语码转换；同时，借用的成分可以用同义词替换，因此具有类语置换的特征，而语码转换则没有。就音位与周围语言的融合而言，语码转换和借用都可以与周围的语言融合，也可以不融合，这取决于语言使用者个人和语言本身。但二者在形位和句法的融合性上则存在较大差异，一般来讲，借用的成分更容易融入基础语，更为符合基础语的形位特征和句法特征，因此，也就在基础语中具有了更为广泛的接受性。

表3-1　　　　　语码转换和借用概念的区分与比较②

比较维度		语码转换	借　用
使用频率		-	+
类语置换		-	+
融合性	音位融合	±/-	±/+
	形位融合	-	+
	句法融合	-	+
可接受性		-	+

说明：在比较维度中的四个变量的描写中，"+"代表"是"，"-"代表"否"。

司各腾于八九十年代逐步建立起来了基础语框架模型（Matrix Language Frame Model）③，用以解释包括语码转换和借用的区别的诸多问

---

① 借入语言事实上和施借语言指称的是同一个概念，但两个研究者使用了不同的术语，为达到翻译的忠实效果，译文中也采用了不同的表达。

② 转译自 Ho-Dac Tuc, *Vietnamese-English Bilingualism: Patterns of Code-switching*, London & New York：Taylor & Francis Group，2003，p. 9。

③ 基础语框架模型的另一译法为"主体语言构造模式"，参见谭东玲《语码转换的心理语言学分析》，《外语学刊》2002年第2期。

题。框架模型是建构在心理语言学和神经语言学理论基础之上，同时又以丰富强大的非洲语料库为基础，从解释学的角度描述和阐释了语码转换的诸多问题，是一种比较成熟的理论。这一理论认为，基础语是句段中有较多语素的那一种语言，为整个句子提供构词造句的框架，其余的语言则充当嵌入语（embedded language）。[1] 语码转换和借用都共存在同一基础语框架内。司各腾提出的基础语框架模型有助于判断单个出现的嵌入成分是语码转换还是借用。在双语或多语社区中，有些借词有可能是通过反复的语码转换而被吸收进母语的，因此可以把这两种现象视做一个连续体的两个极点。借词是在基础语中已经凝固了的一种特殊形式，可以反复使用，而语码转换则是一种运用语言的形式，变幻莫测，从这个意义上讲，语码转换拥有了社会标记的意义。[2]

以戴乐（Treffers-Daller）为代表的等同学派则认为语码转换和借用共存在一个连续体中，并受相同条件的规约，它们的区别只是程度的差异，并无本质的不同，因此，没有必要对二者作出明确的区分。首先，语码转换和借用处在一个连续体内，某些语码转换会逐渐得以普及并逐渐扩散到整个语言社团，从而演化为借用，正因为二者之间本来就没有什么清楚的界限，所以说没有必要区分语码转换和借用。其次，交际者把两种或两种以上的语言同时出现在一个语篇内的现象看成是语码转换还是借用完全是一个心理现象，超越了研究者的观察范围，缺乏可操作性。[3]

正如戴维（David S. Li）（1996）所讲，大多数学者们都认为语码转换与借用不同。如果我们把某种外域来源的词语表达称做借用的话，这就意味着（a）它已经成为该单语社团（monolingual speech community）的语库的一部分，（b）它已经完全被主导语言（host language）的音位和形位融合。尽管区分语码转换和借用并不容易，但是这种努力仍然是必要的。我们可以说语码转换发生在言语层面上，而借用则发生在语言层面上。[4]

---

[1] 王瑾、黄国文：《语码转换之结构研究述评》，《外国语言文学》2004年第2期。
[2] 祝畹瑾编著：《社会语言学概论》，湖南教育出版社1992年版，第200—201页。
[3] 何自然、于国栋：《语码转换研究述评》，《现代外语》2001年第1期。
[4] 何自然、于国栋：《语码转换研究述评》，《现代外语》2001年第1期。

20世纪90年代初，帕普拉克对语码转换重新进行了界说，"语码转换是在连续讲话中出现不同的语言的句子和句子片段的现象"。这些句子片段的内部结构必须符合另一种语言的句法和词法规则。新的语码转换的定义也引起了对词汇借用的重新认识，帕普拉克进而区分了两种类型的词汇借用：一是已经成为（单语）语言词汇的一部分的"历史上借入的""借词"（loanwords），另一种是个人临时借用的"一次性借词"①。帕普拉克特别强调，要将临时借词和语码转换区分开来。语码转换中不同语言的语词都按照各自不同的语法规则组合在一起，而临时借词虽采用了两种语言的词汇，却只启用了一种语言的语法。一次性借词这种语言接触现象可以是一种个体行为，也可以是一种社团范围的常规交际方式，极可能只是偶然出现，也可能会频繁重复出现。②

语码转换和借用的区别是语码转换研究面临的主要问题之一。本书认为，二者的使用频率、生成机制和属性特征均有较大差异，因此，在承认二者相似性和相关性的基础上，应坚持两者在概念界说上的基本区别。在语言接触实践中，各种情景要素和语言形态的差异使二者的区分更加困难复杂，难以操作。但二者的区分关涉到对语码转换研究的诸多问题，如语码转换概念内涵与外延的确定，语码转换中两种语言在话语中的关系，语码转换主体的双语水平和双语态度，以及语码转换的语用功能等。学界对这些问题的认识尚未达成一致，随着语码转换研究的逐步深入，对二者区别的研究也将更加全面、科学、系统。

第六节 不同学科语码转换研究的传统和方法

如前所述，虽然语言学、心理学、人类学、教育学等学科都对语码转换这一语言接触的普遍现象给予了足够的学术关注，但究其学科归属而言，语码转换首先是一种语言现象，因此，在上述学科中，语言学对语码转换的研究最为成熟，系统化和科学化程度也最高。心理学的研究主要体现在对语码转换机制的心理学解释和认知基础的研究上。人类学

---

① "一次性借词"的另一译法为"临时借词"，本研究采用后一种译法。
② 徐大明、陶红印、谢天蔚：《当代社会语言学》，中国社会科学出版社1997年版，第187页。

中的语码转换研究则将研究的视点放在种族文化、种族认同和语言选择的关系上，关注人类各种族文化形态下语言选择的特征和属性。这类研究大都秉承着多种族地区民族志研究（如田野工作）的研究方法，采集并建立了丰富而庞大的语料库，在此基础上对语码转换和语言选择从人类学的视点进行阐释和描写。语码转换的教育学研究是一个新兴的研究领域，主要集中在近20年对课堂语码转换的教育学阐释上。但现有的语码转换的教育学研究都是双语环境下课堂语码转换，三语环境下的课堂语码转换在国内外教育学科中都是一个新兴的研究课题。这里着重对语言学和教育学对语码转换的研究传统和研究方法进行述评，因为本书就是横跨语言学和教育学两大学科的跨学科研究。本章主要介绍语言学各分支学科对语码转换的研究成果，课堂语码转换将在第四章分专章论述。

以西方现代语言学为代表的语言学研究十分讲究方法论，这些方法论特征一方面与西方哲学传统、西方当今社会的总体科学技术发展背景相关，另一方面与现代西方语言理论和认知科学理论的一般特征相关。[①] 在现代西方哲学的三大传统中，以弗雷格、罗素、维特根斯坦、奥斯汀、莱尔、塔斯基、蒯因、达米克和克里普克等为代表的分析哲学传统和以胡塞尔、海德格尔、迦达默尔、海洛-庞蒂和德里达等为代表的现象学—解释学传统都对语言学研究的传统产生了深远的影响。[②] 分析语言传统就是在分析哲学传统上衍生发展起来的。在现代西方哲学理论的观照下，语言学研究的成熟和进步在两个方面得到了集中的体现，一是研究方法的科学化，二是语言学学科群的逐步形成和迅速发展。20世纪，不仅语言学的传统学科体系得到了丰富和发展，如语音学、音系学、词汇学、形态学、句法学、语义学、语用学、社会语言学、应用语言学、心理语言学、人类语言学等学科已发展到较为成熟的程度，同时，许多新兴的语言学边缘学科相继问世，神经语言学、政治语言学、伦理语言学、交际语言学、法律语言学、符号语言学、广告语言学、计算机语言学、教学语言学、生态语言学等学科的加盟，使语言学学科群

[①] 桂诗春、宁春岩：《语言学方法论》，外语教学与研究出版社1997年版，第3页。
[②] 陈嘉映：《语言哲学》，北京大学出版社2003年版，第2—3页。

更加丰富庞杂、异彩纷呈。

语码转换问题是语言学研究要解决的重要问题。音系学、句法学、语用学、社会语言学、心理语言学等学科都对语码转换问题进行过研究,这里仅介绍几种比较有代表性的语码转换的研究传统和方法。

一 社会语言学的传统和方法

社会语言学是20世纪60年代在美国首先兴起的一门边缘学科。它的诞生既顺应了时代发展的要求,又弥补了传统学科的不足。[①] 作为一门研究语言和社会关系的学科,社会语言学极为关注不同社会环境和言语环境中的语言变体和语言接触问题,以揭示社会环境变迁和语言结构或语言使用之间的系统对应关系和因果逻辑。因此,作为集中体现语言接触和语言选择的中心问题,语码转换问题自然成为社会语言学研究关注的问题。语码转换的社会语言学研究试图建立语言的社会因素(种族、性别、年龄、社会地位、交际环境等)与语码转换或语言选择的互动关系,以此来解读语码转换的社会动机。正如奥尔所指出的那样,这种研究思路的中心议题是语言选择如何反映权利和不平等,或者说如何反映某个社会集团成员的权利与义务的指针。[②]

语码转换的社会语言学研究还成功地将社会因素引入了语码转换研究的视野,甘柏兹、穆斯肯、司各腾、卢克(Luke)等研究者认为语码转换是一种社会行为,根本不可能脱离社会因素和社会规约的制约。需要指出的是,社会语言学中的语码转换不仅指不同语言之间的转换,也包括从一种方言转换到另一种方言,还包括不同语体之间的转变。[③]

社会语言学对语码转换的研究成果较为丰富,这里集中介绍几个影响力较大的经典理论。

(一)司各腾的"标记原理"(A Model of Markedness)

司各腾运用"标记原理"来解释双语和多语社区中频繁出现的语码

[①] 祝畹瑾编著:《社会语言学概论》,湖南教育出版社1992年版,第1页。
[②] 何自然、于国栋:《语码转换研究述评》,《现代外语》2001年第1期。
[③] 徐大明、陶红印、谢天蔚:《当代社会语言学》,中国社会科学出版社1997年版,第171页。

转换现象。标记性是从布拉格学派音系学中衍生来的术语，是语言学的一条重要的分析原则，即一对被视做对立的语言特征被赋予正/有标记（marked）、负/无标记（unmarked）或中性的值。从最一般的含义理解，这种区别指某种语言特征的存在或不存在。① 司各腾认为，会话过程就是一个双方协商"权利与义务"的关系的过程。从这个意义上讲，语码转换不仅是手段，而且是标志。无标记的语码转换有两种情况，一是在惯例语境下，交谈双方按预期的权利与义务关系使用无标记的语码，即使语境有所改变（如出现了新的参与者，新的话题），说话者仍能通过一个无标记的选择而维持现有的状态。例如，两个东非的同乡在用本民族语言交谈，来了一个操另一种民族语言的朋友，他们就转用斯瓦希利语交谈，这两种语言在内罗毕都是无标记的。另一种无标记的语码转换是在非正式场合下双语人从某一无标记的语言转换到另一无标记的语言。在此情况下，没有外界力量促使语码转换，只是交谈双方希望表明自己在权利与义务的关系中拥有两种身份，而语码转换对于两种身份来说都是无标记的。②

在肯尼亚西部的一家饭店走廊下，有几名说卢西亚方言的朋友坐在一起，他们中有一名在教育部任职的官员，有夫妻俩都是英语教师，一名中学校长刚开车过来。③

官　员（英）：It's nice that we've met. I haven't seen you for long.

校　长（英）：Yes, it's really long—and this is because I am far from this way.

官　员（卢）：Yikhala yaha khulole nuva nuvula haraka.

［你不要急，坐下来。］④

校长（英、卢）：I'm not very much in a hurry. Nuva noeye na khasoda khambe.

---

① ［英］戴维·克里斯特尔：《现代语言学词典》，沈家煊译，商务印书馆2000年版，第215页。
② 祝畹瑾编著：《社会语言学概论》，湖南教育出版社1992年版，第198页。
③ 例子摘自祝畹瑾编著《社会语言学概论》，湖南教育出版社1992年版，第199页。
④ 为便于理解，本研究涉及的语码转换除汉语普通话和英语外的语言均在方括号中标注出其汉语译文。

[你想请喝苏打水，就给我喝。]

女教员（英）：Tell us about X place. How are the people there treating you?

校长（英、卢）：X is fine, the people are OK, but as you know, they are very tribalistic Nuwawatsa Kwanalani navo ni miima jiavo.

[我现在可习惯他们的行为了。]

女教员（卢）：Kwahulila vakukuyagaku, gali ndi?

[我听说他们揍你了，怎么回事？]

有标记地选择语码转换，意味着说话人试图偏离无标记的选择，即偏离和改变所预期的、现有的权利和义务关系。当交际者向代表同属于某集团的有标记的语码转换时，能表明谈话人之间的对等关系；当向代表权势和地位的语码转换时，能增大说话人和对方的距离，这样的选择往往出于愤怒，或借以贬低对方的地位，或企图抬高自己的地位。[①] 因此，根据标记理论，选择使用不同言语集团的语码，在一定程度上能够表达交际者的情感态度和双方的人际距离。祝畹瑾曾用下例说明语码转换与情感态度及人际距离的关系。

在印度与尼泊尔交界处的边境检查站上发生了这么一件有趣的事。一名卫兵拦住一名妇女，责备他携带的茶叶太多，要罚款。这名妇女先用尼泊尔语争辩她所携带的茶叶没有超过规定许可的量；当听出卫兵的口音后，她转用尼瓦尔语恳求他看在老乡的面子上放她过关；最后，她又用英语说制度有问题，这暗示了她对腐败的不满，同时又显示出她是有教养的人，并不想"走私"几盒茶叶。[②]

这名妇女两次运用语码转换作为交际策略，成功地缩小了交际者之间的人际距离，实现了其交际目的。在不同的双语或多语环境中，各种语言的相对地位成为影响语码转换的主要因素之一，对这一事件的社会

[①] 祝畹瑾编著：《社会语言学概论》，湖南教育出版社1992年版，第199页。
[②] 同上书，第199—200页。

语言学解读正是建立在对语码转换所涉及的语言的权势和相对地位的认识上。在运用尼瓦尔语和卫兵缩小人际关系、实现其交际目的后,她又不失时机地用强势语言英语表明自己的社会地位。

此外,还有一种试探性的语码转换。交际者在非惯例场合第一次和对方交谈时,语码转换是一种显示其多种身份的交际策略,双方只有通过试探才能确定共同接受的无标记的语言,这个无标记的语言选择代表着双方确认在这次交谈中应有的权利和义务关系。因此,交际双方在语码转换中进行协商,评估对方的反应,最后共同转向无标记的语言。祝畹瑾用下例来说明试探性语码转换如何在协商过程中转向无标记的语言。①

一位年轻人去见一位公司经理,向他求职,年轻人开始时用英语和经理谈话,而经理坚持用斯瓦希利语和他说话,两个回合后,年轻人不得不也使用斯瓦希利语。

年轻人(英):Mr. Muckiki has sent me to you about the job you put in the paper.

经 理(斯):U ituma barua ya APPLICATION?

[你寄了申请信了吗?]

年轻人(英):Yes, I did. But he asked me to come to see you today.

经 理(斯):Ikiwa ulituma barua, nenda ungojee majibu. Tutakuita ufike kwa INTERVIEW siku itakapofika. Leo sina la kusema kuliko hayo.

[你要是写了信了,就等回音。信来了,我们会约你面试的。今天我没有什么可说的。]

在这一例子中,经理坚持用斯瓦希利语,年轻人无法通过讲英语提高自己的地位。

"标记模式"是从社会功能的角度解读语码转换的内外机制与生成

---

① 祝畹瑾编著:《社会语言学概论》,湖南教育出版社1992年版,第200页。

方式，所谓"标记"也是以特定社会公认的规范为准绳的。

（二）费希曼（Fishman）的语域理论（Domain of Language Behavior）

在语言学中，"域"（domain）一般用来指任何一个语言学理论构建适用的范围。① 社会语言学中的"域"通常指受一组共同行为制约的一组制度化了的社会情景。这个术语在分析涉及多位参与者的多语现象时被认为特别重要，因为它将个人选择和语言话题的变异与广阔的社会文化规范和社会互动中的期待心理联系起来。② 20世纪70年代，费希曼提出了"语域理论"来解释语言选择和语码转换。所谓"语域"或"言语行为域"（domain of language behavior）是指一系列共同的行为准则（包括语言准则）制约的一组组典型的社会情景。③ 每个语域包含身份关系、地点和话题三个部分。费希曼还分了五个语域，家庭域、朋友域、宗教域、教育域和工作域。以60年代末格林费德对美国泽喜市波多黎各社团采用语域理论所作的分析结果为例，五种语域如表3-2所示。

表3-2　　　　　　　　费希曼区分的五种语域④

语域	身份	地点	话题	使用语言
朋友	朋友	海滨	怎样玩一种游戏	西班牙语
家庭	父亲	家里	怎样做一个好儿子、好女儿	西班牙语
宗教	牧师	教堂	怎样做一个好基督徒	英语
教育	老师	学校	怎样解一道算术题	英语
工作	雇员	工场	怎样工作更有效	英语

语域理论将语码转换与语域、交际者身份、交际地点、交际话题等因素联系起来，有利于从语码转换发生的社会环境和交际场合理解其生成机制和运作方式，对描述和解读特定环境下的语码转换具有积极的作

---

① ［英］戴维·克里斯特尔：《现代语言学词典》，沈家煊译，商务印书馆2000年版，第117页。
② 同上。
③ 徐大明、陶红印、谢天蔚：《当代社会语言学》，中国社会科学出版社1997年版，第174页。
④ 同上。

用。但费希曼的语域理论对语域的区分过于绝对,这种对语域的区分不能涵盖真实交际环境中的所有情景,如商业交际和政治交际,因而使其解释力在普适性上大打折扣。同时,语域理论的另一个缺陷在于无法解释构成语域的三个成分(身份关系、地点和话题)不相一致时的语码转换现象,如父亲和孩子在家里谈论政治和宗教问题时的语言选择问题。由此可见,语域理论应寻求各种语域成分排列组合的模式,以增强其理论的解释力和包容性。

(三) 甘柏兹的语码转换理论

60年代中期,甘柏兹对一个挪威小镇的两种方言变体拉纳马拉语(Ranamal)和伯克马拉语(Bokmal)[①]之间的语码转换进行了研究。这两种语言中,前者是地方方言,后者则是挪威北部的标准语言。就语言结构而言,两种变体极为接近,外地人很难区分,但是当地人认为他们说的要么是拉纳马拉语,要么是伯克马拉语,他们实际上是根据一定的社会因素进行选择和语码转换的。在研究和观察的基础上,甘柏兹将这一社区成员分为三个层次:

1. 当地工人:当地出生的工人,以亲属关系的网络连接在一起;
2. 商人:处于中间层次,与当地工人和企业主都保持联系;
3. 企业主:从城市移居来的企业主,其社会关系遍及挪威。

甘柏兹将其社会网络区分为封闭网络(closed network)和开放网络(open network)两种类型,并认为那里的工人属于封闭网络,而商人和企业主则属于开放网络。封闭网络与本地方言相联系,说本地话表示一种社会意义,强调本地人之间的亲密关系;开放网络则与标准语有联系。[②]

社会网络与语言选择的互动关系是社会语言学关注的重要命题,甘柏兹的社会网络理论是社会语言学诞生伊始时对社会与语言的关系的尝试性解读。虽然社会网络不能涵盖语码转换和语言选择的所有社会动因,但将社会网络视为一个以开放和封闭为两级的连续体,并通过交际

[①] 这两种语言没有现成的中文译名,现有的中文文献中使用的都是两者的英文借词,故译名为作者自译。

[②] 徐大明、陶红印、谢天蔚:《当代社会语言学》,中国社会科学出版社1997年版,第173页。

者在这一连续体中的位置对其语码转换进行解释具有重要的意义。

交际类型是甘柏兹尝试解释语码转换的另一重要维度。在甘柏兹区分的两种交际类型中,个人间交际(personal interaction)体现在最接近的人际关系内,如朋友、同年龄的人、家庭成员等,而办事交际(transactional interaction)则是当地人在办事时(如去商店、银行、医院等)进行的交际。在第一类交际中,非正式的语言形式拉纳马拉语出现的概率较大;在第二类交际中,说话人"在某种程度上暂时摆脱自己的个性,并按照相应的地位……如售货员、出纳、医生进行活动,而不是以汤姆或英格这样具体的个人来选择某一种语言变体"①。这种语言的选择将有助于交际行为的实现,在这一类交际中,正式的语言形式伯克马拉语出现的概率较大。

从社会网络出发,区分语码转换是从交际者所处的社会关系的开放程度解释语码转换的社会动因,而交际类型理论则从交际双方的社会关系和交际事件本身的属性来解读语码转换的社会因素。但两者都有着共同的认识基础,即语码转换所涉及的两种或多种语言在特定交际环境中具有不同的权势含量,这种含量所决定的语言的相对地位对语码转换的运动方向具有决定性的导向作用。

甘柏兹还对语码转换进行了二维分类,情景型语码转换(situational code-switching)指由于交际参与者、话题或环境的改变而引起的语码转换。正如奥尔所指出的那样,这类语码转换意味着"只有一种语言或语言变体适合在某个特定的情境中使用,讲话人需要改变自己的语言选择来适应情景因素的改变,从而最终维持讲话的合适性"②。情景型语码转换可被视做一种相对稳定的概念化线索交际情景。会话型语码转换(conversational code-switching)指由会话本身的因素引起的语码转换。在会话型语码转换中还有一种寓意型语码转换(metaphorical code-switching),指说话者为改变相互关系或说话的语气、重点而进行的转换。寓意型语码转换负载有一定的情感功能,语码转换是对情景的重新改造,例如改正规场合为随便场合,改公事关系为私人关系,改严肃气氛

---

① 转引自徐大明、陶红印、谢天蔚《当代社会语言学》,中国社会科学出版社1997年版,第174页。
② 转引自何自然、于国栋《语码转换研究述评》,《现代外语》2001年第1期。

为幽默气氛，改彬彬有礼为同等亲近关系。①

对于甘柏兹来说，语言最实质的部分并不是语法学家所概括出来的语言结构系统，而是交际者利用有关语言的知识和非语言的知识以互动的方式所进行的交际实践。互动是语言的最重要特性，一切语音、语法规则的价值只存在于具体的交际活动传情达意的实际作用之中。通过使用语言而产生了交际效果，那些实现了的语言形式才是语言事实。② 甘柏兹从交际社会语言学的视点出发，从语码转换主体所构建的社会网络和语码转换发生的社会环境考察语码转换的生成机制和运作模式，对这一领域的后续研究产生了深远的影响，对语码转换的研究作出了开拓性的贡献。

社会语言学是最早关注和研究语码转换的学科之一，已形成一些相对成熟的经典理论。综观社会语言学视野下的语码转换研究，总体上具有以下特点：首先，受学科研究方法论的影响，社会语言学的语码转换研究遵循着从语言实践到理论提升的"自下而上"的研究模式，实证研究和田野工作为语码转换的理论概括和抽象思辨提供了丰富的语料，使研究的科学性大大提高；其次，社会语言学的语码转换研究从宏观层面对语言和社会文化的关系这一重要问题作出了可贵的探索，来自不同语言背景和社会文化的研究者的个案研究和理论研究大大地丰富了语码转换的社会语言学研究，加深了人们对语码转换社会动因的理解和认识。

然而，社会语言学以具体材料描写为主的实证研究传统既是其魅力所在，也是一个严重的弱点，因为它缺乏一个总的理论框架来说明这些具体的实证研究。③ 乔姆斯基曾将社会语言学的描写工作比作自然标本的采集：

> 你也可以采集蝴蝶进行观察，如果你喜欢蝴蝶，那毫无问题；但是这样的工作不能同研究混为一谈。研究是为了发现有一定深度

---

① 王楚安、徐美彦：《浅析语码转换的社会及心理动因》，《广东外语外贸大学学报》2005年第4期。
② 徐大明：《约翰·甘柏兹的学术思想》，《语言教学与研究》2002年第4期。
③ 杜学增导读，R. A. Hudson, *Sociolinguistics*, Beijing: Foreign Language Teaching and Research Press, 2000: F18。

的解释性原则。如果没有发现这样的原则，研究便是失败的。①

"蝴蝶标本采集"的隐喻使社会语言学开始寻求研究方法的整合、变革与突破。20世纪90年代以来，随着学科发展多元化、理论模式多样化理念的逐步认同，社会语言学在其研究方法上也有了较为显著的变化，具体体现在：注重内容与不同研究方法之间的有机结合；加强课题设计的科学性论证；适当引入计量分析手段；强调跨学科整合式的研究等等。② 但是应指出，现有的语码转换的社会语言学研究理论仍然未能较好地涵盖影响语码转换的语言本体因素和非语言的社会文化等因素。

二 心理语言学的传统和方法

心理语言学是在心理学和语言学的结合点上生长起来的一门新兴学科，迄今已有半个世纪的历史。心理语言学研究初期主要受行为主义思想的支配，大多从刺激—反应的观点来探讨人类的语言行为，认为语言行为是一套通过刺激、反应和强化逐渐形成的习惯。20世纪60年代，乔姆斯基（N. Chomsky）提出了转换生成语法以及表层结构和深层结构的概念。此后，致力于证明乔姆斯基的句法理论的心理现实性的研究，成为心理语言学研究的主流。③ 这里集中介绍心理语言学中有代表性的两种理论：言语顺应理论（Accommodation Theory）④ 和概念结构绘图模式（the Model of Conceptual Structure Mapping）。

（一）贾尔斯（Howard Giles）的"言语顺应理论"

在语码转换的社会语言学研究中，标记理论从语码转换的社会功能研究和解释其生成模式，因为标记模式是以社会公认的规范为准绳的。语域理论从语码转换发生的社会情景来解释语码转换现象，而贾尔斯的"言语顺应理论"则将语码转换的考察视点从广阔的社会环境具体到转

---

① Chomsky N., *Language and Responsibility*, New York: Pantheon Books, 1979, p.57.
② 杨永林：《社会语言学研究：功能·称谓·性别篇》，上海教育出版社2004年版，第24—25页。
③ 陈永明、杨丽霞：《当代心理语言学研究的若干重要问题》，《心理科学》1999年第5期。
④ "言语顺应理论"的另一译名为"语言适应理论"，本书沿用祝畹瑾教授"言语顺应理论"这一译名。

换主体的心理状态，对语码转换的微观研究作出了重要贡献。"言语顺应理论"用语言趋同（convergence）和语言偏离（divergence）来解释交际者的语言选择和语码转换。趋同原指两种或两种以上的语言或语言变体相互之间变得越来越相似的过程。[①] 就语言转换的运动方向而言，趋同是指交际者调整自己的语言或语体，以更接近谈话对象的语言或语体。偏离是指自己的语言或语体变得与谈话对象的语言或语体不同。趋同也可称做聚合，偏离也可称做分散。

就语码转换的心理机制而言，趋同反映的是赞同或讨好交谈对方的心理，说话者的趋同心理越强烈，所使用的语言向对方靠拢的倾向性就越强，但并不是所有的靠拢都能博得对方的好感和赞同。但在特定的交际环境中，说话者可向听话者的语码靠拢，表示自己的亲和（affiliation），在交际双方之间建立共聚量（solidarity），减少自己在达到目的的过程中可能遇到的障碍。任何一个集团的社会成员，虽然能掌握另一个社会集团所使用的语言，但在一般情况下，他总认为只有使用母语交谈才能够表达其感情。[②] 正因为如此，两个在火车上相遇的陌生人，得知对方是老乡时，一般都会用家乡话交谈。

语言偏离分为两种：一种是趋近偏离，另一种是增距偏离。说话者每次转换语码，都可看做是对刚才进行的语际交流的偏离，偏离规则的内部动因是说话者的临场心理。偏离可以使交际双方的情感距离拉近，也可使之疏远。由于约定的规范要求熟人间选用约定的语码并形成习惯，说话者往往不会随意转换语码以避免增距，但正如语言趋同并非都是积极的一样，语言偏离也并非都带有消极的意味。

首先，使用某一语言的社会集团对自己的母语有强烈的感情，这种语言感情的心理状态包含两个方面，一方面这一社会集团的成员在不流行其母语的社会环境中，为突出本民族文化使用语码偏离。例如：

在一个语言实验室里，一些威尔士人正在被请求帮助完成一项

---

① 理查兹等：《朗文语言教学及应用语言学词典》，管燕红译，外语教学与研究出版社2000年版，第105页。

② 王楚安、徐美彦：《浅析语码转换的社会及心理动因》，《广东外语外贸大学学报》2005年第4期。

有关第二语言学习技巧的调查。突然,向他们提问题的英格兰人(操标准英语)傲慢地称威尔士语是"一门正在消亡的、前途暗淡的语言",这时,这些刚才讲标准英语的威尔士人开始咕哝起来,一些人使用了威尔士语的词汇,另一些人加重了自己的威尔士语的口音,一位妇女开始停顿了一下,紧接着向麦克风里说出了一串威尔士语的动词。①

其次,说话者也可选择背离对方的语码,选用有较高社会或经济地位的语码,表明自己具有权势或自己不愿向对方的权势靠拢。上文标记理论中列举的求职的年轻人和经理间的对话正好说明了这一点。在与讲不同方言的顾客进行交易时,说话者会偏离自己惯用的语言,以迎合和讨好买方的心理,拉近双方的距离。

在上海的商城,外省顾客大多选择使用普通话与商贩交谈。虽然普通话是全国的通用语,但在当地的使用范围十分有限,而且在人们心目中普通话的使用者常常是社会地位较低的外省人,但顾客选择普通话的行为并未使自己的权势地位减弱,客观上却是对卖方的友好举动,他缩短了双方情感上的距离。这可以看作是顾客对卖方的除障偏离和趋近偏离,其直接结果是加速了买卖的成交,避免浪费时间。还有一种情况,顾客会讲普通话,但故意对不会讲上海话但听得懂上海话的外省商贩使用上海话,故意增大双方的社会距离以突出自己的权势地位,这被称作增距偏离。在整个过程中,增距和趋近的主动权都是由处于权势地位的顾客掌握的。②

由此可见,交际者使用语码转换的动机是就特定交际场合中的人际关系进行协商,无论是语言趋同还是语言偏离,都是交际者在交际事件中谋求有利位置、实现交际意图的一种交际策略。

---

① 祝畹瑾编著:《社会语言学概论》,湖南教育出版社1992年版,第202页。
② 引自王楚安、徐美彦《浅析语码转换的社会及心理动因》,《广东外语外贸大学学报》2005年第4期。

(二) 迪娜·贝罗耶娃（Dina Belyayeva）的"概念结构绘图模式"

如果说司各腾的基础语框架模型突破了语码转换的社会心理层面，触及语码转换的构造和生成机制，迪娜·贝罗耶娃的概念结构绘图模式则将语码转换视为一种既受结构因素又受经验因素制约的表述策略进行解读，这种双维模式对语码转换的复杂的心理发生机制具有一定的解释力。

1997年，贝罗耶娃在其《语码转换的心理语言学分析》（*A Psychological Analysis of Code-Switching*）一文中提出了"概念结构绘图模式"，用以描述和解释语码转换的心理机制。

概念结构对双语信息（概念和词项）加工的内在机制具有较强的解释力。该理论是在兰姆的层次理论、克林斯（Collins）和卢夫特斯（Loftus）所提出的扩展激活性理论、麦克勒兰（Mclelland）和罗曼哈特（Rumelhart）等人的平衡分布加工理论及兰加克（Langacker）的关联网络模式等理论的基础上提出的。根据这一模式，词项和概念并非截然分开的，而是共存在一个结构固定的关系网络中。该模式的前提形式机制是带有扩展激活性的关联网存储系统。

在这一模式中，概念结构被视做探究（启发）手段。简言之，概念结构是指一套以知识为基础，如构架（frames）、范围（domains）和纲要（schemas）等的结构，用以容纳一种语言的概念知识和所有词项，它反映该语言特殊的词汇表达模式。一个具体概念结构的形成受一系列因素的制约，如语言学习者理解观察能力、概念习得过程中的社会—语用背景（socio-pragmatic context）及可用的语言手段。以上这些因素的稳定共现决定了一个概念结构形成过程中的主要倾向（central tendency），该倾向使某一语言共同体所有成员拥有高度和谐一致的概念结构。概念结构内部的不稳定性与上述诸因素的变化性有关，也与个别说话人记忆中个别结构因素的牢固程度有关。概念结构中个别因素的牢固性具体表现为两种形式：一是整个结构形成过程中的总出现率，二是在短期内出现在上下文中的突出性。[1]

概念结构理论使人们认识到词语—结构体系是说话者的词汇和概

---

[1] 镡冬玲：《语码转换的心理语言学分析》，《外语学刊》2000年第2期。

念同时发展的结果。概念形成和语言习得的内在加工模式具有重要意义，因为它们决定了词语表述中可能的激活方式。① 语码转换与双语表达中出现的"亏空"（如反应迟缓和语码转换）现象有关，其原因在于把两个概念结构中不相容部分绘制踪迹时出现的不一致性。双语表达的"亏空"现象出现的原因在于将现实对话的背景与概念习得时以及初次使用该概念时的背景错误地搭配在一起。对上下文背景的依赖性使有交叠性的各概念结构互补发展。由于概念结构之间不交叠之处存在，人们将不同语言中表达的概念联系起来的能力会受到阻碍，它是转类错误（transfer-type errors）和语码转换（code-switching）的条件之一。因此，在结构和经验因素不协调程度高的范围内语码转换出现率最高。②

概念结构绘图模式的主旨在于尝试以结构因素和经验因素的高低，以及两者的相互作用来衡量和解释双语表达中语码转换的发生机制。结构和经验因素对语码转换的发生机制如表3-3所示。当语码转换主体在认知中激活的各个概念在第一和第二种语言中的词语表现一致（结构因素为"不一致"），同时，概念出现的经验背景相互排斥、无交叠时，语码转换发生的可能性就最大；反之，当两种语言中的词语表现一致（结构因素"一致"）时，语码转换发生的可能性最小。

表3-3　　　　　　结构和经验因素对语码转换的影响

语码转换因素		结构因素	
		不一致	一致
经验因素	不交叠	高	高
		高	低
	交叠	高	低
		低	低

资料来源：镡冬玲：《语码转换的心理语言学分析》，《外语学刊》2000年第2期。

该模式虽没有对这四项条件所起的作用进行具体预测，然而，其主导设想能够为以结构和经验因素相互作用为前提的语言加工提供模式。

---

① 镡冬玲：《语码转换的心理语言学分析》，《外语学刊》2000年第2期。
② 同上书，第75—79页。

其结论可以预测中性社会背景中引发语码转换的条件。①

为验证由概念结构绘图模式提出的在交叉条件下俄英语码转换的分布情况，迪娜·贝罗耶娃开展了一项词语相关性评估试验，在该项实验中，要求俄英双语人判断成对的词语之间的语义相关性。这些词语出现在两种条件下：一是有上下文背景，二是无上下文提示。实验是基于被试的判断行为与其表达手段问题（access problem）之间存在一定的相关性的假设上设计的。就结构因素而言，当一对词语在双语者所说的两种语言中表现不一致时，被试者做出肯定性反应的频数较低；而就经验因素的作用而言，预先出现的上下文背景可以使肯定性反应的频数增加。实验预测的语码分布与实际对话中语码分布对比如图 3–1 所示。

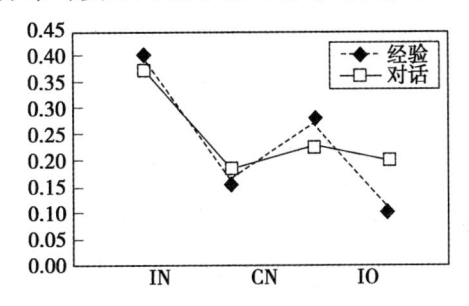

图 3–1　实验预测的语码分布与实际对话中语码分布对比②

注：I. 不一致的词语表达式；C. 一致的词语表达式；N. 词语用在非交叠的背景中（即仅与第一或第二语言中概念结构相关）；O. 词项用在有交叠的背景中。

　　实验表明，结构和经验因素不断相互作用，影响着人们的表达能力和语言选择，从而为语码转换提供了一种新的心理语言学解释。该解释是基于双语人记忆中概念结构绘图模式的理论框架对语码转换的频数进行描述的。根据这一模式，语码转换总体上应被视做一种表述策略，每当双语人用目的语交际遇到词汇提取障碍时，他们会采取替代法在非目的语中寻找意义对等的词汇，以完成交际任务，达到交际目的。

　　"概念结构绘图模式"是从心理语言学层面对语码转换机制进行的描述性阐释，这一模式对双语人的语言经验、两种语言的结构和语码转换的频率相关性进行探讨，从语码转换主体的心理、转换语言间的词项

---

① 镡冬玲：《语码转换的心理语言学分析》，《外语学刊》2000 年第 2 期。
② 同上书，第 78 页。

对应关系等层面探讨了语码转换的深层心理机制,标志着语码转换心理学研究的逐步成熟。研究建立的模式对语码转换生成和实现的可能性进行了科学的理论探索,具有较强的解释力和概括性。但是,概念结构绘图模式的语料基础较为薄弱,这一模式所关涉的语码转换只局限在词汇层面,因此对句际转换缺乏解释力,这是这一模式的主要局限之一。另外,模式对影响语码转换频率的变量分类较为单一,对转换主体的双语态度、双语心理、文化态度等因素对语码转换频率的影响未作探讨。

此外,20世纪60年代和70年代,克林根据影响语码转换因素的来源,区分了两种类型的语码转换:外部调节的语码转换(externally conditioned codeswitching)和内部调节的语码转换(internally conditioned codeswitching)。顾名思义,外部调节的语码转换指的是由外界因素引起的语码转换,内部调节的语码转换则指由于语码转换者自身的原因而引起的语码转换。在此基础上提出了语码转换的"触发理论",从心理语言学的角度对交际者的话语生成与语码选择之间的顺应关系作出了可贵的探索。埃皮尔(Appeal)和穆斯肯也对语码转换的触发机制作出过解释,他们认为,某些词汇会出现在主导语言表述的双语语篇中,这些词汇往往能触发语码转换,而且起触发作用和被触发的词汇都是可预测的。[①]

语码转换的心理语言学研究的基本任务在于描述和解释语码转换主体在转换语言时的大脑活动状态,帮助我们理解双语者在语码转换过程中的思维过程,从而揭示语言使用者对这种语言现象的认知过程。但由于受脑科学和心理学发展的影响和制约,人们对大脑思维活动和认知过程的理解和认识还有待进一步提高,因此,对语码转换的心理语言学研究文献相对较少,研究成果也相对不足,许多关键的问题尚未得到有效的解决,现有的研究成果的应用性和可操作性还有待进一步提高。

三 语法学的传统和方法

语码转换的社会语言学研究和心理语言学研究分别从社会因素和

---

① 何自然、于国栋:《语码转换研究述评》,《现代外语》2001年第1期。

心理因素阐释语码转换的生成动机，属于从宏观层面上对语码转换与其他社会和心理因素的互动关系进行的解读。因此，上述两种研究只能解释语码转换为什么发生，而不能够解释为什么转换发生在某个特定的位置。描述和解释语码转换发生的句法规则是语法学语码转换研究的主要任务。这种研究的认识论基础是就语言结构而言，两种语言间的转换并非一种随意的行为，而是一种有规则支配的行为。雅各布森认为：

> ［语码转换］要研究两种语言中究竟哪些成分可以出现在句子中，哪些成分不能出现在句子中。另一方面，根据收集的语料所作的推断似乎说明，当语码转换违反了其中一种语言的规则时，就会出现严格的制约问题。①

埃皮尔和穆斯肯对语码转换的语法研究分三个阶段进行了描述：
1. 研究个别结构的语法限制；
2. 研究普遍适用的语法限制；
3. 探讨语码转换策略与语法限制的关系。

麦考密克（McCormic）则对语码转换的语法研究进行了四维分类：
1. 研究某种语言的具体语法限制；
2. 探讨普遍适用的语法限制；
3. 探讨语码转换的语法模式；
4. 研究语码转换语法假设的信度问题。

从以上两种分类模式可以看出，语法限制问题是贯穿语码转换句法研究的重要问题，这里对这一问题的研究进行梳理和述评。20世纪70年代，语码转换研究的视野从对社会心理因素的关注扩展到对语法结构的关注上来。此后30多年，语码转换的语法结构研究呈现出方兴未艾的发展态势，正如司各腾教授所言，大多数没有研究语码转换的语言学家都认为语码转换属于社会语言学的研究范围，但把目前很多对语码转

---

① 转引自何自然、于国栋《语码转换研究述评》，《现代外语》2001年第1期。

换的研究视为语法理论的研究更为合适。① 语法结构理论对语码转换的关注和研究成为语码转换研究的一个重要路向,并在寻求与其他研究方法的整合,以增强其理论解释力。

20世纪70年代,研究者在解释语码转换生成过程时发现,语码转换不仅受语言外语境的制约,而且受语言内部结构法则的限制。这种对语码转换成因探索从言外语境到言内结构的转向为语码转换的语法限制研究奠定了认识论基础,并使其成为近30年来语码转换研究的主流路向之一,其中帕普拉克的自由语素限制和对等限制理论、迪斯鲁（Disciullo）的管辖限制以及司各腾的基础语框架模型是几种有代表性的理论。

（一）帕普拉克的语法限制理论

帕普拉克是早期从事语码转换研究最有影响的语言学家之一,她在对纽约市的波多黎各人西班牙语—英语双语社区的语码转换进行研究后,提出了两条具有普遍适用意义的语法限制规则：自由语素限制和对等限制。

　　自由形位限制（free morpheme constraint）：语码转换可以在语篇的任何一个成分后发生,只要该成分不是一个黏着词素。这个规则适用于除音位层次以外的所有的语言层次。

　　对等限制（equivalence constraint）：语码转换发生在既不违反L1也不违反L2的句法规则的地方,也就是说在这个地方两种语言的表层结构可以相融。②

限制理论提出后,许多学者纷纷提出反例,对这一理论的解释力表示质疑。自由语素限制在大量的语料和实证研究前的失效使这一理论的普适性备受质疑。帕普拉克后来又对其理论进行了修正,单个嵌入结构以另一种语言的黏着语素表示曲折的情况属于临时借用（nonce borrowing）,而非语码转换。这一修正事实上以牺牲自由语素限制的范围来维

---

① 转引自王瑾、黄国文《语码转换之结构研究述评》,《外国语言文学》2004年第2期。
② 转引自何自然、于国栋《语码转换研究述评》,《现代外语》2001年第1期。

持其有效性。帕普拉克在其芬兰语—英语语码转换的语料基础上,对对等限制的适用范围也进行了重新解释。在芬兰语—英语的语码转换中,英语成分的出现总是伴随着一定的语篇标记,称为插旗式(flagged)语码转换,这种转换模式是使对方注意转换本身含义的一种手段,与是否合乎语法限制无关。

限制理论解释力的匮乏在很大程度上源自语料类型的单一,帕普拉克最初观察的是英语—西班牙语两种近似语言间的语码转换,其理论凸显语言间语序的一致性;司各腾的理论是基于非洲语言斯瓦希利语和英语之间的语码转换提出的,因此,基础语框架模型在两种语言的非对称性上具有较强的解释力。随着反例的不断出现,限制理论开始了结构类型化的努力,扩大经验研究的范围,将更多不同语言之间的语码转换纳入考察视野,在更多语料类型的基础上将语码转换类型化,建立针对性较强的分析模式。80年代末期和90年代,帕普拉克及其同事们在他们的后期研究的基础上,拓宽了语言研究的语料基础和应对范围,使其理论的解释力大大增强,他们在多种语料库的基础上区分了四种语码转换模式(如表3-4所示)。

表3-4　　　　　帕普拉克语码转换四维机制类型比较

机制类型	双语相似度	语法限制	语料类型列举	属性描述
流畅转换 smooth CS	+	+	西班牙语—英语	在一次转换后不一定再转回原来的语言
插旗式转换① flagged CS	+/-	-		转换处伴有停顿、重复、元语言成分以及其他语篇标记
暂时借用 nonce borrowing	-	-	芬兰语—英语 泰米尔语—英语	尚未被单语者广泛应用,但已融入被转换的语言
成分嵌入 constitution insertion	+/-	+		常表现为名词短语的嵌入

帕普拉克特别强调用社团调查和定量研究的方法来获得典型的语料以及不同性质接触现象的区分。这种对研究方法和分类规范的强调无疑大大增加了其理论的科学性和可信度。然而,人类的语言现象是纷繁复

---

① 插旗式语码转换也被称做标记性语码转换,参见徐大明、陶红印、谢天蔚《当代社会语言学》,中国社会科学出版社1997年版,第186页。

杂的，而且处在不断发展的变化过程中，单凭几种典型的语料来概括人类所有的语言接触现象，具有一定的局限性。因为从逻辑上来讲，一个反例就可以将其普遍性推翻。另外，语料库中的语言行为（linguistic performance）与理论研究中的语言能力（linguistic competence）并不完全对等，这就使对语言接触和语码转换的分类陷入进退两难的尴尬境地，一方面，语码转换的结构类型化对现有的典型语料的确具有较强的解释力，并为本来杂乱无章的语码转换行为提供了概念类化的基本思路，使人类对语码转换行为的理解更加科学有序；另一方面，现有的语码转换分类在不断出现的语料类型面前捉襟见肘，尽管帕普拉克及其同事们对其分类模式进行了一次次地修正，但随着新的语料的出现，结构类型化理论的解释力将不断受到新的挑战。

（二）管辖限制理论

管辖约束是"一种语言理论，由乔姆斯基提出并建立在他的普遍语法概念之上，可以看作由某些原则和条件构成的不同子理论组成的网络"[①]。其中的子理论有：

1. 约束理论（Binding Theory）：表明名词片语之间的指称关系；
2. 界限理论（Bounding Theory）：限制句子内部的移动；
3. 格理论（Case Theory）：授予句子中的名词片语以格；
4. θ符号理论（θ-Theory）：授予句子成分以语义角色；
5. X-理论（X-Theory）：描写片语结构。

帕普拉克等主要从语料分析出发，采用变异的分析方法提出限制理论，而迪斯鲁等则主要从普遍语法出发，以乔姆斯基的管辖与制约理论为依据，提出管辖限制，并以加拿大蒙特利尔地区法语—意大利语、印度北部北印度语—英语之间的语码转换为其语料基础。管辖限制规定，语码转换只出现在不存在管辖关系的两个成分之间，换言之，存在着管辖限制的两个成分间不可能出现语码转换。例如，动词及其宾语之间，介词及其宾语之间存在着管辖关系，因此，这些成分应以同一种语言出现，中间不能出现语码转换。尽管他们的语料大致支持该限制，但来自

---

① 理查兹等：《朗文语言教学及应用语言学词典》，管燕红译，外语教学与研究出版社2000年版，第199页。

其他语言的反例也很多。①

迪斯鲁对语码转换研究的贡献之一在于为普遍语法提供了认识论基础，首次明确提出将单语语法原则拓宽到双语领域，为语际语码转换开拓了全新的研究思路，但该理论因为以下的缺陷而备受责难。首先，该理论将语言视为一个受特定规则制约的静态系统，忽视了语言外的社会心理因素。语码转换作为一种社会语言现象，其发生机制和功能作用不仅是一种语言现象，也应是一种社会现象和心理现象。克林就批评了一些利用乔姆斯基的普遍语法原则开展语码转换研究的学者，简单地套用普遍语法的规则将语码转换划分为"合语法"和"不合语法"这样完全对立的两极，而忽视了社会变量和心理变量对语码转换的影响，这与描述语言学的传统背道而驰，因为规则只是用来解释语言的而不是判断语言是否合乎规则。王瑾等也认为，"语言使用更多是或然性（probability）的问题，而不是可能性（possibility）的问题，如果要对模式多样、受多个变量控制的语码转换现象进行结构描写，把语言看作是一个规则的封闭的系统就不能满意地解决问题"。②

其次，生成语法在处理不同语言的合理性方面尚存争议，这使语码转换的管辖限制理论的理论基础在一定程度上更显薄弱，因为语法的形式理论对单语的语言结构具有较强的解释力，但两种语言的并置可否用同样的方法进行解释是值得商榷的问题。从事语码转换心理语言学研究的司各腾和帕普拉克都对运用生成语法理论解释语码转换的发生机制提出过质疑。

（三）司各腾的基础语框架模型

司各腾的基础语框架模型虽然是建立在心理语言学和神经语言学的基础之上的，但对语码转换的语法限制问题也进行了广泛深入的探索。

基础语框架模型在区分了基础语和嵌入语的基础上，依据主目结构（argument structure）的框架，区分了两种不同的语素：内容语素（content morpheme）和系统语素（system morpheme），内容语素具有分配或承担题元角色的特征，而系统语素则不具备此特征。基础语框架模型还

---

① 王瑾、黄国文：《语码转换之结构研究述评》，《外国语言文学》2004年第2期。
② 同上书，第18页。

将含有句内语码转换的句子分为三种成分：第一种为基础语+嵌入语（ML+EL），含有基础语和嵌入语两种语素；第二种为基础语岛（ML Island），只含基础语语素；第三种为嵌入语岛（EL Island），只含嵌入语语素。这一理论模型用两个原则来解释：在混合成分中，语素顺序原则（morpheme-order principle）规定表层结构的语素顺序由基础语决定，系统语素原则（system-morpheme principle）则规定系统语素只能来自于基础语。

You mean to say zai xizao ye shi na handbag qu, qu toilet ye shi na handbag qu?[①]

在上例中，汉语是基础语，英语是嵌入语，you mean to say 是嵌入语岛，na handbag qu 则是混合成分。

基础语框架模型遇到的重要问题之一就是对嵌入成分与基础语相应成分的一致性作出描写性判断，即何种相似程度的基础上，嵌入的成分能被基础语所接受。虽然基础语阻隔假设（Matrix language blocking hypothesis）规定，在混合成分中，嵌入成分必须与基础语的相应成分足够一致，否则嵌入成分就是一种折中策略。但遗憾的是，这一模式就两种成分一致的充分性问题没有进行进一步的阐释，因此，一致性概念的模糊性成为这一理论模式的主要缺陷之一。此外，基础语的认定缺乏理据和可操作性，系统语素的定义存在的问题等也使这一模式遭到一些异议和挑战。

为克服上述不足，司各腾对该模式进行了修正。在操作上，他承认句子是一个语码转换难以把握的概念而予以抛弃，代之以标句词投射（projection of complementizer, CP）为分析单位；同时在基础语的认定上也舍弃了语素数量的标准，而提出在一个标句词投射中提供系统语素和规定语素顺序的词法句法框架的那一种语言为基础语，从标句词投射中该框架是否来自同一语言来判定基础语框架模型是否有效。[②]

在对基础语认定进行了修正的基础上，司各腾通过建立"抽象层次模型"（Abstract Level Model）和"4-M模型"，对基础语框架模型的诸

[①] 转引自王瑾、黄国文《语码转换之结构研究述评》，《外国语言文学》2004年第2期。
[②] 同上。

多不足进行修正。这两种理论模型的心理学认识论基础是人脑的词汇集合中存在着的"内码"(lemma),具体表现为表层词汇项在人脑中的抽象结构。抽象模式表现为一个包括词汇—概念结构、谓词—主目结构和词法实现模式三层的内码结构模式。词汇—概念结构主要与概念加工、选择和交际意图有关,而后两个层次主要制约和处理内容语素之间的编码和表层结构的实现。4-M 模式对语素的区分更加具体,分为内容语素、早期系统语素、架桥式后期系统语素和外围式后期系统语素。前两种语素是以概念和说话者的意图为驱动的,后两种语素则提供中心语最大投射之外的语法信息。以英语为例,各种语素在英语中的表征如表 3-5 所示。

表 3-5　　　　　　4-M 模式四种语素在英语中的表征

语　　素	在英语中的表征
内容语素	分配或承担题元角色的语素
早期系统语素	复数标记 -s;动词所带的助词
架桥式后期系统语素	属格 's;of,表示存在、天气、时间等的无实意的 it
外围式后期系统语素	第三人称单数做主语时动词末尾的 s

　　上述两种模式中关于语素分类的理论为语码转换提供了更新的解释视角,并为增强基础语框架模式的理论解释力作出了一定的贡献。司各腾对语码转换研究的贡献在于综合考虑了语码转换研究的心理学因素和内部语法制约,并尝试构建基于这两个学科之上的语码转换发生和解释机制,对语码转换的跨学科研究作出了宝贵的探索。但是,基础语框架模式、抽象层次模型和 4-M 模型对语码转换的解释仍存在一定的局限。其一,虽然考虑到语码转换发生的心理机制,但这三种理论都是从语素层面解释语码转化,对句际转换的理论解释力较为匮乏;其二,这些理论的解释力都受制于结构限制普遍理论的合理性。从原则上讲,结构限制理论应该为所有语料的语码转换提供解释,任何一个反例都会使其解释力受到挑战,加之语言使用实践中言语和语言、语言运用和语言能力之间的分野,使语码转换的结构限制理论面临着很多操作上的局限和不足。

　　需要指出的是,在从事语码转换结构限制理论研究的学者不断修正其理论模式以解释不同语料的语码转换时,"零限制论"一直发出同样响亮的声音，宣称语码转换的语法限制只存在于某种特定的语言中，不存在所谓的"普遍限制"。克林和伯康巴（Bokamba）就对语码转换的语法限制的前景表示担忧。克林认为：语码转换的语法限制范式的前提是参与转换的两种语言都具有稳定的语法结构，但真实的语料常常不符合这一前提。在他采集的德语—英语以及英语—荷兰语的语料中，就存在着词序变异和句法迁移的现象。他还认为，语法限制理论的另一前提是具有明确的转换位置，但在德语—英语的转换中，有些转换的位置很难确定。伯康巴认为，句内语码转换仅仅是交际者为达到语体效果而采用的语域策略或交际策略。要充分解释语码转换现象，必须综合考虑这一现象背后的社会动机和心理语言学因素，单纯地对语码转换现象从句法限制方面进行解释具有很大的局限性。①

　　本书认为，首先，完全否定语码转换的语法限制有些欠妥，尽管目前的语法限制模式存在种种问题，但这些模式对现有的语料还是具有一定的解释力的，同时也加深了我们对语码转换语法限制的理解和认识；其次，承认"零限制论"就等于承认了语码转换的任意性和无序性，但现有的转换语料证明语码转换与句法关系的确存在一定的关联，尽管这种关联模式有待进一步的科学求证；再次，现有的语码转换的语法限制研究说明，语码转换不能在句子内的任何地方发生，这从一个侧面说明了语码转换研究是一个系统的语言现象。但是，正如班特海拉（Bentahila）等所指出的那样：

　　　　我们认为，寻求具有普遍适应性的规约之所以没有成功，在于这种研究几乎只注意了语码转换的句法层面，把语码转换看成是纯粹的结构现象，而没有把它放进社会和心理语境中去，……我们觉得应该把注意力放在与语码转换者相关的各个方面，其中可能包括语码转换者掌握的各种语言的熟练程度和适用范围、它们对这些语言的态度，以及这些语言在日常生活和语篇中的功能。②

---

① Chan, Brian Kok-Shing, *Aspects of the Syntax, the Pragmatics, and the Production of Code-switching: Cantonese and English*, New York: Peter Lang Publishing Inc., 2003.
② 何自然、于国栋：《语码转换研究述评》，《现代外语》2001年第1期。

由此可见，仅仅依靠语法研究远远不能囊括语码转换的复杂现象，因为这种方法不能包括语码转换的社会、文化、认知等因素，因而也就不能提供一个完整全面的阐释。

四　会话分析的传统和方法

如前所述，语法限制理论的前提在于承认参与语码转换的语言具有稳定的内部结构，会话分析则把语言视为一个动态开放的系统进行研究。1984 年，奥尔在其《双语会话》(*Bilingual Conversation*) 中，较为系统地阐述了运用会话分析的方法解读语码转换的研究路向，在语码转换研究的历史上具有里程碑意义。奥尔认为，情景并非一套预设的用来限制语言运用的规范，而是一种基于互动的现象。在交际情境中，交际者根据交际情景不断地构建交际框架，并根据交际活动的进展随时调整框架，因此，交际情景的属性会随着话语的维持或语码转换得到改变。奥尔进而指出，无论交际者在语码转换时采用何种语言，或在话语中嵌入何种语言，都会对自己和对方后续的语言选择产生影响，因此，要成功地解读会话中的语码转换，就必须借助交际者的前一话轮和后一话轮中的语言选择。20 世纪 90 年代，语码转换的会话分析研究又取得了新的进展，赛伯（Sebba）、李嵬（Li Wei）、米奥诺伊（Milroy）等都从会话分析的视角对语码转换进行了研究和阐释。[1] 李嵬根据其英语—粤语语料，对两种语言的语码转换进行了会话分析：

A 从一批香港供货中为儿子选购一件 T 恤衫，
1. A：... you go (.) you got another one
2. B：*Yatgo dou mou a*?
 [没有一件看上的？]
3. A：(2.0)[2] *mou a* (.) they [look
 [没有]

---

[1] Li Wei, "The 'why' and 'how' questions in the analysis of conversational code-switching", In Peter Auer (ed.), *Code-Switching in Conversation: Language, Interaction and Identity*, London and New York: Routeledge, 1998, pp. 156–179.

[2] 本研究沿用原文中的符号系统，此处 2.0 表示停顿两秒钟。

4．B：［For whom? *Waiman a*?［儿子?］
5．A：*Hia a.*　［是。］
6．B：*Nigo le*?
［这件怎么样?］①
A：（看 B 给他的衣服。）

在上述对话中，A 用英语向 B 作出了请求，要求再拿一些 T 恤衫给他看，B 并没有用英语回应 A 的请求，而是用粤语对 A 进行了反问，A 没有立刻作答，在停顿两秒后转换了自己的语码，用粤语回答了 B 的问题，然后又用英语解释自己为什么对刚才看到的衣服不满意，然后 B 继续用语码转换提出一个新的问题，A 用相同的语言作出了回答，最后 B 终于用粤语对 A 在话轮 1 中的请求作出了回应。

李嵬对这一语料的言语行为作了如下的解读：

A.	英语	请求
B.	粤语	问题 1
A.	语码转换	回答 1（＋解释）
B.	语码转换	问题 2
A.	粤语	回答 2
B.	粤语	给予②

通过以上分析可以看出，双语交际者在交际情景中互相合作来构建会话的意义。同时，会话分析的方法也有助于理解语码转换与会话结构的联系，但遗憾的是，这种分析模式无法对交际者语码转换的动机给出一个满意的答案。

语码转换的会话分析研究已经建立了一整套比较成熟的标注系统，并在学界得到初步的认可，本书使用的标注体系也是在这套体系上发展

---

① Li Wei, "The 'why' and 'how' questions in the analysis of conversational code-switching", In Peter Auer (ed.), *Code-Switching in Conversation: Language, Interaction and Identity*, London and New York: Routeledge, 1998, pp. 164 – 165.

② Ibid., p. 166.

而来的（详见表3-6）。

　　以奥尔等为代表的会话分析研究一反传统的静态研究方法，将动态的会话分析理论引进对语码转换的研究，同时形成了较为科学系统的会话标注体系，是语码转换研究中比较成熟的研究方法之一。这一研究传统的主要贡献在于，以交际者的社会行为和在日常交际中重复出现的言语序列，在语言学、社会心理学和社会学之间建立了一座桥梁，为语码转换的研究提供了全新的研究视野。同时，会话分析研究将语码转换视做一种动态会话中的交际策略，通过研究语码转换在会话构建中的作用我们可以总结出语码转换的动机。但是，由于过分强调会话中的动态特性和开放特征，该方法对语码转换的社会性和内部的句法机制观照不够。语码转换的会话研究标注体系的系统性也有待进一步提高和改进，如应增加和完善对语码转换类型、语域和交际者情感态度和转换心理的描写。

表 3-6　　　　　　　奥尔使用的标注符号与表征意义对照表

分类	符号	表征意义
会话标记	[	同时进行的谈话
	(.)	短暂的停顿
	-	谈话中止，未说完的单词
	(2.0)	以秒为单位的停顿时长
	h	笑声
音调标记	?	音调升高
	,	音调从低升至中
	.	音调降低
	;	音调从高降至中

五　语用学的传统和方法

　　纵观语言学的研究历史，对语言形式系统和制约语言形式内核的普遍原则的关注曾是语言学研究的主流传统。然而，随着人们对语言本质认识的逐步深入，对语言的研究开始超越本体论的范畴，从语言使用的社会文化和情境语境等诸方面透视语言的本质及其运用，语用学的语言学研究便应运而生。

语用学一词是美国哲学家查尔斯·威廉·莫里斯（Charles William Morris）于1937年在其论文集《逻辑实证主义、实用主义和科学经验主义》（Logical Positivism, Pragmatism and Scientific Empiricism）中首次创造并使用的，用于表示符号和其指称间的关系。[①] 次年，莫里斯在其论文中将语用学的研究范畴修正为研究符号和符号解释者之间的关系，既然大多数符号的解释者都是生物，因此，可以说语用学处理的是符号学的生物性方面，即符号在发挥作用过程中所牵涉到的所有心理、生理和社会现象。[②] 现代语用学是研究语言在交际中的运用的语言学分支，特别是研究句子和它们所使用的语境和情境之间的关系。语用学包括以下几个方面的研究：

1. 人们对话语的理解和运用与对现实世界的认识有什么关系；
2. 说话者如何使用和理解言语行为；
3. 句子结构如何受说话者和听话者之间关系的影响。[③]

语用学认为，就其本质而言，交际者的语码转换是交际者根据各种语用规则进行语言选择，以达到交际目的的活动。语用学的语码转换研究是对语码转换从语言运用方面进行的阐释，这里重点介绍沃茨库仁（Verschueren）的语言顺应模式和于国栋博士在对前者修正的基础上提出的新的顺应模式。

（一）沃茨库仁的语言顺应模式

1987年，在国际语用学学会成立大会上，语言顺应理论（Adaptation Theory of Linguistics）首次在文献中出现，从此，学界开始对语言顺应理论的模式进行了初步探索和修正。1999年沃茨库仁出版的《语用学的新解》（Understanding Pragmatics）中对语言顺应模式进行了较为完备系统的阐释。

沃茨库仁认为，语言的使用过程是一个语言使用者基于语言内部和外部的原因在不同的意识水平上不断进行语言选择（包括语言形式和语

[①] 王红毅：《语用学轨道的哲学探究》，《江西社会科学》2005年第10期。
[②] 于国栋：《语码转换的顺应性模式》，《当代语言学》2004年第1期。
[③] 理查茨等：《朗文语言教学及应用语言学词典》，管燕红译，外语教学与研究出版社2000年版，第356—357页。

言策略）的过程。而且，人类的语言选择行为是基于人类自然语言的三个基本属性：变异性、商讨性和顺应性。变异性是用来描述人类语言可供选择的种种可能性和这些选项的动态特征，商讨性用来描写人类语言选择行为的灵活性；语言的变异性则蕴涵着语言使用的不确定性，而顺应性描写的则是交际者为达到交际目的，依据特定的交际情境和交际环境，从可能的语言选项中作出选择的语言特性。沃茨库仁用语言顺应理论解释交际者的语码转换行为，并将语码转换行为置于广阔的物质、社会和心理背景下加以考察。沃茨库仁的语言选择的顺应机制如图3-2所示。

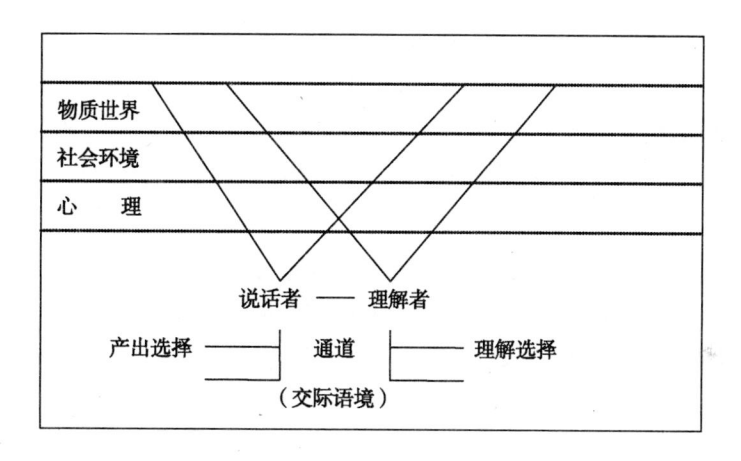

图3-2 顺应机制的语境因素图解①

顺应的结构特征包括语言结构的各个层面及结构规则，这也是语用学功能观在结构上的具体体现；顺应的动态机制则观照的是交际过程中意义生成的具体过程，这一过程也与语境因素和结构对象息息相关；过程特征则解释动机的强弱程度对语言选择的影响，语言的顺应既可以是完全有意识的自觉行为，也可以是潜意识支配下发生的自发行为。据此可见，语言选择和顺应并非一种孤立存在的语言本体现象，而是受不同的社会文化因素的规约，并在语言运用的目的和情境中不断顺应调整的过程。

沃茨库仁开创的语用学语码转换传统为语言选择和语码转换的研究

---

① 转译自于国栋《英汉语码转换的语用学研究》，山西人民出版社2001年版，第61页。

开辟了新的研究视野，同时在从转换的语言本体因素和非语言因素的结合来解读语码转换的路向方面作出了可贵的探索，是目前语码转换研究较为全面的理论模式之一。但这种理论模式是采用"自上而下"的演绎逻辑衍生而来的，其对现实语料中语码转换的生成机制的解释力还有待验证。

（二）于国栋的语码转换顺应性模式

如果说沃茨库仁的语言顺应理论从理论上建立了语言选择与各个语用因素之间的互动模式和作用机制，并为语码转换的解释提供了语用学体系和框架，于国栋博士基于汉语—粤语语料的语码转换顺应性模式研究，则对现有的语码转换理论进行了丰富和发展，提出语码转换是受语言现实、社会规约和心理动机三重因素制约的高度灵活的语言行为，并为语码转换研究在我国的本土化工作做出了重要贡献，他的语码转换研究代表了 20 世纪国内语码转换研究的主要成就。

于国栋的顺应机制对语码转换的目的和机制都具有较强的解释力。根据这一模式，就其本质而言，语码转换是交际者为了实现或达到特定的交际目的而采取的顺应行为，在进行顺应的动态过程中，交际者要遵循各种语用规则，使语码转换取得一定的语用意义，达到一定的表达效果。当交际者在这个过程中成功地完成了顺应之后，就会生成具体的语码转换的语篇，这些语篇所表现出来的变异性来源于交际者的语库，内在地体现着他们的语言能力。

该模式从说话人的角度切入，从言语交际和语言选择，以及语码转换的顺应机制等角度解读交际者的语码转换行为。

首先，语码转换本身就是交际者为达到特定的交际目的所采取的一种交际策略，因此，语码转换的目的性和意识性就渗透于语言选择和语码转换的整个过程。在这一过程中，与语境有关的各个因素作为介入变量也参与到语码转换的生成机制中，同意识性、目的性等共同构成了语码转换的生成条件。

其次，语码转换还是一种顺应的手段和策略。在顺应模式中，语言选择和语码转换是在顺应的驱动下产生的语言行为。在具体的语码转换过程中，交际者的顺应对象包括语言现实、社会规约和心理动机等。他进而指出："对语言现实顺应的语码转换是指那些由于纯粹的语言因素引起的交际者对于两种或两种以上的语言或语言变体的使用;这种语码转换是完全基于语言内部的原因发生的。语言现实是指参与语码转换的语言或语言变体的语言成分或语言结构以及它们各自的特征,比如其中涉及的语言规约和语义特征等。"[1]

莲　归

……

凌空俯瞰那"泉通十字门

宝聚三巴寺"汉夷杂居之地

澳门如一朵莲花悬浮海上

莲茎与香洲、关闸一脉相连

……

大桥如弓射出辉煌澳门

海堤相接路环岛更加葱茏

CASINO 的轮盘滚动

任君去赢得开心输得高兴[2]

上例中为避免汉语中 CASINO(赌场)一词的负面语义色彩,有意识地使用语码转换策略,运用英文的 CASINO 一词,顺应了两种语言和文化中该词的语义的情感色彩存在差异的语言现实。

"作为社会规约顺应而出现的语码转换指交际者由于对某个特定的社会的文化、习俗和规约的考虑和尊重而出现的对两种或两种以上的语言或语言变体的使用。……社会规约在这里指的是在某个社会中被绝大多数成员认为是符合常规的、能够被接受的行为和思想方式。"[3] 社会规约超越了单纯的社会语言学的范畴,将语码转换置于广阔的社会宏观语境下进行考察,具有较强的解释力和广泛的包容性,例如语码转换有时会冲淡某一语言成分所承载的负面的社会语义,在一定程度上具有委婉语的表达效果。

---

[1]　于国栋:《语码转换的顺应性模式》,《当代语言学》2004 年第 1 期。
[2]　同上。
[3]　同上。

(G在询问E有关硕士论文的事情)

E：其实，也应该多听一些讲座，听听别人的观点，有必要的话还可以讨论讨论。

G：对了，昨天上午那个讲座，关于homosexuality 的讲座，我给误了。

E：你对这个题目很感兴趣吗？

G：不是。只是觉得好玩儿，嘿。

E：其实这个题目很有意义，只不过是谈到 homosexuality 的时候，人们总是羞于启齿，但是这的确是个现实，的确是个值得研究的内容。①

在 E 和 G 的对话中，谈到"同性恋"这一话题时，G 选择了英语表达来冲淡汉语文化中该词所负载的反面社会语义，因为在汉语文化中，这是一个颇有争议甚至为很多人所不齿的话题。在此情况下，语码转换就成了顺应社会规约的交际策略。

语言顺应模式中心理动机的顺应涵盖除上述两种情况之外的所有心理动机，"比如交际者可以利用语码转换实现趋吉避讳、创造幽默、标志身份等种种心理动机。我们把为了顺应交际者的心理动机而出现的语码转换定义为主动顺应，因为这种语码转换是交际者为了实现自己特定的具体交际目的而采用的一种积极主动的交际策略"②。

与鼠共舞

紧接着发生的事情是老六与鼠同床事件，据当事人透露，夜半时分，他朦胧中觉得被子里有东西乱窜，揭开一看，见一黑色物体飞似的逃出窗外。我们惊问，汝有失身乎？汝有与之 KISS 乎？此乃鼠爸爸派其情妇惑汝也。③

上例中英文词 KISS 的使用就是为了制造诙谐幽默的表达效果。

---

① 转引自于国栋《语码转换的顺应性模式》，《当代语言学》2004 年第 1 期。
② 同上。
③ 于国栋：《英汉语码转换的语用学研究》，山西人民出版社 2001 年版，第 138 页。

在图 3-3 所示的语码转换的顺应机制中,交际者通过语码转换进行交际,以接近或实现其交际目的。在这一动态的交际过程中,交际者需要在各个层面上(包括语言形态和交际策略)以协商式的方式,依据顺应原则进行选择,以顺应特定的语言现实、社会规约和心理动机,这就引起了交际语篇的多样性或变异性特征,语篇此时取得相对稳定的存在形态,以供听话人或读者去理解。

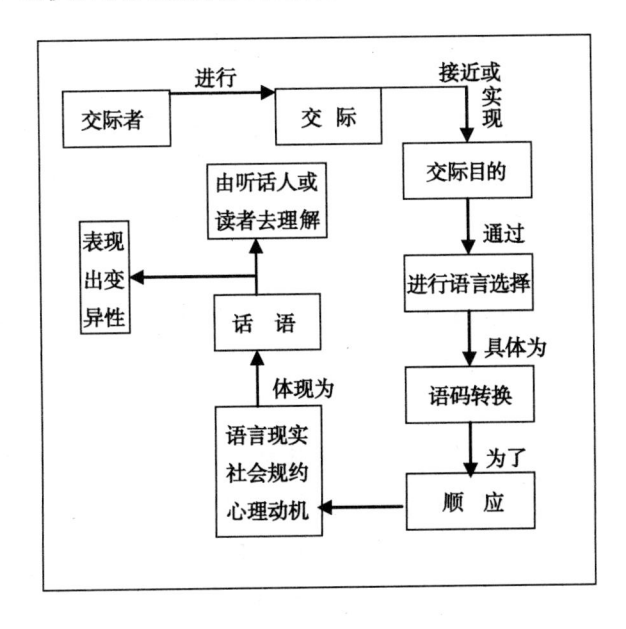

图 3-3 语码转换的顺应机制图示①

于国栋博士提出的语码转换的顺应模式解释,综合考虑了语码转换的语言本体因素、交际发生的社会规约因素和交际者的心理动机等因素,从动态的交际过程方面,全面系统地解读了交际者进行语言选择和语码转换的动机和运作机制,对语码转换的语用学研究作出了重要贡献。但这一模式还应在实践中得到进一步的完善和提高,如社会规约与心理动机的界定以及在实际操作中的认定问题,将除语言实践和社会规约以外的所有因素一概视为心理动机的做法也值得商榷。

---

① 于国栋:《语码转换的顺应性模式》,《当代语言学》2004 年第 1 期。

本章小结

本章对近 50 多年来国内外语码转换的研究进行了述评。

第一节论述了语码转换研究的缘起与发端,指出 1952 年雅各布森动词化名词 switching code 一词的使用可以看做语码转换的缘起与发端,而语码转换一词的首次正式使用则见于沃格特 1954 年出版的论文《语言接触》(Language Contact)中。

第二节对语码转换进行了界说,将语码转换界定为根据特定地域、社会阶层、功能任务和使用环境进行的有系统、有选择的明显的语言变异,本书涉及的主要是语际语码转换,因此用语码转换特指两种语言成分的并置。

第三节对 20 世纪 50 年代以来的语码转换研究的发展进行了历时梳理,对各个时期语码转换研究的研究重点和主要成就进行了回顾和总结。

第四节对语码转换的分类进行了概括,帕普拉克根据语码转换发生的结构制约对语码转换进行了句际转换、句内转换和附加转换的三维划分,帕普拉克还根据交际者的水平区分了顺畅转换和不顺畅转换;奥尔根据语码转换的功能区分了基于语篇的语码转换和基于交际者的语码转换两种类型;本书根据语码转换的源发语言和目标语言的形态,区分了六种语码转换:藏汉转换、藏英转换、汉藏转换、汉英转换、英藏转换和英汉转换。

第五节对语码转换、借用和临时借用三个概念进行了辨析,指出二者的使用频率、生成机制和属性特征均有较大差异,因此,在承认二者相似性和相关性的基础上,应坚持两者在概念界说上的基本区别。

第六节对不同学科语码转换研究的传统和方法进行了回顾,本章首先总体介绍了语言学、心理学、人类学和教育学等学科语码转换研究的基本路向,然后对语言学各分支学科语码转换的经典理论和代表性成果进行了呈现和述评,如社会语言学中司各腾的"标记原理"、费希曼的语域理论和甘柏兹的语码转换理论;心理语言学中贾尔斯的"言语顺应理论"和迪娜·贝罗耶娃的"概念结构绘图模式";语法学中帕普拉克的语法限制理论、管辖限制理论以及司各腾的基础语框架模型;会话分析视野中的语码转换研究以及语用学中沃茨库仁的语言顺应模式和于国栋的语码转换模式。

第四章

课堂语码转换研究二十年

　　课堂教学是师生双方在交际过程中共同协商、构建知识的过程。课堂语言的选择和运作内在地体现着课堂交往过程中师生双方共同协商、营造课堂文化、建构语言知识的语言介质和手段。教育学视野下的语码转换研究将语码转换视为一种极为重要的课堂交际策略或教师话语风格进行研究。尽管上一章对于语码转换研究进行了梳理，但语境的差异使语码转换本身呈现出丰富多彩的一面。本书关注的是三语课堂英语教师的语码转换研究，因此有必要对课堂语境下的语码转换研究加以整理分析。本章主要对 20 多年来课堂语码转换研究的特点进行分析，并对双语交往视阈中课堂语码转换研究的基本路向和经典个案进行了梳理。

第一节　课堂语码转换研究的特点

　　课堂语码转换的研究属课堂教学语言的研究范畴，是课堂教学研究的重要命题。在过去 20 多年的时间里，课堂语码转换的研究呈现出以下三大特点。

　　首先，正如诸多学科都极为关注语码转换研究一样，课堂语码转换的研究也具有很强的跨学科特性。教育学视野中的课堂语码转换研究从多个视点对课堂语码转换现象进行解读，从七、八十年代的课堂交往模式和教师话语风格到世纪之交的课堂会话分析和课堂话语研究，从不同的研究视点开展的研究对语码转换从不同的侧面进行了透视，积累了较为丰富的研究成果。与研究视点的多元化相对应的是研究方法的转向，课堂语码转换的研究重心经历了从宏观视野到微观层面的变迁，研究方法也经历了从理论研究到实证研究和描写研究的嬗变。跨学科的研究视点和多元化的研究方法对双语课堂教学中的语码转换这一教育现象进行了较为深入的透视，同时也为多元化的课堂语码转换提供了新的理论生长点。

其次，课堂语码转换的研究在地域上具有明显的国际特征。从 70 年代早期在美国开展的对操少数族语言的人进行双语教育项目开始，对特定课堂环境下的课堂语码转换的研究相继在一些双语或多语国家和地区展开，如加拿大、欧洲各国、南非和东南亚各国。① 上述各个国家和地区的研究均是基于不同的社会文化背景、教育环境、语言政策进行的，国际化的研究为课堂语码转换提供了较为丰富的语料，同时课堂语码转换获得了广泛的社会文化背景和教育现实基础。

再次，课堂语码转换研究的实施源于对特定环境下某种语言教育政策的争议。在伦敦大学长期从事双语教育研究的马丁·琼斯（Matin-Jones）认为，课堂语码转换的研究源于这样三种语言教育现状：

1. 新的语言教育项目推行伊始；
2. 教学媒体或介质的变化；
3. 现行的语言教育政策的不足与缺陷。②

马丁·琼斯进而指出，研究者从事课堂语码转换研究的动机很大程度上在于将语言教育政策置于日常课堂生活的交际实践中进行解读。同时，课堂语言选择和语码转换是多种变量共同作用的结果，其复杂性远远超过了语言教育政策对教学能够规定的范畴。马丁·琼斯对语码转换的论述在肯定课堂语码转换的教育属性的同时，关涉到教育以外影响语码转换的诸多变量，在一定程度上澄清了课堂语码转换只应局限于教育学研究范畴的片面认识，为课堂语码转换的多学科透视提供了认识论基础。

70 年代以来，课堂语码转换研究的文献主要局限在双语环境下的课堂语码转换中，综观近 20 年的课堂语码转换研究，有两种明显不同的研究路向。

1. 课堂语码转换的功能研究。早期的研究大多集中在对双语环境下的课堂语言分析，这一时期的研究以教师话语和各种语言的使用频率

---

① Martin-Jones Marilyn, "Code-switching in the classroom: two decades of research", in Lesley Milroy and Pieter Muysken (eds.), *One Speaker, Two Languages: Cross Disciplinary Perspectives on Code-switching*, Cambridge: Cambridge University Press, 1995.

② Ibid., p. 90.

为切入点，对课堂语码转换的交际功能进行了较为深入详尽的探讨。

2. 课堂语码转换的交际研究。课堂教学是一种特殊环境下发生的教师与学生、学生与学生之间的交际行为，近年来的双语环境下的课堂语码转换研究从教育交往的视角对课堂语篇的构建和语码转换在双语课堂上对构建教师和学生交际关系的作用等问题进行了初步探讨。这一研究路向将会话分析和人种志方法结合起来，拓宽了课堂语码转换研究的方法论视野。

第二节 双语课堂交往与课堂语码转换

20世纪70年代晚期，在美国开展的双语教育项目几乎将研究视点集中在课堂交际使用两种语言（主要为英语和西班牙语）的时长分配上。同一时期，美国教育学界对双语课堂对儿童语言能力的发展的影响展开了激烈争论，争论的焦点主要集中在双语课堂上大量使用第二语言（英语）对儿童第一语言（西班牙语）发展可能产生的负面影响上。宏观层面上关于双语教育政策的论战对这一时期的具体研究产生了影响，课堂观察和对比分析成为两种主流的研究方法。课堂观察与成绩分析相结合，成为了解双语课堂上两种语言运用对学生双语能力发展影响的最直观的手段；对比分析则被广泛地运用到各种双语教育项目的对比研究中，以了解和评价各个项目在促进儿童双语能力发展上的优势与不足。遗憾的是，运用这些方法开展的研究所获得的数据非但没有结束美国教育学界进行的论战，反而使这种争辩愈演愈烈。学者们很快意识到了这种研究思路的局限，开始在质化数据的基础上从交际维度对课堂话语进行研究。解码图式理论成为这一研究路向的主要理论工具，弗雷德斯（Flanders）的师生活动的现场解码系统得以广泛地采用，用以解读双语课堂上师生的交际行为。

一 课堂语篇中语码转换的功能研究

20世纪80年代初，课堂语码转换研究取得了突破性进展，研究者在对课堂交际进行语音标记的基础上，对语码转换进行了标记和分析。这一时期课堂语码转换研究的主要特色之一就是对课堂语码转换这一语言教育现象从语言学视角进行了解读，将研究重心转移到双语课堂上。交际行为的完成是课堂语码转换研究的一大进步，这种进步对解释师生的课堂交际行为及其如何通过交际选择实现语言价值具有重要意义。这一研究流派的代表人物密尔克（Milk）和古斯瑞（Guthrine）极为重视课堂语篇的交际功能。密尔克认为，通过研究双语课堂教学中课堂话语的功能，可以对两种语言的相对地位进行更为准确的解释。密尔克进而指出："显而易见……即使是西班牙语和英语使用数量相等的课堂环境中，学生会无意识地赋予西班牙语更低的语言地位，因为在双语课堂中，两种语言承担不同的功能。"[1]

如前所述，课堂语篇功能的解读是建立在对课堂语言的语音标注的基础上。密尔克的标注体系是由单语课堂语篇标注体系发展而来的，使用这一研究手段，密尔克于80年代初对加利福尼亚州一个十二年级班的英语和墨西哥语的双语课堂语篇进行标注和研究。这一研究模式是从辛克莱（Sinclair）和卡特哈德（Coulthard）设计的22个课堂语篇行为衍生而来的，用以解读双语课堂语码转换的运作模式。研究表明，在除诱发行为（elicitation）以外的所有课堂交际行为中，英语始终是居主导地位的语言，在命令行为和元陈述中的使用频率最高。密尔克从这些发现中得出结论，即双语课堂受一种潜在的流程的操纵和支配。命令行为中英语的频繁使用源于这门语言所负载的权势和权威，而元陈述行为的主要功能在于帮助学生掌握授课内容的整体结构和授课进度，以及课堂教学中各个环节的目的等。他进而指出，双语课堂中强势语言的频繁使用，将以弱势语言为主的学生置于不利的境地，这种双语课堂上语言选择对学生学业发展的影响应引起足够的重视。

80年代中期，古斯瑞采用对比分析的研究模式对加利福尼亚州一所双语小学的英汉双语课堂教学和单语（英语）课堂教学进行了对比研究。他采用了多尔（Dore）70年代为研究儿童语言发展开发的会话行为系统来解读课堂语料库中的教师话语。研究表明，英汉双语教师在对英语高分组和低分组学生群体使用语言的选择上表现出极大的一致

---

[1] Milk R., "An analysis of functional allocation of Spanish and English in a bilingual classroom", *California Association for Bilingual Education: Research Journal*, 1981, 2（2）: 12.

性,但教师话语语篇中的交际行为却视高分组与低分组的不同而表现出较大的差异。在基于数据库量化研究的基础上,古斯瑞得出结论:与双语教师相比,单语教师不能很好地对汉语初学者进行课堂交际管理,这就将单语教师在课堂语言教学中置于相对不利的位置。古斯瑞还对量化结果进行了质化的描述和阐释,在对双语教师课堂上英汉语码转换进行研究的基础上,提出了课堂语码转换的五种交际功能:

1. 翻译;
2. 组内语码("We code"/in-group code);
3. 程序和指示;
4. 明晰化解释;
5. 确认是否理解。①

他还注意到,单语教师对学生的英汉语码转换表现出很低的容忍度,并以为他们这样做是没有认真听讲而对他们加以训斥,即使是学生的汉语话语与课堂内容有着直接关系。

上述研究是建立在广泛的课堂观察和对较为丰富的课堂语料库的量化分析和质化解释的基础上的,对解读双语课堂环境下教师的语言态度和话语功能具有重要意义。更为可贵的是,这些研究开始关注教师语码转换行为所传达给学生的语言价值和语言态度。然而,课堂环境中,师生双方实现交际、构建意义的方式和机制是极其复杂、多种多样的。在双语环境下,课堂交际的双方不仅要遵循合作原则,实现交际行为,而且要考虑交际双方的双语水平。遗憾的是,早期的课堂语码转换研究在交际行为的多维解读方面还存在一定缺憾,如采用了静态的对比分析,只关注孤立的课堂交际行为,而对课堂话语的整体衔接未给予足够的重视等。

二 课堂语篇中语码转换的交际研究

继课堂语篇和语码转换的功能研究之后,研究者将研究视点置于师生双方如何在不同的双语教学事件中实现交际行为的相互整合。这里重

---

① 转译自 Martin-Jones Marilyn, "Code-switching in the classroom: two decades of research", in Lesley Milroy and Pieter Muysken (eds.), *One Speaker*, *Two Languages*: *Cross Disciplinary Perspectives on Code-switching*, Cambridge: Cambridge University Press, 1995, p. 94.

点描述两项有代表性的研究,一是赞特拉(Zentella)等于 80 年代初在美国开展的双语教育项目中对课堂语篇中语码转换的交际研究;二是林(Lin A)于 80 年代末在香港一所中学开展的英汉双语课堂中的语码转换研究。

赞特拉对纽约市一所学校三年级和六年级的两个班级的英语—西班牙语双语课堂教学语篇进行了研究,这两个班级的学生和授课教师均为波多黎各裔的操西班牙语和英语的双语人。她对不同语境下交际事件中师生双方的交际行为进行了记录,然后对课堂双语语篇的语料库进行了整理和分析。在对师生课堂交际的分析中,她采用了"启动—回应—评价"(Initiation-Response-Evaluation/IRE)的流程模式,对师生双方在课堂语篇中发挥的作用和承担的角色进行了描写。在对课堂语篇语料库进行量化统计的基础上,她总结了流程模式转换中三种出现频率最高的语码转换模式(见表 4-1)。

表 4-1 赞特拉的双语课堂中三种出现频率最高的语码转换模式

语言选择规则	教师启动语言	学生回应语言	教师评价语言
教师和学生:重复听到的话语或适应交际主导者的话语	英 语 西班牙语	英 语 西班牙语	英 语 西班牙语
教师:适应学生话语	英 语 西班牙语	西班牙语 英 语	西班牙语 英 语
教师:兼顾学生和自己的话语	英 语 西班牙语	西班牙语 英 语	语码转换 语码转换

资料来源:转引自 Marilyn Martin-Jones, "Code-switching in the classroom: two decades of research", in Lesley Milroy and Pieter Muysken (eds.), *One Speaker, Two Languages: Cross Disciplinary Perspectives on Code-switching*, Cambridge: Cambridge University Press, 1995, p. 96。

研究还发现,两位教师在英语和西班牙语中间进行语码转换来达到委婉的指责、表明态度以及进行元语言评价等语用效果。同时两名受试教师采用两种截然不同的语码转换模式,在时长 8 小时的课堂交际中,一名教师语码转换的频次为 127 次,另一名则仅为 26 次。她运用自己建立的受试教师信息库对这种语码转换频数上的差距进行解释,信息库采集了关于受试教师双语历史、教育背景、对课堂双语交际的价值判断和情感态度等信息,同时,她还对语码转换发生的课堂语境进行了详细的描述。

80年代末期,林(Lin)运用会话分析的方法对香港一所中学的英汉双语课堂语码转换进行了研究,对四个班级课堂语篇记录的分析表明,教师在课堂语码转换中居主导地位,因为学生在英语的理解和运用上存在障碍,因此,英语和粤语之间频繁的语码转换便成为这种课堂语篇的一大特色。

这一研究将会话分析的研究方法引入课堂语篇的解读,将课堂中语码转换视为特定语境下的师生共同构建的特殊的交际事件。她还研究发现,在英汉双语课堂上,教师在讲解英语词汇和语法时使用粤语的频率最高,时长最长。例如,教师首先会使用英语导入一个语法项目,然后运用粤语对其进行解释,然后再用英语对重点进行重申。林对双语教师话语转换模式进行了如下描述:

> [双语教师的]这些语码转换的模式绝非偶然,似乎折射出教师面临矛盾的要求时的一种反应。一方面,她试图按要求运用第二语言(英语)讲解第二语言的语法,正因为如此,她总是在呈现和重申例句和教学要点时采用第二语言;另一方面,为了保证学生完全掌握教学要点,在运用第二语言对要点呈现以后和重申以前,总是用第一语言(粤语)对它们加以解释。①

这一研究的另一特色就是对课堂教学事件中语旨(Tenor)的关注。研究发现,在英语课堂上,如果过多地使用粤语,课堂教学在学生心目中的正式性和严肃性便会降低。这种语言选择对课堂定位的影响在下例中能得到很好的体现。

> 在香港的英汉双语课堂上,教师在组织学生分组进行句型操练,她先用英语,然后用粤语布置课堂活动,并用英语"Partner"表示同一小组中的同伴,学生却用粤语中表示同一概念的词汇跟教师开玩笑,教师起初低声地用粤语附和着学生的玩笑,然后转回英

---

① 转译自 Martin-Jones Marilyn, "Code-switching in the classroom: two decades of research", in Lesley Milroy and Pieter Muysken (eds.), *One Speaker, Two Languages: Cross Disciplinary Perspectives on Code-switching*, Cambridge: Cambridge University Press, 1995, p. 97。

语来重申自己作为教师的权威，并暗示学生遵守课堂正式严肃的气氛。①

以上从课堂交际方面对双语课堂语码转换进行的研究打破了以往分类研究和量化研究的传统，赞特拉和林对双语课堂语码转换研究的贡献在于她们不仅考虑到学生在课堂语码转换中的作用，而且极为关注双语环境下课堂语篇的构建和双语课堂语境中话语意义的构建。但遗憾的是，她们对语码转换的研究仅仅局限于描述和解释的层面，对这一现象背后蕴藏的深厚的教育学意蕴未作进一步探讨。

三　课堂语码转换的会话分析研究

课堂语码转换的会话分析研究极为重视会话语境对语码转换生成机制的作用。早期的课堂语码转换研究已形成一种鲜明的传统，即通过组内语码（in-group code/we code）和组外语码（out-group code/they code）的双向选择对语码转换的社会意义进行描述。尽管课堂语言的选择和运用与不同语言所负载的文化观念和交际双方的价值判断息息相关，但如果将教师课堂的语码转换的动因简单地归结于师生间关系的亲疏和权势的高低，未免流于简单。双语课堂上的语码转换是一种极其细微复杂的语言教育现象，是与交际者和课堂语境相联系的多种合力共同作用的结果。在特定的课堂交际情境中，语码转换具有帮助师生双方区分不同类型的语篇、共同协商和构建交际意义等功能。

会话语境是会话分析和社会语言学中语码转换研究中的重要命题。约翰·甘柏兹在论及二者的关系时认为，语码转换是构建和解读语境意义的重要线索之一。然而，语境线索与非语境线索有着不同的意义实现机制，因为非语境线索在身势、体态和音韵层面影响着语境意义的构建，但就其本身而言，语境线索本身并不负载任何会话意义，只有当它与言语线索一起出现在特定的情境中时，语境线索才能获得现实的意义。因此，就像书面语篇中的标点符号一样，语码转换可被视做一种向

---

① 转译自 Martin-Jones Marilyn, "Code-switching in the classroom: two decades of research", in Lesley Milroy and Pieter Muysken (eds.), *One Speaker, Two Languages: Cross Disciplinary Perspectives on Code-switching*, Cambridge: Cambridge University Press, 1995, p. 97.

交际者传达语用信息、帮助交际者解读特定话语的语篇策略。① 马丁·琼斯也认为，双语课堂上的语码转换类似于单语教师在进行课堂交际管理时使用的对比形态（contrasting modalities）。玛莉特（Meritt）在对纽约市一所小学的单语课堂上的形态转换进行研究的基础上指出，单语教师通过在言语交际和非言语交际间进行转换来区分单语课堂上的授课模式和课堂管理模式，而且教师在对全班学生和单个学生讲话时也会采用不同的音高。② 这种单语课堂形态的转换对双语和三语环境下教师的课堂语码转换具有重要的借鉴意义。

随着双语课堂语码转换研究的不断深入，研究者认识到有两个问题对解读课堂语码转换具有重要作用：一是交际者的语言水平和偏好，二是交际者进行语码转换时想要实现的交际意图。奥尔在对双语语篇中同伴交际行为进行研究的基础上，区分了依据语码转换判断语境线索的两种方式：基于语篇的语码转换和基于交际者的语码转换。③ 两种转换在双语课堂中有着广泛的体现，并为解读双语课堂中的语码转换提供了基本的视点。为进一步深入了解影响课堂语码转换的各个因素及其作用模式，我们沿用奥尔对语码转换的分类，从语篇和交际者两个方面对课堂语码转换进行考察。

（一）基于语篇的课堂语码转换

课堂语篇是一种师生双方在课堂教学过程中共同构建的旨在完成课堂活动任务，传承文化知识的一种特殊的语篇。与日常交际中的语篇相比，课堂语篇具有话题突出、语体正式、交际双方在交际中的权势地位存在较大差异等特点。而且，在开放的教育系统中，不同阶段的教育表现出不同的特征和较大的差异，如基础教育阶段师生交际背景（包括年龄、经历、知识结构等）的巨大差异等随着教育层次的提高会逐渐减小；幼儿教育、基础教育阶段和高等教育阶段课堂话语中师生双方的话

---

① Gumperz J. J., *Discourse Strategies*, Cambridge: Cambridge University Press, 1982.
② Martin-Jones Marilyn, "Code-switching in the classroom: two decades of research", in Lesley Milroy and Pieter Muysken (eds.), *One Speaker, Two Languages: Cross Disciplinary Perspectives on Code-switching*, Cambridge: Cambridge University Press, 1995.
③ Auer Peter, "The pragmatics of code-switching: a sequential approach", in Lesley Milroy and Pieter Muysken (eds.), *One Speaker, Two Languages: Cross Disciplinary Perspectives on Code-switching*, Cambridge: Cambridge University Press, 1995.

语比例和主导地位也有很大的不同。课堂话语呈现出的上述特点为课堂语码转换研究提供了丰富的解释学视角，对课堂语码转换研究具有重要意义。

奥尔认为，基于语篇的语码转换是以说话者为导向的，是说话者在交际事件中完成交际行为的语篇手段。① 基于语篇的语码转换在课堂教学中也承担着众多的语篇功能，如说话人课堂交际立场和态度的改变，不同课堂语篇模式之间的切换，课堂叙事中各种角色声音的模仿以及话题的转变等。赞特拉和林研究发现，课堂语码转换具有可表达说话人委婉的指责、表明态度以及进行元语言评价等语篇功能，教师还通过改变话语中使用两种语言的音值来改变课堂交际的语旨。因此，只有综合考虑课堂语篇中语码转换的音响和韵律特征，以及语码转换所伴随的非语言交际手段（如面部表情、体态语言等）等因素，才能准确地解读课堂语码转换的生成机制和运作模式。

虽然赞特拉和林对双语环境下课堂语码转换的语篇功能开展了一些研究，取得一些成果，并倡导以交际事件为分析单元的研究方法，对双语环境下的课堂语篇研究作出了历史性贡献。但是应当看到，课堂语篇是师生双方在特定的课堂语境下共同构建的承载教学内容的话语形式，其内在组织和表现形式都具有一定的有序性、连贯性和整体性，人为地将课堂话语解析为各个话语事件虽大大增强了课堂语篇分析的可操作性，却在一定程度上忽略了课堂语篇的整体价值和系统功能。因此，课堂语篇的研究应尝试构建兼顾微观的交际事件分析和宏观语篇解读的二维模式。

（二）基于交际者的语码转换

如果说，基于语篇的语码转换是以说话人为导向的话，基于交际者的语码转换则是以听话人为导向的，这一概念所关注的是听话人的语言水平和语言能力对语码转换的影响。基于交际者的语码转换对课堂语码转换的研究尤为重要，因为在课堂环境中，参与会话的师生双方在语言能力和交际素养上存在较大差异。基于交际者的语码转换与交际的环境

---

① 转引自 Martin-Jones Marilyn, "Code-switching in the classroom: two decades of research", in Lesley Milroy and Pieter Muysken (eds.), *One Speaker, Two Languages: Cross Disciplinary Perspectives on Code-switching*, Cambridge: Cambridge University Press, 1995。

和背景有着较为密切的联系。在林开展的研究中,香港的受试学校仍保持着英汉(粤)双语授课的传统,这对那些在学校外很少有机会接触英语的学生来讲是个很大的挑战,也对双语授课的教师提出了很高的要求。因此,教师不得不在两种语言中进行语码转换,既保持双语授课的传统,又兼顾学生的双语水平,顺利地完成教学任务。赞特拉的研究中也有类似的发现,在遇到较为复杂抽象的问题时,波多黎各裔的教师要将授课语言转换为学生的第一语言西班牙语,只有这样学生才能够更好地理解授课的内容。[①]

交际者的语言水平和交际素养是影响语码转换的主要因素之一,也是最为明显的因素。在课堂交际中,师生双方不仅在交际过程中构建语篇,而且在交际过程中协商意义。意义协商的基础是双方在交际过程中能被对方所接受的话语量。在课堂教学中,主要表现为教师对学生的语言水平和理解程度作出判断,在此基础上调整或转换自己的语言,以给学生提供最优化的可理解输入。将语言水平作为影响课堂语码转换的重要变量加以考察,对解读课堂语码转换的内在机制,构建课堂语码转换与语言水平的作用机制具有普遍而积极的意义。本书开展的对三语环境下教师课堂语码转换的研究把学生和教师的三语水平视做一个极为重要的影响三语语码转换的变量,并尝试建立三语环境下教师课堂语码转换模式和师生双方三语水平之间的作用模式。

四 教育人种志研究理论观照下的课堂语码转换研究

人种志(Ethnography)又称民族志、俗民志、族志学等,是人类学中一种崇尚客观和描述的定性研究方法。[②] 究其渊源而言,该研究可以追溯到古代旅行家、冒险家以及后来的传教士对异土人种或民族的习俗和行为的详细观察、记载。现代意义上的人种志主要是由人类学界和社会学家发展起来的。人种志原指对一个群体或种族的人的生活方式进行描述,其主题涉及人们是什么,他们如何互相结为一体,其旨趣是阐明

[①] Martin-Jones Marilyn, "Code-switching in the classroom: two decades of research", in Lesley Milroy and Pieter Muysken (eds.), *One Speaker, Two Languages: Cross Disciplinary Perspectives on Code-switching*, Cambridge: Cambridge University Press, 1995.

[②] 冯增俊等:《教育人类学教程》,人民教育出版社2005年版,第89—90页。

人们的信仰、价值观、观点、动机,剖析事物是如何随时间与情境的变化而发展变化的。换言之,它是关于特定社会或社会群体的有意义的行为的详尽描述,或产生这种描述的方法论系统。① 著名波兰裔英国人类学家马林诺夫斯基(Malinowski)是明确提出人种志研究方法的第一位人类学家。②

对我国教育学科而言,课堂语码转换是一个全新的研究领域,国外零散的研究也只限于双语课堂上的语码转换研究,三语或多语环境下的课堂语码转换研究都属尚未开拓的研究领域,因此,这里只重点介绍国外双语环境下语码转换的人种志研究。

20世纪80年代初期,从事双语教育科学研究的学者提议将人种志研究引入双语课堂语码转换研究。麦汉(Mehan)、莫尔(Moll)、楚伯(Trueba)、怀特(Wright)等学者成为首倡课堂交往人种志研究的先驱人物。③ 然而,此后20多年间,这一领域的研究进展较为缓慢,少数零星的研究多采用人种志研究的微观观察法记录和分析双语课堂教学中的交际事件及语码转换,其中马丁·琼斯在英国开展的微观人种志研究较有代表性。

这项研究是在英国西北地区的几所城市小学中开展的,马丁·琼斯对英语和南亚旁遮普语(Panjabi)或吉吉拉特语(Gujarati)双语班课堂语码转换进行的为期两年的研究,旨在了解和评估当地政府推行的双语教育项目。该研究的主体是对两个教学班的双语教学情况进行了音频和视频记录。这些双语课堂的特色是两名授课教师同时授课,一名是操英语的单语教师,另一名是操英语和南亚语的双语助教,因此他们在课堂上的语言选择就成为语码转换研究的绝好素材。在对课堂语料中的教学事件进行分析的基础上,她发现,有两个因素与双语课堂上的语码转换有关,一是课堂交际中明显的要求对方进行语码转换的话语,二是学生的语言背景。

---

① 徐辉:《教育人种志与比较教育学研究方法的进展》,《全球教育展望》2005年第6期。
② 刘彦尊:《人种志方法在比较教育研究中的应用》,《外国教育研究》2006年第9期。
③ Martin-Jones Marilyn, "Code-switching in the classroom: two decades of research", in Lesley Milroy and Pieter Muysken (eds.), *One Speaker, Two Languages: Cross Disciplinary Perspectives on Code-switching*, Cambridge: Cambridge University Press, 1995.

明显要求对方进行语码转换的话语包括单语教师对双语助教的提示，如"韩老师，下面请你继续"，或教师对学生提及助教扮演的课堂角色，如在课堂活动中，教师用英语呈现完授课知识后会对学生说"安娃老师将会给大家进一步解释"。这种话语暗示学生，助教将会用旁遮普语对授课内容进行解释。① 研究还总结记录了学生的语言背景对双语助教的语码转换的影响。当参与课堂活动的学生与双语助教具有相同的语言背景时，助教会使用他们共同的语言进行授课，如讲英语和旁遮普语的双语助教在与讲同一语言的双语学生活动时，英语和旁遮普语就成为主要的授课语言，但当学生具有不同的语言背景时，如面对以吉吉拉特语（Gujarati）和乌尔都语（Urdu）为母语的学生时②，助教在对全班授课时总是采用旁遮普语或英语，而在同单个的学生进行课堂交际时总是采用学生的母语——吉吉拉特语或乌尔都语。③

作为一种崇尚实证研究和质化描写的研究方法，课堂语码转换的人种志研究成为课堂教学研究的主流范式之一。人种志的课堂教学研究倡导的在自然本真的状态下对课堂教学进行原生态的、整体的研究，体验研究对象的生活，并对其进行客观公正的描述等，有助于以最直观的方式接近课堂教学的本质和师生经验，触及课堂语码转换的深层机制和运作模式，对课堂语码转换的研究具有重要意义。

五　课堂语码转换的社会文化解读

基于人种志的课堂语码转换研究只是从微观层面对课堂语码转换的交际特性进行描写和透视的，然而，课堂语码转换是一个极其复杂的现象，语码转换主体所处的社会背景、语言环境、教师的教学风格和教学信仰、课堂文化、课堂生态环境等因素都影响着课堂语码转换的生成。

---

① Martin-Jones Marilyn, "Code-switching in the classroom: two decades of research", in Lesley Milroy and Pieter Muysken (eds.), *One Speaker, Two Languages: Cross Disciplinary Perspectives on Code-switching*, Cambridge: Cambridge University Press, 1995.

② 本研究中语言名称的翻译参考了李毅夫、王恩庆主编的《世界民族译名手册》（*A Handbook for Translation of World Ethnic Names*），商务印书馆1994年版。

③ 该研究中的两名双语助教系巴勒斯坦裔，能熟练地运用旁遮普语和英语，并可运用乌尔都语进行交际，但为了课堂交际的顺利进行，她们都努力学习，掌握了一些学生的第一语言——吉吉拉特语。

因此，课堂语码转换微观描写和解释不能全面地解释双语课堂上语码转换的社会文化因素。

(一) 课堂社会关系与语码转换

课堂是一种特殊的交际环境。在这种环境下，语码转换交际意义的实现不仅是一种语言选择行为，而且是一种社会交往现象。1977 年，费希曼就对课堂教学的社会因素的重要性作过如下论述："必须将教学过程的社会性置于双语课堂环境下进行考察，而不仅仅将其视做一种普通的社会现象。课堂教学的社会性关涉教学内容、教学对象、教学方式和教师等因素，以及上述因素在教学过程中的互动与整合。"① 在提出课堂教学过程的社会特性以后，费希曼对双语课堂社会性的研究进行了进一步论述。他区分了研究双语课堂教学的三个维度：课程结构、教学方法和社会关系。正如费希曼指出的那样，尽管这三个维度之间多有重合之处，但课堂教学研究的三维区分较为全面地阐述了双语课堂教学研究的层面和视点，对三语课堂的社会文化解读具有重要的启示作用和借鉴意义。此后十多年间，研究者对双语课堂上的社会关系及其对语码转换的影响进行了一些零散的研究，其中马丁·琼斯对英国双语课堂上单语教师和双语助教之间的权势关系及其对课堂语码转换的影响进行的研究具有一定的代表性。

如前所述，马丁·琼斯开展的研究是为了了解和评估英国政府在当地推行的双语教育项目。需要特别指出的是，双语教育项目中的双语助教是一个社会地位低下的教育群体，很难有继续发展专业的机会，与其共事的单语教师对他们对双语教育项目中语言中介和文化传承所作的贡献很难有积极的评价。这种课堂教学中单语教师和双语教师权势关系的不平等在课堂生活中表现为双方所承担的课堂角色的不同，如单语教师是课堂教学活动的主要决策者，指派着双语助教在教学事件中扮演一定的角色，双语助教承担着大量的户外活动和教学工作中的组织任务等；同时表现在课外教育生活的各个方面，如教师例会上对双语助教姓名、

---

① 转译自 Martin-Jones Marilyn, "Code-switching in the classroom: two decades of research", in Lesley Milroy and Pieter Muysken (eds.), *One Speaker, Two Languages: Cross Disciplinary Perspectives on Code-switching*, Cambridge: Cambridge University Press, 1995, p. 103。

头衔、称呼语等方面的变化。①

在对这种特殊的教育社会文化进行解读的基础上,马丁·琼斯对这种特殊的教育生态观照下的教师课堂语码转换模式进行了研究。马丁·琼斯将所记录的课堂话语分为两类:课程话语(curriculum-oriented talk)和学生话语(learner-oriented talk)。课程话语主要指与课程内容讲解相关的话语,而学生话语主要指与课堂教学组织和活动安排相关的话语。双语助教在这两种话语中间进行转换,课程话语主要以英语为主,而学生话语形态则主要表现为他们的第一语言。她以一次数学课堂活动为例,分析了双语助教的课堂语码转换模式。

双语助教在组织学生学习圆、矩形和三角形等概念。她首先给学生呈现不同形状让他们辨认,然后要求他们逐个从桌子上的托盘中找出指定的形状,把这些形状放在彩纸上,描绘出其轮廓,然后将其剪切下来,贴在 A4 的白纸上。

马丁·琼斯利用赞特拉的"启动—回应—评价"的流程模式,对双语助教在这一事件中的语码转换作了如下描述:

启动:旁遮普语或旁遮普语—英语
回应:英语
(反馈:英语)

研究发现,在这一教学事件中,双语助教在关键项目的讲解上(如描述图形的形状和颜色等)频繁地使用英语的名词或名词性的片语,但在讲解如何拓绘图形的轮廓、剪切和粘贴图形时却要转换语码,采用旁遮普语。这种语码转换的模式较为清晰地折射出双语教师在课堂教学中兼顾课程要求和学生理解最大化之间的协商与选择,同时也反映了她们在课堂活动中与单语教师的权势关系。

---

① Martin-Jones Marilyn, "Code-switching in the classroom: two decades of research", in Lesley Milroy and Pieter Muysken (eds.), *One Speaker, Two Languages: Cross Disciplinary Perspectives on Code-switching*, Cambridge: Cambridge University Press, 1995.

（二）课堂文化等同与语码转换

80年代以来，对课堂语码转换社会文化研究的另一个进步是对双语课堂中师生文化等同的研究取得了较大的进展，卡茨登（Cazden）奥尔、乔登（Jordan）、埃里克森（Erikson）、克林菲尔德（Klienfield）、莫汉特（Mohatt）等研究者都对双语课堂中的文化等同进行了研究。这里重点介绍卡茨登对双语课堂上文化等同和语码转换的研究。

卡茨登于1980年在芝加哥两个一年级的英语—西班牙语双语教学班开展了研究，两个班的学生和教师都是墨西哥裔的美国人，教师的授课语言主要为墨西哥语，尽管两个班级的学生英语已经达到相当的水平，完全可以融入其他主流的单语班级，但其父母坚持双语授课形式，并对此作出很高的评价。两个班级双语教师的授课方式与主流的单语班级完全不同，双语教师和学生之间建立了一种极为亲近和关切的关系，这种方式在课堂教学中具体表现为称呼中使用西班牙语和文化负载词汇，频繁使用昵称，并不断提醒学生他们应该遵守墨西哥文化中的行为规约等。[①]

文化和语言是两种紧密相关的人类行为和社会现象。在卡茨登的研究中，文化等同成为影响双语教师课堂语码转换的一个很重要的变量，双语教师和学生在构建课堂文化时着力凸显墨西哥文化的重要地位，这种文化意识的等同使双语教师以西班牙语为主要的学生话语，以建立平等亲和的课堂师生关系和文化亲和力，而在使用课程话语讲解授课内容时，大多采用英语。但卡茨登对这种作用机制未作进一步探讨，在课堂教学这种特殊的社会交往环境下，社会、文化和语言三者共存于一个课堂教学生态中，三者的作用模式是极其复杂的，这种作用机制的科学求证有待于更加深入广泛的研究。在三语环境下，由于三种语言和文化的介入，这种机制变得更加复杂多样，这将是本书将要关涉的主要问题。

马丁·琼斯在英国东北部的双语教育班级也对课堂环境下的文化等同进行了研究。研究结果表明，双语助教与单语教师在文化课堂交际风格上存在较大的差异，双语助教通过不同的语言选择和语码转换来实现

---

① Martin-Jones Marilyn, "Code-switching in the classroom: two decades of research", in Lesley Milroy and Pieter Muysken (eds.), *One Speaker, Two Languages: Cross Disciplinary Perspectives on Code-switching*, Cambridge: Cambridge University Press, 1995.

其同学生之间的文化等同，并建立一种亲和关切的人际关系，这种文化等同的策略包括师生第一语言旁遮普语的运用、昵称的选择和使用、师生共享文化知识、学生家庭观念和文化价值观的指述等。①

研究还发现，教师同学生在课堂教学中的文化等同还表现出一定的年龄差异，这种差异集中体现在课堂教学中教师对学生的称呼语的使用上。年龄较小的助教采用最亲密的第二人称代词"你"（tu）称呼学生，而年龄较长的助教则采用人际距离较远的称呼语"你"（tum）或不同年龄间的昵称"孩子们"（to Te）。②而学生运用旁遮普语对这两种不同的称呼也进行了相应的回应，他们称呼前者为"姐姐"，称呼后者为"阿姨"。由此可见，使用旁遮普语中的称呼语有效地建立起师生间的文化等同关系，而且在同一语言内部，不同年龄的双语助教也采用不同的称呼语称呼学生，这种语言和年龄上的差异成为影响文化等同构建的重要变量，对不同环境下课堂文化等同的研究具有重要的参考价值和启示作用。

以上研究对课堂语码转换的社会文化特性从微观层面进行了考察，但是应该看到，课堂语篇是一种极其复杂的话语类型，其结构范型和运作机制受课堂教学语言、课堂文化生态和课堂人际关系等多种因素的共同影响。正如马丁·琼斯所言，学界对课堂语码转换的社会特性的关注还远远不够。③课堂是一种特殊的教育形态，课堂教学的语言选择与社会文化的互动模式在国内外都是一个新兴的研究领域，在这一极其宽泛且错综复杂的研究领域，只有在社会、文化、语言、教育等模块的互动作用中解读课堂语码转换，才能接近并触及这一复杂的教学现象的本质。因此，探讨课堂语码转换与社会文化、语言形态、教育环境等诸因素的相互作用模式，应成为未来课堂语码转换研究的主流路向。

---

① Martin-Jones Marilyn, "Code-switching in the classroom: two decades of research", in Lesley Milroy and Pieter Muysken (eds.), *One Speaker, Two Languages: Cross Disciplinary Perspectives on Code-switching*, Cambridge: Cambridge University Press, 1995.

② 旁遮普语中 tu 和 tum 同属第二人称代词，但表示不同的人际距离，汉语中没有与这两者完全对等的词汇，因此，均用第二人称代词"你"来翻译。

③ Martin-Jones Marilyn, "Code-switching in the classroom: two decades of research", in Lesley Milroy and Pieter Muysken (eds.), *One Speaker, Two Languages: Cross Disciplinary Perspectives on Code-switching*, Cambridge: Cambridge University Press, 1995.

以上对课堂语码转换研究的梳理多以个案描写为主，采用这种文献呈现方式主要源于以下三点考虑：一是这一领域研究的前沿性。国际上对这一领域的研究还是零星的，尚未形成明显的研究思路和成果体系，研究基础也较为薄弱，相关文献的篇目较少，这使文献的历时和共时综述操作难度较大。二是该领域现有的研究大都以个案研究为主，采用这种方式有助于真实具体地再现该领域的研究成果和研究现状。三是基于人种志研究方法的个案研究是这一领域主流的研究路向，这种方法在课堂语码转换的研究上具有较强的解释力和应用性，本书关注的三语环境下的外语教师课堂语码转换研究也是运用这一方法实施的，采用这种方法呈现文献有利于在对比描写的基础上凸显本研究的继承性和创新性。

纵观其发展，课堂语码转换研究有几个明显的特点。从研究的方法来说，其主体研究范式还是社会语言学范式，虽说呈现多学科研究态势，但各学科依然各自为政，跨学科研究彰显不足；从研究的语体来说，以往的课堂语码转换的研究主要集中在双语的研究上，或是个别的三语研究，而对于基于双语或三语研究的多语转换研究极为罕见；从研究的领域来说，随着课堂语码转换研究的发展，个别微观领域的研究过于累赘，而基于微观领域的对于语码转换普遍性规律研究相对不足；从研究的内容来说，国内引述和介绍的成果居多，而实证和应用的成果较少，跨学科研究本应成为创新性研究的一大亮点，但创新性结论实属鲜见，有影响的专著，特别是对国内语言环境下的课堂语码转换研究则少之又少；从研究的时间来说，国内课堂语码转换研究姗姗来迟，正当国外语码转换研究处于蓬勃发展之时，国内相关研究则初见端倪。但随着步入新世纪，国内语码转换的发展突飞猛进，取得了长足进展。

本章小结

本章对近 20 多年课堂语码转换的成果进行了述评。

第一节对 20 多年来课堂语码转换研究的特点进行了概括，指出跨学科性、跨地域性和源自对语言教育政策的争议是课堂语码转换研究的三大特点，并指出近 20 年来语码转换研究呈现出功能研究和交际研究两大路向。

第二节对双语交往视阈中的课堂语码转换研究的基本路向和经典个案进行了述评。本节首先对课堂语码转换的功能研究和交际研究进行论述，然后对会话分析理论、教育人种志研究理论以及社会文化视阈观照下的课堂语码转换研究成果和个案进行了评析，最后对本章以个案为主的文献呈现方式进行了解释，并对课堂语码转换研究进行了分析。

第五章

研究设计

本书的目的是对藏、汉、英三语环境下教师课堂语码转换进行描写，探讨三语环境下语言接触因素、社会文化诸因素对课堂语码转换模式的影响机制，并对这一特殊的语言现象进行教育学阐释。为深入了解三语环境下教师课堂语码转换的深层机制和制约模式，我们沿用了人种志研究方法，深入三语教育现场进行田野工作和课堂观察。本部分将从研究问题、研究构架、研究方法、样本学校、班级个案对象的选定以及研究步骤等五个方面对本研究的研究设计进行描述。

第一节 研究问题

三语环境下教师课堂语码转换研究在国内外都是新兴的研究领域，这一研究领域的前沿性为这一课题的研究开辟了极为可观的学术前景，同时也为这一课题与其他相关学科的融合与交叉研究提供了广阔的发展空间。作为这一领域的先导性研究之一，本书无力论及三语环境下教师课堂语码转换研究的方方面面，只是运用人种志的研究方法，进入三语教育现场，对个案研究对象的三语教育原始生态和教育现状进行记录，对三语环境下课堂语码转换的机制进行解读，并对其教育学意义进行阐述。具体研究问题可归纳如下。

一、三语环境下教师课堂语码转换分布有何特点？

（一）三语环境下教师课堂语码转换的六种形态（藏汉转换、藏英转换、汉藏转换、汉英转换、英藏转换和英汉转换）分布有何特点？

（二）三语环境下教师课堂语码转换的三种结构类型（句际转换、句内转换和附加转换）分布有何特点？

（三）三语环境下教师课堂语码转换的两种功能类型（基于语篇的

转换和基于交际者的转换）分布有何特点？

二、三语环境下教师课堂语码转换的主要影响因素对三语教师语码转换的影响模式及其生成机制如何？

（一）在研究预设的六种影响因素变量（三语相对水平、三语接触的历时长度、对三种语言的价值判断和态度、教育背景和民族身份、对三种文化的价值判断和态度以及课堂交际语境）中，哪些因素变量对课堂语码转换的影响比较显著，是影响三语教师课堂语码转换的主要因素变量？

（二）每一个主要因素变量对三语教师课堂语码转换的影响模式如何？这种转换模式是如何生成的？

（三）各主要因素变量在整体上又如何影响三语教师的语码转换？整合型语码转换的生成机制如何？

三、三语环境下的教师课堂语码转换是一种语言现象，也是一种课堂教学现象。对这种现象从教育学的视角进行学理思辨将会得出什么结论？

以上三个问题的逻辑联系可概括为"特征描述—模式构建—理论反思"的"自下而上"的研究思路，上述研究问题的呈现顺序也反映了这一研究思路的逻辑联系。

第二节 研究架构

本书采用的整体构建可概括为"三步骤两层面六因素"的立体多维模式。列表5-1阐释如下。

表5-1　　"三步骤两层面六因素"的立体多维模式架构

方向	宏观"三步骤"	中观"两层面"	微观"六因素"
↑	学理思辨		
	模式构建	语言因素	三语相对水平
			三语接触的历时长度
			对三种语言的价值判断和态度
		非语言因素	教育背景和民族身份
			对三种文化的价值判断和态度
			课堂交际语境
	特征描述		

如前所述，本书在宏观上遵循"特征描述—模式构建—理论反思"

的自下而上的研究思路,这一思路的设计源于研究问题的研究现状和适合使用的研究方法。

作为一个全新的研究课题,本书没有成熟的理论模式可资借鉴,大多数双语环境下的研究成果虽对三语语码转换的研究具有重要的借鉴意义,但我们无意采用先入为主的思维模式复制双语语码转换的理论模式和研究成果,因为,三语环境下的课堂语码转换与双语语码转换虽有诸多雷同之处,但其复杂性和特殊性也是显而易见的。有鉴于此,本书采用从事实上升到理论的研究思路,以确保研究的客观性和真实性。

在中观层面,三语环境下的课堂语码转换不仅是语言接触的产物,而且有其深刻的社会文化根源,因此本书从语言和非语言两个层面出发,从三语相对水平、三语接触的历时长度、三语价值判断和态度、教育背景和民族身份、对三语文化的价值判断和态度,以及课堂环境等六个因素对三语环境下教师课堂语码转换的机制进行"两层面六因素"透视。研究的整体架构如图5-1所示。

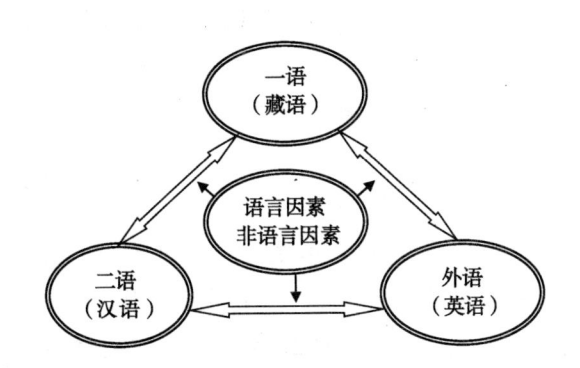

图5-1 三语语码转换研究的"两层面"构架示意图

如图5-1所示,本研究旨在描写藏、汉、英三语环境下第一语言(藏语)、第二语言(汉语)和外语(英语)之间的语码转换。从语言形态来看,本书所考察的语码转换包括藏汉转换、藏英转换、汉藏转换、汉英转换、英藏转换和英汉转换。与双语环境下的源发语言与目标语言之间的两种转换形态相比,三语环境下的语码转换更加复杂多样,每种转换形态都受语言和非语言双重因素的制约,因此,就语码转换的制约因素而言,本书对语码转换作了双维区分:基于语言因素的语码转换和基于非语言因素的语码转换。

　　语码转换首先是一种语言现象。在三语环境下，与语言接触相关的诸多因素可能会对课堂上教师的语言选择产生影响。在本书中，我们预设了三个与语言接触相关的因素来透视基于语言本体因素的课堂语码转换机制：（1）三种语言的相对水平；（2）接触三种语言的历时长度；（3）对三种语言的价值判断和态度。

　　同时，课堂是一种特殊的交际环境，课堂交际环境下三种语言的相对水平是指参与课堂交际的双方（教师和教师、教师和学生、学生和学生）三种语言的知识储备和运用能力。姆可罗（Mc Clure）曾指出，在语码转换中，三种话语参与者所具有的特点尤为重要：（1）语言水平；（2）语言的倾向性；（3）社会身份。[①] 在本研究所观测的藏、汉、英三语课堂教学中，学生和教师的三语水平参差不齐，接触三种语言的时间长度也不尽相等，同时，由于民族身份和教育背景的差异，三语教师对三种语言本身的价值判断和态度倾向也相去甚远，因此，我们将这三个维度作为透视课堂语码转换的语言本体因素的三个视点，以便从语言接触和语言状况视阈方面对课堂语码转换进行语言本体解读。

　　就其本质而言，教育是一种文化传承的社会现象。课堂教学作为人类教育活动的集中体现，不可避免地打上社会和文化的烙印。教师在课堂上的语言选择和语码转换不仅仅是一种语言选择现象，而且是在特定的教育生态中发生的，遵循着特定社会文化的潜规则。在藏、汉、英三语环境下，教师不仅在三种语言中作出选择并进行语码转换，而且还在这三种语言所负载的文化及其价值之间进行选择。在课堂教学这种特殊的教育生态系统中，无论是教育还是人，作为生态的主体，都在自身与环境的"平衡—不平衡—新的平衡"的矛盾运动中寻求发展。[②] 在课堂三语教学环境下，交际者的教育背景和民族身份、交际者对三种语言所承载的三种文化的价值判断和态度倾向，以及课堂交际语境等非语言因素都可能直接或间接地影响着交际者的语言选

[①] 李刚：《自然语言语码转换研究的若干方面》，载赵蓉晖《社会语言学》，上海外语教育出版社 2005 年版，第 341—354 页。

[②] 范国睿：《教育生态学》，人民教育出版社 2000 年版，第 32 页。

择和语码转换机制。交际者的教育背景和民族身份等显性因素可能会对其语言选择和文化价值判断产生影响,因此是影响课堂语码转换的重要的非语言因素。有论者认为,掌握一门语言就意味着掌握该语言情景语境和文化语境的联想意义。[1] 可见特定语境中语言选择和运用与交际者对语言的文化的情感价值判断存在某种程度的相关性。交际双方对三种语言文化的态度是其对三语态度文化意识属性的抽象化描述,也是三语态度在交际者文化价值体系中的反映和影射。这种价值判断是影响交际者课堂语码转换的重要变量之一。课堂语码转换是课堂交际事件中师生双方共同协商关系,在此基础上进行语言选择的过程。课堂交际语境包括学生的回应和反馈、所教授的话题,以及交际双方之间的权势关系和人际距离等。

诚然,影响交际者课堂语码转换的因素是多种多样的,很难在一项研究中穷尽所有影响课堂语码转换的社会文化因素,选取这三个要素是因为考虑到本研究中三语教师所处的复杂的社会文化环境和课堂环境等因素,这三个要素较为全面地涵盖了除语言因素以外的影响教师课堂语码转换的个体因素和社会文化因素。因此,为了区分和甄别语言本体因素和非语言因素对语码转换的影响,用非语言因素将所有语言外因素统括起来进行考察。

本书的研究目的之一就是尝试构建语言因素、非语言的社会文化等诸因素和语码转换之间的作用机制,并对微观层面每一形态的语码转换按以下的"六要素"模式进行解读:

如前所述,现有的语码转换理论学科界限极为分明,尚未形成系统整合的研究思路,且都局限于双语环境下的语码转换研究。三语环境下教师课堂语码转换研究在国内外都属一个新型的研究领域,没有成熟的研究模式可资借鉴,因此构建三语环境下的语码转换研究模式的难度大大增加。研究模式的构建对研究的效度、信度和科学性有着至关重要的影响,本研究所构建的"双层面六因素"研究模式是对三语环境下教师课堂语码转换研究全新的尝试。这种模式整合了以往语码转换研究的

---

[1] Scheu U. D., "Cultural constraints in bilinguals' codeswitching", *International Journal of Intercultural Relations*, 2000 (24), pp. 131 – 150.

语言、文化和社会因素，同时将教育因素引入课堂语码转换研究中，综合考虑课堂交际主体的教育背景和民族身份，以及课堂交际语境等教育元素，使这种语言现象获得科学的教育学阐释。

```
┌─────────┐      ┌──────────────────────┐      ┌─────────┐
│ 源发语言 │      │ 语言因素              │      │ 目标语言 │
│ 1. 藏语 │ ───→ │ 1. 三种语言相对水平    │ ───→ │ 1. 藏语 │
│ 2. 汉语 │      │ 2. 接触三种语言的历时长度│      │ 2. 汉语 │
│ 3. 英语 │      │ 3. 对语言的价值判断和态度│      │ 3. 英语 │
│         │      │                      │      │         │
│         │      │ 非语言因素            │      │         │
│         │      │ 4. 教育背景和民族身份  │      │         │
│         │      │ 5. 对文化的价值判断和态度│      │         │
│         │      │ 6. 课堂交际语境       │      │         │
└─────────┘      └──────────────────────┘      └─────────┘
```

图 5-2　微观层面语码转换"六因素"图示

第三节　研究方法

从语义学的层面来讲，"方法"意即"按照某种途径"（出自希腊文"沿着"和"道路"的意思），其字面意义是指"一门逻各斯"，即"关于沿着——道路——（正确地）行进的学问"。[①] 陈向明将"研究方法"定义为从事研究的计划、策略、手段、工具、步骤以及过程的总和，是研究的思维方式、行为方式以及程序和准则的集合，包括方法的特点、理论基础、操作程序、具体手段、作用范围等要素。[②] 社会科学的研究对象是人类现象和人类思维，尽管现代科学已取得了很大的发展，但人的社会性和复杂性使社会科学在解读人类思维和人类行为上经常显得捉襟见肘，因此，社会科学的研究的科学性和成熟程度往往取决于方法论的规范性和可操作性。

近年来，随着教育科学研究的不断深入和教育生活的日益复杂，研究者越来越注重提高研究结果的可应用性和研究的生态效度，研究方法

[①] 转引自陈向明《质的研究方法与社会科学研究》，教育科学出版社 2000 年版，第 5 页。

[②] 同上。

的选择上也呈现出多元化的态势。事实上，研究方法和研究范式只是人们在长期的研究过程中形成的共享的研究思路和研究途径的理性加工和抽象概括，每一种方法都有其适用范围，因此，成熟的科学研究应综合运用多种方法接近研究内容，达到研究目的。本书认为，科学研究方法的选择具有明显的成层特性和应用范围，一般以"研究设计方法—数据采集方法—数据分析方法"的三维方法论构架，可对现有的科学研究方法进行类型化描述。研究设计方法是贯穿科学研究的宏观方法论，是整个研究设计构建的基础，如量化研究方法和质化研究方法等；数据采集方法是指获得科学研究数据资料的方法，如观察法、调查法、实验法和测量法等；数据分析方法则指在对采集的数据进行加工、整理和运算时采用的方法，如数学方法、模型方法和逻辑方法等。[①]

　　本研究在学科归属上具有明显的跨学科性质，三语环境下教师课堂语码转换不仅是一种语言现象，应对其进行深入系统的语言学研究，而且是一种课堂教学现象，应对其进行详尽充分的教育学阐释。因此，语言学和教育学是透视和解读三语环境下教师课堂语码转换的两个视点，在研究方法的设计上也综合考虑了语言学研究的理论思辨传统和教育人类学的研究方法。结合前文提出的"研究设计方法—数据采集方法—数据分析方法"的三维方法论体系，本书构建了多维的方法论体系，列表表示如下（见表5-2）。

　　就整体的研究设计方法而言，本书采用个案研究和理论研究相结合的设计方法。首先选取六名三语教师的三语课堂为个案，对其课堂语码转换进行记录和分析，然后根据视频记录和纸质记录，就三语教师课堂上的语码转换进行深度访谈，解读进行语言选择和语码转换的语言因素和非语言因素。因此，个案研究是本研究设计的基本方法。六名个案教师的课堂语码转换语料将为研究的模式构建和理论思辨提供材料基础和理据支持。在个案研究的基础上，对个案中获得的语码转换语料进行统计分析，进而利用理论研究的方法对教师课堂语码转换进行学理思辨，并尝试构建这一领域的基础理论。

---

　　① 这里后两种研究方法的分类参考了董奇《心理与教育研究方法》，北京师范大学出版社2004年版，第24页。

表 5-2　　本研究的多维方法论构架及其功能作用图解

维　度	研究方法		功能作用
研究设计方法	个案研究		获取构建理论所需的研究素材和数据
	理论研究		对个案研究的结果进行学理思辨和抽象概括
数据采集方法	教育人类学研究方法	田野工作	在最真实的状态下接近、了解和研究对象,尽可能保持研究的原生态特性
		参与型课堂观察　纸质记录	记录教师课堂语码转换的时间、语言形态、情景、频数等
		参与型课堂观察　视频记录	课堂全程视频记录,课后进行深度访谈时再现课堂情形
		半结构访谈	了解教师的三语态度和多元文化态度　根据视频记录再现的课堂情景,甄别影响教师语码转换的语言和非语言因素
数据分析方法	描述数理统计		对语码转换的频次和语言运用的时长进行描述
	语料会话分析		对三语课堂上的语料进行会话分析

在采集研究所需数据时采用了教育人类学的方法,具体运用田野工作、课堂观察和深度访谈来获得研究数据。田野工作是人类学主流的研究方法之一,在人类学"田野工作—民族志的撰写—文化理论的构建"的三维研究范式中,田野工作是人类学的方法论基础和学科标志。教育人类学是人类学和教育学交叉形成的一个综合性边缘学科,田野工作也自然成为教育人类学的一个极为重要的研究方法。[①] 采用田野工作的方式,旨在在最自然、最真实的状态下接近研究对象,了解其语言文化价值观和思维方式,对三语环境下教师课堂语码转换进行原生态描写。

课堂观察是本书采用的另一种采集数据方法。陈向明总结了七种适宜参与型观察的研究情景,其中有:

• 当研究者对一些社会现象进行深入的个案调查,而且这些个案在时空上允许研究者进行一定时间的参与型观察时,通过参与型观察,研究者可以将所研究的个案放到当时当地的社会文化情景之中,对事件的发生过程以及社会成员之间的行为互动关系获得较为直接、完整和全面的了解。

[①] 巴战龙,滕星:《人类学·田野工作·教育研究——一个教育人类学家的关怀、经验和信念》,《中南民族大学学报》2004 年第 2 期。

第五章 研究设计

- 当对不能够或不需要进行语言交流的研究对象进行调查时；对处于不同文化背景之中的人们进行研究时（如汉族研究者对藏族进行研究），双方的语言可能会不通。在这种时候，参与型观察具有一定的优势，尽管语言的缺失使研究失去一个十分丰富的信息渠道。
- 当研究者希望发现新观点、构建自己的"扎根理论"时，由于探索型参与观察允许研究者灵活地调整和重新定义自己的研究问题，研究者在构筑自己的理论时可以采取一种开放、灵活的发现逻辑。[1]

本书是在个案研究的基础上，对三语环境下异语言、异文化的研究对象的课堂语言选择进行的创新研究，研究承担着现状描写和理论构建的双重任务，这就为参与型观察研究的应用提供了合理的理据基础。在对个案教师的三语课堂进行全程观察的基础上，综合运用纸质记录和视频记录的方法，对教师课堂上三语语码转换的时间、语言形态、情景、频数等进行详细记录，以便在深度访谈时准确地再现课堂语码转换发生的交际情景，通过访谈了解其语码转换的动机和制约机制。课堂观察还有助于获得对课堂教学生态、课堂教学效果等因素的直观的认识和评价。

访谈是研究者通过与研究对象进行口头交谈的方式来收集对方有关心理特征和行为数据资料的一种研究方法，是访谈者与被访谈者相互影响、相互作用的过程，具有特定的科学目的和一整套设计、编制和实施的原则。[2] 陈向明认为，访谈就是研究者"寻访"、"访问"被研究者并与其进行"交谈"和"询问"的一种活动。访谈是一种研究性的交谈，是研究者通过口头谈话的方式从被研究者那里收集（或者说"建构"）第一手资料的一种研究方法。[3] 本书采用半结构型访谈了解教师的三语态度和多元文化态度，并根据视频记录再现了课堂情景，甄别影响教师语码转换的语言和非语言因素。各个访谈问题的开放性特征可用图表描写，如表5-3所示。

访谈问题中三语相对水平、教育背景和民族身份的问题设计为封闭性选择，三语接触的历时长度、课堂交际语境设计为开放性的问题，对

---

[1] 陈向明：《质的研究方法与社会科学研究》，教育科学出版社2000年版，第233页。
[2] 董奇：《心理与教育研究方法》，北京师范大学出版社2004年版，第182—183页。
[3] 陈向明：《质的研究方法与社会科学研究》，教育科学出版社2000年版，第165页。

三种语言和三种文化的价值判断和情感态度是用以测试受试的深层的语言和文化价值观念，因此采用了半开放型的提问方式，这种半结构型访谈有利于综合运用两种问题形式的优点：封闭型问题具有形式标准化、结果客观性和易于操作等特征；而开放型问题则更利于访谈对象充分表达自己的思想、情感和态度，有利于访谈者了解访谈前未预设到的问题，获得意外的信息和收获，同时对不明确的回答进行追问等。

表 5-3　　　　　　　　　访谈问题和结构特征

	访　谈　问　题	结构特征（开放性）
影响三语课堂语码转换的语言因素	三语相对水平	-
	回答	-
	三语接触的历时长度	+
	回答	+
	对三语的价值判断和态度	+/-
	回答	+/-
影响三语课堂语码转换的非语言因素	教育背景和民族身份	-
	回答	-
	对三种文化的价值判断和态度	+/-
	回答	+/-
	课堂交际语境	+
	回答	+

数据分析方法采用质化描写和量化统计相接合的方法。如前所述，本书的研究问题之一就是对三语课堂上教师的语码转换进行描写，这种描写研究的性质决定了语料分析方法的质化特征。根据质化研究领域内两位权威人物林肯（Y. Lincoln）和丹曾（N. Denzin）的观点，质化研究是一个跨学科、超学科，有时甚至是反学科的研究领域。之所以会出现如此庞杂的局面，是因为质化研究不是来自一种哲学、一个社会理论或一类研究传统，它受很多不同思潮、理论和方法的影响，起源于很多不同的学科。它同时跨越人文科学、社会科学和物理科学，具有多重面向和多种焦点的特色。[①] 长期以来，质化研究是大多数社会科学和人文

[①] 转引自陈向明《质的研究方法与社会科学研究》，教育科学出版社 2000 年版，第 6 页。

科学主流的研究方法,这种方法使研究者更容易将自身的经验和社会实践结合起来,有利于接近人类经验的本质。质化研究有广义和狭义之分,广义的质化研究一般用以泛指一种研究方法,如参与观察法和深度访谈法就是两种常见的质化研究方法;另一种是作为研究结果分析和数据处理方法的定性研究和分析。本书所运用的是后一种意义上的质化研究,用以指对研究数据进行质化描写和数量化水平较低的统计描写,如对教师三语课堂语码转换的频次和语言运用的时长进行的描述性统计分析等。同时在对新构建的三语语码转换影响模式和生成机制进行语料解释时,采用会话分析的方法对语料进行分析。

综上所述,本书倡导并采用的"研究设计方法—数据采集方法—数据分析方法"的三维方法论构架,从方法论的视角对研究前设计、研究过程和研究后分析三个阶段进行了较为全面的描述,这种方法论模式较好地解决了方法论互相交叠、属性不明、层面不清的混乱现象,对提高研究设计的科学性和研究结果的效度和信度具有积极的意义。

第四节 样本地区、学校和个案对象的选定

本书旨在在个案研究的基础上,对三语环境下教师的课堂语码转换进行了描述和研究,因此在选择样本地区、学校和个案对象时,综合考虑了以下因素。

1. 样本地区的外语课堂上要有较为普遍的三语授课现象。西北民族地区的外语教育具有极大的特殊性和复杂性。虽然多数地区都有三语教学的现象,但三语教学的普及现状、结构形态、生态环境和多元文化现状却相去甚远。因此,选择三语教学的样本学校时综合考虑了以上因素,在最自然、最纯正的三语环境中对三语语码转换进行原生态研究。

2. 样本学校的选择综合考虑到班级的年级差异、民族构成、性别比例等因素。这种多样化的班级样本来源有利于了解不同三语生态环境下教师课堂语码转换的形态特征,揭示三语生态环境对语码转换的影响机制。

3. 个案教师要初步具备三语授课的能力。前期调研发现,西北少数民族地区英语教育师资严重不足,24.2%的英语教师没有正规的英语教育背景。这些教师对外语教育缺乏系统的认识,在教学过程中暴露出诸多问

题，如严重的语音语调问题，明显的讲解错误等。同时，该地区三语教学的基础比较薄弱，缺乏具备三语能力的教师，也缺乏三语协调教学的有效方法。① 因此，个案教师的选择要充分考虑其三语教学的能力。

4. 大部分学生有三语背景。课堂教学是一种特定情景下发生的特殊的交际活动，课堂教学中学生的语言背景会影响到教师的语言选择和语码转换。因此，样本班级中大多数学生应具有三语教育背景，即初步了解和使用藏、汉、英三门语言，为教师的三语语码转换提供现实的语言生态环境。

5. 地方教育部门和校方的配合和支持。本书采取教育人类学的研究方法对三语教学进行田野工作、课堂观察和半结构访谈。研究对样本学校和个案教师的教学生活造成了一定影响，因此，为保证研究的顺利开展，必须取得当地教育部门和学校，以及个案教师的合作和配合。

一 样本地区的选定

综合考虑到以上五个方面的因素，我们将样本选定在甘肃省甘南藏族自治州下辖的玛曲县，现引用州政府办公室提供的玛曲县基本情况介绍。

玛曲县基本情况介绍②

一、地理位置及经济社会发展概况

玛曲县位于甘肃省西南部，地处青藏高原东部边缘，甘、青、川三省结合部，九曲黄河之首曲。东北与本省碌曲县接壤，东南与四川省若尔盖县、阿坝县相邻，西南、西北与青海省久治县、甘德县、玛沁县毗邻，北接青海省河南蒙古族自治县。境内海拔3300—4806米，年平均气温1.1℃，年均降水量615.5毫米，属长冬无夏的青藏高原寒冷湿润气候，全年没有绝对无霜期。幅员总面积10190.8平方公里，总人口4.29万人，其中牧业人口3.33万人，是一个藏民族聚居的纯牧业县。全县辖七乡一镇，36个村委会，238个村民小组，另有

---

① 姜秋霞、刘全国、李志强：《西北民族地区外语基础教育现状调查》，《外语教学与研究》2006年第2期。

② 玛曲县基本情况介绍，2007年1月31日（http://www.gn.gansu.gov.cn/content/zfjg/06/6/14/402.asp.）。

1个县属阿孜高科技示范园区和1个大鹿养殖场。

2005年全县地区生产总值达到4.347亿元，人均地区生产总值达到9968.3元，牧民人均纯收入达到2670元，全社会固定资产投资总规模累计达到47284万元，社会消费品零售总额达到7739万元，大口径财政收入完成9526万元。

二、主要资源情况

（一）畜牧业资源：玛曲县是一个纯牧业县，是甘肃省重要的畜牧业生产基地之一。畜牧业是玛曲的基础产业。草地资源是广大牧民群众赖以生存和发展的最根本、最主要、最基础的物质资源，草地畜牧业的丰歉兴衰直接影响着全县政治稳定、经济繁荣、社会发展。境内草原广袤，拥有连片集中、草质优良、耐牧性强的"亚洲第一优质牧场"1288万亩，占全县土地总面积的84.3%，其中可利用草场面积1245万亩，占草场面积的96.7%。根据中国植被区划，玛曲县境内草场植被属于川西藏东高原灌丛草甸区，植被分属57科、204属、430种，植被群落主要以耐高寒的中生灌木和多年生草本为主，草场类型主要有高山草甸草场、亚高山草甸草场、灌木丛草甸草场、草原化草甸草场、沼泽类草甸草场、沼泽化草甸草场六大类十一个组二十个类型，其中亚高山草甸草场在境内分布广、面积大，是玛曲草场的主体和精华。牧草种类有47科、417种，其中禾本科和莎草科是玛曲境内牧草的建群种和优势种，在牧草群落种类中占主导地位。

玛曲县主要的畜种有牦牛、藏系绵羊和河曲马，均为适应高寒草场以放牧生栖的土种畜。牦牛系我国青藏高原的主要原始牛种，既是牧民的主要生产资料，又是生活资料，具有体形高大、耐寒、肉奶营养价值高、繁殖能力强等特点，境内阿万仓牦牛特征明显，是全县的牦牛优良品种。玛曲藏系绵羊以欧拉羊和乔科羊两种类型驰名中外，其特点个体高大、肉质丰嫩、畜种优良，境内以欧拉羊较为出名，是全州和周边地区的优良品种，成为当地羊的优势种。河曲马是我国优良地方马种，素以能爬高山、善走沼泽地而闻名全国。2005年底，各类牲畜总增率、出栏率、商品率分别达到27.1%、27.08%、25.1%，肉、乳、毛、皮大宗畜产品产量分别达到8240.7吨、19670.18吨、351.2吨和4.65万张，各类牲畜存栏67.74万头（只）。

（二）矿产资源：玛曲县矿产资源种类多、储量大，开发前景广阔，已探明的有金、铁、铜、锡、钼、钨等金属矿和泥炭、大理石等非金属矿，目前黄金资源开发异军突起，成为全县国民经济的支柱产业。

（三）药材资源：全县有39科、100属、151种野生药用植物，其中分布面积广、数量多、药用价值及经济价值高的有冬虫夏草、水母雪莲、甘肃贝母、列香杜鹃、列吐羌活、唐古特大黄、多花黄芪、甘青乌麻花芹等20余种。

（四）水电资源：玛曲县占据黄河九曲之首曲，水能资源十分丰富，理论蕴藏量为151.7万千瓦，占全州水能总蕴藏量的42%，目前只开发了0.2%；黄河从青海省久治县门堂乡流入我县木西合乡境内，环流全县七乡一镇复入青海省，流经路线犹如"U"字形，形成久负盛名的"天下黄河第一弯"，流程达433公里，占黄河在甘肃段总流程的59%。黄河流入我县境内时的水流量占黄河总流量的20%，出境时水流量增加到65%，黄河在玛曲段的补充水量占黄河总水流量的45%，年入境水量为137亿立方米，出境水量为164.1亿立方米，年产自表水27.1亿立方米，是黄河上游重要的水源补充区和调蓄区，素有"高原水塔"之称号。全县境内黄河支流众多，主要的一级支流有28条，二级支流有300多条，被第一弯所环抱的广袤土地上河流纵横，湖泊星罗棋布，以乔科曼日玛为主体的湿地连片绵延，面积达562.5万亩，被誉为"地球之肾"和"天然蓄水池"。

（五）旅游资源：玛曲县境内藏传佛教寺院、石刻岩画、经幡飘动的神山、佛尊画像和淳朴浓厚的传统民俗风情等人文景观广为分布，有久负盛名的"天下黄河第一弯"，有"中国高原明珠"之称的欧拉草原风景区，有被誉为花和鸟的"海洋"的希美朵合塘，有宗格尔盆地的石佛洞和宗格尔石林，有令人神往的"七仙女"峰以及名扬天下的"亚洲一号天然草原"等自然景观。从美国加利弗尼亚州引进的虹鳟鱼、金鳟鱼在玛曲定居落户，现已成为许多游人观光旅游的一道亮丽风景线。

玛曲是"格萨尔发祥地",2002年西北民族大学"格萨尔研究会"确定玛曲为"黄河首曲格萨尔研究基地",在已出版的120多部《格萨尔》典籍中,有40多部中反复出现玛麦哲道、格拉山峰等与玛曲有关的地名。玛曲一万多平方公里的草原上,密集分布着与格萨尔有关的传说风物77处。2004年7月份,中国格萨尔学会的专家和教授前来玛曲实地考察,期间,各位专家和教授认为玛曲是青藏高原格萨尔风物最密集分布的县。为了确立玛曲格萨尔发祥地旅游品牌,第十一世班禅大师秉承第九世、十世班禅大师对卓格·岭地的厚爱,亲笔为玛曲赐写了:"天下黄河第一弯格萨尔发祥地兴旺发达"的题词。

三、投资环境大为改观

近年来玛曲县积极改善投资环境,在加强基础设施建设,改善"硬件"环境的同时,积极优化政策环境,强化精神文明建设,改善了"软件"条件,从方方面面敞开县门,广招各方客商,共同开发玛曲这块"绿色宝地"。

(一)"硬件"方面:交通畅达、来往方便:尕玛公路(县城至尕海,50公里)连接国道213线,距州府合作196公里,距省城兰州453公里;洛久公路西通青海省久治县、四川省阿坝县,距成都600余公里;另有简易公路通往青海省河南县。全县县乡公路总里程533公里,已实现乡乡通车,总体上交通相当方便。通信条件优越:邮政通信网络遍及全县,服务项目齐全。目前县城及尼玛镇已开通国际、国内长途直拨电话,其余各乡开通了"村通"卫星电话,通信极为方便。互联网已进入通常百姓家庭,县政府已开通玛曲县政府网站。电力充足:借西部大开发的东风,110千伏输变电工程已竣工,可以保障工业、畜牧业及居民的生活用电。另有四座小型水电站正常运转,可保证全县电力供应。医疗、广播、电视等条件逐年改善,服务良好。目前全县共拥有医疗机构32个,其中国有医疗机构12个,集体和个体诊所11所,村级医疗室7个,场矿企业医疗室2个,现有卫技人员178人。广播电视方面现有1000瓦广播中波转播台1座,有线电视台1座,有线广播站1座,乡村级卫星电视收转站、单收站等43座。

（二）"软件"方面：出台了《玛曲县牧民进城优惠政策暂行规定》，进一步启动民间投资，大力发展乡镇企业和非公有制经济，大力改善投资创业环境，加大招商引资力度，放宽各种引资条件，转变政府职能，服务水平明显提高，招商引资成效显著。

四、区位优势

玛曲县地处甘、青、川三省交界处，有着得天独厚的区位优势。为了充分利用这一优势，在县城建有占地约200亩的活畜及畜产品交易大市场，日交易牲畜2000只羊单位，是甘、青、川三省结合部最大的畜产品贸易市场。从运行的情况来看，给本县牧民乃至邻近的河南县、若尔盖县的牧民带来了很大的方便，也吸引八方客商前来交易活畜、皮张、肉类，较好地辐射带动了畜牧业的发展，畜产品交易集散地的"洼地"效应初步显现。如能在县城建立和发展较大型的畜产品加工工业企业，所需毛、肉、皮、乳等资源不仅可以从本县收购，也可以在邻近的川、青两省县份收购，距离近、运费低，可及时供应。鉴于黄河流经全县433公里的实际，为了充分利用黄河水资源，已委托有关部门开展黄河水运前期规划，有望在"十一五"期间投入建设，届时可实现水陆两运。黄河水运主要以运输畜产品和客运为主，可兼顾旅游业。由于牧民传统生活习惯有利于保护草原，加之近年来国家重视生态环境保护，将玛曲列入有关生态保护区，县里也积极响应，制定措施严禁采挖药材，严禁捕杀野生动物，并通过草场承包等多种手段积极保护草原，已取得明显成效，这一切都有利于经济社会的可持续发展。

上述信息较为详尽地介绍了玛曲县地理、社会和经济状况，这些资料将为本书进行的教育人类学研究提供解释学基础。全县77.6%的藏族人口比重使该县成为藏语言和藏文化保存较好的地区，纯正原始的语言生态和文化环境为三语教学的教育人类学研究提供了绝好的研究题材。虽然3300—4806米的海拔高度给没有高原生活经验的研究者的田野工作带来了一定的生理挑战，但这种纯正原始的教育生态和文化环境感召着我们。随着研究工作的进展，我们逐步克服了初到之时体会到的高原反应，慢慢习惯了在高寒地区进行生活、开展研究工作。

除了地理和社会文化因素外，玛曲县特殊的教育现状成为吸引我们研究视野的一个重要看点。与当地居民收入较高、教育条件较好很不相称的是当地落后的教育观念和相对低下的教育质量，这种有悖于教育和经济辩证关系的现象被称为"玛曲教育现象"。[①] 这种特殊的教育现象可能与当地的教育生态存在一定程度的相关性，在三语课堂教学中也可能会有所反映，因此具有较高的学术研究价值。

同时，海拔3000米以上的玛曲县开设英语课，标志着英语开始纳入高寒地区少数民族教育体系，三语教学成为必然。[②] 藏语、汉语和英语多元共存的语言生态为三语接触和三语语码转换的研究提供了丰富翔实的语料基础。

综上所述，玛曲县特殊的地理和社会文化特征，独特的"玛曲教育现象"和多元共存的语言和文化生态使该县成为三语教育研究的绝好素材，虽然素材的特殊性和复杂性使研究的难度大大增加，但同时样本的特殊性也使研究的学术价值大大提高。

二 样本学校的选定

西北民族地区现行的基础教育实行"以民为主"和"以汉为主"的并轨体制。实行"以汉为主"的教育体制的学校在教学语言与课程设置等方面与非少数民族地区的国民教育体制保持一致，但在实行"以民为主"的教育体制下，学校教育在课程设置、教学大纲、教育语言和评价机制等方面都有别于普通的国民教育体制，这也是狭义上所讲的少数民族教育体制。本书研究中选取实行"以民为主"教育体制的中小学各一所：玛曲县藏族寄宿制中学（以下简称玛曲藏中）和玛曲县寄宿制藏族小学（以下简称玛曲藏小）。两所样本学校具体情况如下：

> 玛曲藏中始建于1982年12月，是甘南藏族自治州最早成立的以

[①] 孙振玉：《论"玛曲教育现象"——藏区牧区教育问题研究》，《中央民族大学学报》（哲学社会科学版）2000年第6期。

[②] 郭春雨：《英语走进藏族课堂，三语教学发展的必然》，《基础教育外语教学研究》2003年第1期。

藏为主类寄宿制完全中学。学校占地96亩，建筑面积7172平方米。2006年6月课题组调研时在校学生总数为617人，教职工64名，其中专任大学本科教师33人，专科教师29人。学校现有教学班17个，其中高中部6个，初中部11个。学校现有教学大楼、综合办公楼、学生宿舍楼各一幢；专用体育场一处，学校图书藏量10590册，计算机教室两间，多媒体教室、语音教室各一间。截至2006年6月，学校已培养初中毕业生22届，共687人，输送中专生246人；1989年高中部创建以来，共培养高中毕业生14届，共257名，向全国大专院校输送毕业生135人，其中本科50名，研究生2名。[①]

玛曲县寄宿制藏族小学位于玛曲县团结东路97号，与县藏族中学毗邻而居，其前身是始建于1958年7月的玛曲县尼玛藏族小学。1989年尼玛藏族小学整体搬迁，与县民中小学部合并形成现在的玛曲县寄宿制藏族小学。学校现已由当初的5个教学班、7名任课教师、120名学生的办学规模，逐渐发展成了占地面积36277平方米、建筑面积6750平方米，有29个教学班、1499名学生、85名教职工，其中专任教师82名（学历达标率100%）的规模，这在全县乃至在全州范围内都可以算得上是规模最大的民族类寄宿制小学。学校现有电教室两间（配有计算机48台）、图书室一间（内有藏书9650余册），校内安装有远程教育接收器一套。自"普初"以来，牧民群众送子女入学的积极性得到了提高，使学校的办学规模迅速扩大。随着规模的不断扩大，学校的教育教学工作也逐步从应试教育向素质教育转变，在原有"双语"（藏、汉）教学模式的基础上开设了英语、计算机、汉语会话等课程，还以舞蹈、藏文书法、汉文书法、绘画、篮球、排球、英语会话、吉他弹唱等兴趣小组为依托，开发学生的潜能，培养学生特长，努力塑造"一专多能、全面发展"的合格学生，截至2006年已向上一级学校输送毕业生1140余名，其中合格生584人。建校十余年来，在全校上下的共同努力下各项工作取得了卓越的成绩，教师中获得国家级

[①] 资料来源系玛曲县藏族寄宿制中学：《玛曲县藏族寄宿制中学管理情况汇报》，2006年6月8日。

"优秀教师"1人,省级"优秀教师"称号3人,州级"优秀教师"称号11人,县级"优秀教师"称号73人;校党支部获州级"先进党支部"称号,学校获得州级"教育系统先进集体"称号,学校少先大队部被全国少工委和省少工委授予了"全国优秀少先大队"和"红领巾之家"的光荣称号。①

三 个案对象的选定

在选定样本学校以后,我们综合考虑了个案对象的年龄、性别、任教年级和学校等因素,从玛曲藏中和玛曲藏小各选取3名英语教师为个案对象。个案对象的具体信息详见表5-4。

表5-4   个案教师个人信息列表

编号	性别	民族	年龄	学历	学校	任教年级	三语水平 藏	三语水平 汉	三语水平 英	教育、工作经历
1	男	藏	24	大专	玛曲藏中	高一	4	5	4	1999—2000年就读于天祝民族师范;2001—2002年就读于青海师大民族部;2003—2005年就读于青海师大民族师范学院大专班;2005年起在玛曲藏中任教
2	女	藏	23	大专	玛曲藏中	初一	3	4	5	2000—2002年就读于青海中师英语班;2003—2005年就读于青海师大民族师范学院大专班;2005年起在玛曲藏中任教
3	男	藏	23	大专	玛曲藏中	初一	5	3	4	2001—2002年就读于青海师大预科班;2003—2005年就读于青海师大民族师范学院大专班;2005年起在玛曲藏中任教
4	男	藏	29	大专	玛曲藏小	五年级	5	3	2	1994—1998年就读于甘南藏族中专;1998—2000年任教于玛曲县木西合乡小学 2000—2003年就读于青海师大藏数学专业;2003—2004年任教于玛曲县木西合乡小学;2004年起在玛曲藏小任教
5	女	藏	31	大专	玛曲藏小	四年级	4	3	2	1992—1995年在合作民族师专藏语言文学系毕业;2004—2006年在合作师专外语系进修英语;1995年起在玛曲藏小任教

---

① 资料来源系玛曲县藏族寄宿制小学校长办公室,2007年3月。

续表

编号	性别	民族	年龄	学历	学校	任教年级	三语水平 藏	三语水平 汉	三语水平 英	教育、工作经历
6	女	藏	36	大专	玛曲藏小	四年级	4	3	3	1996—1998年在西北民族学院学习藏语言；2004—2006年在西北师范大学继续教育学院进修英语；1987年起在玛曲藏小任教

注：表中三语水平一栏设计为五级量表（5＝最好；4＝较好；3＝一般；2＝较差；1＝最差），表中的数字代表个案教师对其三语相对水平的自我评价。

如表5-4所示，6名个案教师中男性3名，女性3名，中学教师3名，小学教师3名，这样的选择综合考虑了进入个案研究的6名教师的性别差异和任教对象的不同，使个案教师具有较为广泛的代表性和典型性，在一定程度上增加了研究的信度和效度。同时，6名教师具有较好的教育背景，大都接受过中等师范或中等专业学校以上的教育，后又在高等学校接受过继续教育，具有良好的职业发展经历。基本达到了或接近教育部对基础教育师资学历的期望：小学教师达到大专层次，初级中学教师达到本科层次，高级中学教师达到本科层次，并有若干比例的研究生。[①] 但是应当看到，6名教师中有2名教师的第一专业不是英语，这些跨专业教师在很大程度上缓解了民族地区外语基础教育师资供需之间的矛盾，在特定条件下对我国基础教育外语教学作出了历史性贡献，但随着基础教育师资的补充和优化，以及基础教育师资专业发展的逐步深入，这些师资的继续教育和发展模式应该成为一个重大的教师发展命题。

第五节　数据采集

科学研究中的数据一般指通过实验或研究而搜集起来的信息、证据或事实，可以对其进行分析以更好地理解某一现象或证明某一理论。[②] 根据获得数据的性质，可以将数据分为定性数据和定量数据两类，定性

[①] 王斌华：《双语教育与双语教学》，上海教育出版社2003年版，第31页。
[②] 理查兹等：《朗文语言教学及应用语言学词典》，管燕红译，外语教学与研究出版社2000年版，第120页。

数据是用来表示事物类别（或品质）以及等级特性的数据，如性别、大学的专业、个性的类别、考评的等级等，其特征是可以分为两个或更多的类比额或等级。对定性数据的处理通常是计算各组的频数或频率。定量数据是用来表示事物属性具体数量大小的数据，如"教育经费"、"学生的年龄"、"受教育年限"等，其特征是可以表现为不同的数值，而数值之间的差异表现为程度不同，而不是类别的不同。一般来讲，定量数据可以运用更多的统计方法进行处理。[①] 数据是科学研究的实证性资料，数据采集方法的科学性和规范化直接关涉到科学研究本身的信度和效度，在整个科学研究过程中发挥着重要的基础性作用。

如前所述，本书采用教育人类学的方法采集和搜集研究所需的数据，具体方法有田野工作、参与型课堂观察和半结构访谈等。研究者按设计于2006年6月进驻甘南藏族自治州玛曲县，对该县的两所学校（玛曲藏中和玛曲藏小）进行了教育人类学田野工作，田野工作的内容包括考察了解这两所高寒地区民族学校的教育生态和文化环境，评估三语教学在该地的实施情况及其绩效，进行课堂观察，了解该地区的课堂三语生态环境和文化氛围，走进个案教师的教学生活，记录分析三语环境下个案教师课堂语码转换现象，并对其进行半结构访谈等。田野工作的具体日程安排如表5-5所示。

表5-5　　　　　　　　田野工作日程安排

日期	时间	田野工作内容	场所
6月16—18日		进驻玛曲县，开始田野工作，了解当地社会、经济和教育情况	
6月19日	9:00—11:00	采访县政府官员	县政府副县长办公室
6月20日	8:00	进驻玛曲藏中	
	8:00—10:00	同校领导和教师代表座谈	藏中教导处
	10:20—11:00	对个案教师7进行课堂观察	藏中初二（1）班教室
	14:30—15:15	对个案教师1进行课堂观察	藏中高一（1）班教室
	15:30—17:00	同藏中4名个案教师座谈	藏中教导处
	19:30—22:30	对个案教师1进行半结构访谈	首曲宾馆

---

① 王钢：《定量分析与评价方法》，华东师范大学出版社2003年版，第2页。

续表

日　期	时　间	田野工作内容	场　所
6月16—18日		进驻玛曲县，开始田野工作，了解当地社会、经济和教育情况	
6月19日	9：00—11：00	采访县政府官员	县政府副县长办公室
6月21日	10：20—11：00	对个案教师2进行课堂观察	藏中初一（3）班教室
	11：15—12：00	对个案教师3进行课堂观察	藏中初一（1）班教室
	14：00—16：30	对个案教师2进行半结构访谈	首曲宾馆
	17：00	进驻玛曲藏小	
6月22日	8：10—9：00	对个案教师4进行课堂观察	藏小五年级（3）班教室
	9：00—9：40	对个案教师5进行课堂观察	藏小四年级（2）班教室
	10：00—10：40	对个案教师6进行课堂观察	藏小四年级（4）班教室
	14：30—17：00	同藏小3名个案教师进行座谈	藏小教导处
	21：00—24：00	对个案教师3进行半结构访谈	首曲宾馆
6月23日	10：00—12：00	采访藏小校领导	藏小教导处
	14：30—17：00	对个案教师4进行半结构访谈	首曲宾馆
6月24日	9：30—12：30	对个案教师5进行半结构访谈	首曲宾馆
	14：00—17：00	对个案教师6进行半结构访谈	首曲宾馆
6月25日	全天	藏族民俗文化考察	玛曲草原
6月26日	8：00	离开玛曲县，前往合作民族师专进行教育考察	
6月27日	14：30—15：30	对个案教师8进行课堂观察	合作师专外语系
	16：00—18：00	对个案教师8进行半结构访谈	合作电信宾馆
6月28日		结束田野工作，返程	

注：个案教师7因故未接受访谈，个案教师8为研究者在高等院校开展的三语语码转换的先导研究，因此两者均未选入本研究个案教师。

研究过程中，对每位个案对象的研究包括课堂观察、半结构访谈和集体座谈。我们对每名个案教师进行了一个课节的课堂观察，并对其课堂语言的运用和语码转换情况全程进行了视频和纸质记录。这种多维的记录模式旨在最大限度地发挥各种记录手段的优势，通过技术手段创设一种可重复的课堂教学情景，以便在复杂的课堂语言选择的现象和三语教师的思维认识之间建立一种内在的联系，以揭示影响三语环境下教师课堂语码转换这一现象的种种因素及其作用机制。

为了便于个案教师和研究者准确地回忆和再现课堂教学的情景，我们在课堂观察的当天或次日对个案教师进行半结构访谈。访谈中运用视频播放器再现课堂语言运用情景，然后对照课堂上的纸质记录，在每个语言选择和语码转换处停止播放，对个案教师进行访谈，甄别其语码转换和语言选择的深层动机。访谈采用半结构的方式，研究访谈记录表包括编号、时间、语码转换形态、影响因素（具体有三语相对水平、语言接触的历时长度、对三种语言的价值判断和态度、教育背景和民族身份、对三种文化的价值判断和态度以及课堂交际语境等"六因素"）等内容（记录表结构详见附录一）。半结构型的访谈按以下步骤进行：在研究者对访谈记录表进行详细解释后，接受访谈的教师既可根据访谈表提供的选项直接作答，由访谈者进行记录，也可以对自己的语言选择和语码转换动机进行开放性解释，由访谈者选出最为接近的答案，并加以记录。

集体座谈是本书采集数据的另一种重要方式。这种开放的谈话方式有助于较为准确地了解座谈者的思想状况和文化意识，从而形成对他们的总体判断和整体认识。在这种开放自由的谈话氛围中，座谈者相互补充、相互启发，共同完成对话题和知识的构建，形成一种极为可贵的集体认识，这种集体认识往往代表着一种主流的认识水平或思维范式，是抽象认识和理论构建的重要现实依据。研究中通过集体座谈采集了大量的教师对三语问题的认识和理解，为三语环境下课堂语码转换的诠释提供了重要的认识论基础。

在短短的为期两周多的教育田野工作中，我们共进行课堂观察 8 个课节（其中 2 个课节因故未列入研究数据），访谈政府教育官员和教师十余名，累计访谈时长 20 多个小时，举行小型座谈会 3 次，多维立体的数据采集方式为研究提供了丰富的语料基础。

第六节 数据分析方法

数据整理是指根据研究目的，将经过审核的数据进行分类汇总，使资料更加条理化和系统化，为进一步深入分析提供条件的过程。它是由调查阶段过渡到研究阶段、由感性认识上升到理性认识的一个必经的中间环节。① 田野工作中所采集的数据是杂乱无章的，是按照搜集数据时记录的原始状态排列的，要从这些纷繁复杂的数据中抽象出规律性的认识，必须对原始数据进行整理和分析。为从多维度透视语码转换的生成机制和运作模式，本研究对语码转换的整理和分析分为以下几个步骤：

一　对搜集到的语码转换的语料从三个维度进行分类

本研究从语码转换的形态、结构和功能三个维度出发，对教育田野工作中采集的三语环境下的语码转换进行了分类。其中基于结构的"三分法"和基于功能的"二分法"沿用了语码转换研究中较为经典的分类标准，而基于语码转换形态的"六分法"是本研究根据三语语码转换形态较为复杂的现状首次提出的。

首先，与双语环境下二元形态的语码转换相比，三语环境下的三种语码排列组合后便会生成六种语码转换形态，六种形态之间的转换和运动使三语语码转换的复杂性大大增加。因此，在根据形态对语码转换进行分类的基础上，探寻各种语码转换形态所蕴涵的深层的语言、社会、文化和心理动机成为本书所着力解决的重要问题，而三语语码转换形态的分类则是实现这一研究目的的前提和基础。按语码转换源发语言和目标语言的形态将藏、汉、英三语环境下的语码转换分为六种形态：藏汉转换，藏英转换，汉藏转换，汉英转换，英藏转换和英汉转换。

其次，依据帕普拉克80年代初提出的"三分法"，按语码转换发生的句法位置将其分为句内转换、句际转换和附加转换。由于本研究所涉及的三种语言分属汉藏和印欧两大语系，因此三种语言在句法结构和表达方式上存在较大的差异，这给语码转换的结构划分带来了一定的困难。为解决分类过程中不同语码的语料在混合话语中的语义地位和结构特征，本书引用了司各腾"基础语框架模型"中基础语和嵌入语的概念，以解释不同语言在语义和结构上的主次地位。在具体的结构分类中遵循以下技术原则：

1. 基础语的判断主要以各种语码的话语时间长度为依据。在混合话语中，话语时长较长的语码被视为基础语；反之，话语时长较短的则

---

① 王钢：《定量分析与评价方法》，华东师范大学出版社2003年版，第50页。

被视为嵌入语。在三语混合话语中,一种语言为基础语,其余两种均视为嵌入语。

2. 句子的界定以基础语中句子的概念为标准。如以汉语或藏语为基础语的句子重在语义的完整性,而以英语为基础语的句子则更为关涉结构的完整性。

再次,借鉴奥尔在90年代提出的"两分法",按照课堂教学中语码转换的主要功能,可分为基于语篇的语码转换和基于交际者的语码转换。课堂语篇主要是承载和实现教学内容的话语形式,因此,本书用这种语码形式指那些为了完成课堂教学内容而进行的语码转换;而基于交际者的转换主要是指与课堂教学组织和活动安排相关的转换。这种分类在本质上有似于马丁·琼斯对课堂话语的分类:课程话语和学生话语。只不过语码转换关涉的是话语衔接中的节点,而课堂话语则是针对话语的整体流程而言的。这种基于功能的"二分法"不仅有助于甄别语码转换的功能属性,而且对解读课堂语码转换的交际语境、揭示转换主体的深层动机具有普遍而积极的意义。

换言之,本书对三语环境下每一次语码转换从形态、结构和功能等三个维度进行描写,在此基础上考察每个维度与语码转换影响因素的互动机制,并对数据中蕴涵的教育学规律进行学理思辨。

二 记录和统计三语教师每种语言保持的时长

三语课堂上教师每种语言的话语的时间长度以及在整个课堂话语中所占的比重也是本书所要考察的一个重要变量。因此,田野工作结束以后,对采集到课堂教学的视频记录进行了详细的记录和统计,统计表中涉及的观测量如表5-6所示。

表5-6　　　　　三语语码转换时长统计表中观测量列表

编号	观测量名称	观测量描述
1	开始时间	视频记录显示的使用某种语言的话语的开始时间
2	结束时间	视频记录显示的使用某种语言的话语的结束时间
3	英语	话语的语码类型为英语
4	汉语	话语的语码类型为汉语
5	藏语	话语的语码类型为藏语

续表

编号	观测量名称	观测量描述
6	空白时间1	以秒计的师生双方话语缺省的时间长度
7	空白时间2	以秒计的教师话语缺省的时间长度
8	时间长度	以秒计的某种语码使用的时间长度

以上八个观测值的最终目的在于统计出教师使用每种语言保持的时间长度,以及每种语言在教师整体话语中所占的比重。在具体操作中,语码时长统计单位精确到秒,不足1秒的按1秒计。嵌入数据的语码转换时长统计表详见附录二。

三 利用 SPSS（13.0）统计软件建立三语语码转换数据库

本书搜集的六个课节的三语语码转换的语料具有频次高、结构复杂、形态多样等特点。因此,首先建立了三语语码转换数据库,对语码转换的形态、结构、功能,以及影响语码转换的"六因素"进行描写。数据库设有31个观测量,分别涉及个案教师的背景信息、语码转换类型、语码使用时长和影响语码转换的因素等四个板块的内容,观测量的具体排列如表5-7所示。

数据库的建立将为语码转换的量化分析提供强大的数据支持,增加研究的信度和效度,同时,根据数据库对语码类型和影响语码转换的"六因素"进行统计分析,在此基础上完成对二者作用模式的构建。

表5-7　基于 SPSS（13.0）的三语语码转换数据库观测量表

编号	观测量名称	扩展标签	变量类型	赋值
1	教师编号	个案教师编号	称名	1=教师A；2=教师B；3=教师C；4=教师D；5=教师E；6=教师F
2	教师性别	个案教师的性别	称名	1=男；2=女
3	教师年龄	个案教师的年龄	比率	
4	教师民族	个案教师的年龄	称名	1=藏；2=其他
5	教师学历	个案教师的学历	称名	1=大专；2=本科；3=其他

续表

编号	观测量名称	扩展标签	变量类型	赋值
6	教育背景	个案教师的教育背景	称名	1＝自考；2＝中师；3＝高师；4＝跨专业
7	藏语水平	教师对自己藏语水平的判断	顺序	1＝最差；2＝较差；3＝一般；4＝较好；5＝最好
8	汉语水平	教师对自己汉语水平的判断	顺序	1＝最差；2＝较差；3＝一般；4＝较好；5＝最好
9	英语水平	教师对自己英语水平的判断	顺序	1＝最差；2＝较差；3＝一般；4＝较好；5＝最好
10	转换形态	三语教师语码转换的形态	称名	1＝藏汉转换；2＝藏英转换；3＝汉藏转换；4＝汉英转换；5＝英藏转换；6＝英汉转换
11	转换结构	三语教师语码转换结构类型	称名	1＝句内转换；2＝句际转换；3＝附加转换
12	转换功能	三语教师语码转换功能类型	称名	1＝基于语篇的转换；2＝基于交际者的转换
11	影响因素	影响本次语码转换的因素	称名	1＝三语相对水平；2＝三语接触时长；3＝对三种语言的价值判断和态度；4＝民族身份和教育背景；5＝对三种文化的价值判断和态度；6＝课堂交际语境

四 对三语语码转换的特征进行统计分析

在描述性数据分析的基础上，对三语语码转换各种形态、结构和功能，以及影响语码转换"六因素"的频次和百分比进行统计分析，从总体上获得对三语环境下教师课堂语码转换特征和分布的了解和认识，同时对构建三语语码转换和影响语码转换"六因素"之间的互动模式和对三语语码转换现象，进行教育学学理思辨所需的数据进行初步分析。在技术层面上，本书将运用社会科学统计包（SPSS13.0）完成对数据的处理和分析。

本章小结

本章论述了研究设计中的理论基础、研究问题、研究架构、研究方法、样本学校、班级和个案对象的选定以及数据的采集、整理和分析等问题。

第一节从三语环境下外语教师课堂语码转换的分布特征、影响模式和生成机制、教育学学理启示等三个方面对本书的研究问题进行了陈述。

第二节从宏观、中观和微观三个角度解释了"三步骤两层面六因素"的研究架构。特征描写、模式构建和学理思辨共同构成了的宏观"三步骤";语言因素和非语言因素构成了中观"两层面";而三语相对水平、三语接触时长、对三种语言的价值判断和态度、教育背景和民族身份、对三种文化的价值判断和态度以及课堂交际语境共同构成了微观"六因素"。

第三节对本书采用的研究方法进行了论述。提出了"研究设计方法—数据采集方法—数据分析方法"的三维方法论体系,进而指出个案研究和理论研究是本书采用的研究设计方法;教育人类学中的田野工作、参与型课堂观察和半结构访谈是本书采集数据时具体运用的研究方法;而描述性统计分析和语料会话分析是本书运用的主要数据分析方法。

第四节介绍了样本地区、学校和个案对象的选择情况。首先介绍了在选择样本地区、学校和个案对象时综合考虑的因素,然后对样本地区(甘南藏族自治州玛曲县)、两所样本学校(玛曲藏中和玛曲藏小)以及六位个案教师的情况进行了详细介绍。

第五节首先对科学研究中的数据进行了分类解释,然后指出本书采用了教育人类学的研究方法采集研究所需的数据,对课堂观察、半结构访谈和集体座谈等具体方法的操作和运用进行了解释,最后呈现了本书田野工作的日程安排。

第六节说明了研究数据整理和分析的具体步骤。具体步骤如下:对搜集到的语料进行分类,记录和统计每种语言保持的时长,建立数据库,对语码转换进行统计分析,以便构建语码转换的影响模式和生成机制,并对语码转换的研究结果进行学理思辨。

第六章

三语环境下教师课堂语码转换的特征描写

本书所要解决的主要问题之一就是在对个案教师的语码转换语料进行分析的基础上进行描写,进而形成对三语环境下教师课堂语码转换总体特征和分布情况的初步抽象化认识,这些认识将为解读语言接触因素,以及语言因素之外的社会文化等因素对三语环境下教师课堂语码转换的影响机制提供初步的数据基础和语料支持,同时也是三语环境下教师课堂语码转换的教育学阐释和学理思辨的研究起点。本部分将从三语环境下教师课堂语码转换的形态、结构、功能以及每种语码使用的时长等因素出发,对研究采集的语码转换的数据进行描述和分析。每一部分首先对六名教师语码转换各个变量的特征从总体上进行描写,然后再对六名教师表现出的个体差异进行分析,以从总体归纳和个体分析两个层面获得对三语环境下教师课堂语码转换特征较为全面而深入的认识。

如表6-1和图6-1所示,六名教师在一个课节(时间大致视为相同)中的语码转换频次不尽相同,教师2在相同时长中语码转换的频数最高(139),占语码转换频次总数的21.9%,其次为教师5(119,18.7%)、教师4(108,17.0%)、教师3(104,16.4%)和教师1(90,14.2%),教师6的频数最低(75),仅占语码转换频次总数的11.8%。[1] 但总体上六名教师课堂语码转换形态的频数最大值为139,最小值为75,全距为64。可以看出,六名教师语码转换形态分布的频次较为接近,从一个侧面说明各种形态的语码转换是三语环境下教师课堂语言选择中较为普遍的现象。

---

[1] 按SPSS(13.0)统计软件的默认格式,本研究中所使用的百分比均精确到小数点后一位。

表6-1　　六名教师语码转换频次总数及百分比列表

Valid	Frequency	Percent	Valid Percent	Cumulative Percent
1.00	90	14.2	14.2	14.2
2.00	139	21.9	21.9	36.1
3.00	104	16.4	16.4	52.4
4.00	108	17.0	17.0	69.4
5.00	119	18.7	18.7	88.2
6.00	75	11.8	11.8	100.0
Total	635	100.0	100.0	

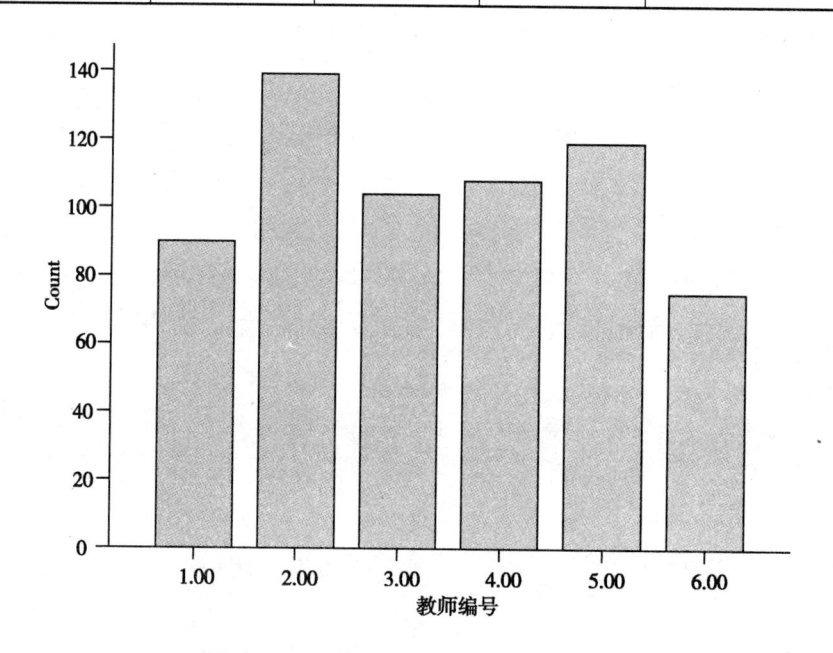

图6-1　六名教师语码转换频数条形图

在技术层面对语码转换的形态、结构、功能进行描写时，总体遵循对所占比重较大的因素进行重点描写和详细解释的原则。具体操作上，选取在总体中比重超过每种因素相对水平的因素进行重点描写和详细讨论，对其余比重较小的要素只对其频数和在总体中所占的比重进行描写，对描述性的结果不进行解释和讨论。在对比重超过平均水平的影响因素进行解释和讨论时遵循同样的原则，只对频数比重超过六种影响因素平均比重（16.7%）的因素进行描写和解释。具体来讲，在语码转换的六种形态中，对比重超过 16.7% 的语码转换形态，比重超过 33.3% 的语码转换结构类型，比重超过 50.0% 的语码转换功能类型，以及比重超过 16.7% 的影响因素进行重点描写和解释，对比重未达到上述标准的要素只进行一般性描写。

第一节　三语环境下教师课堂语码转换的形态描写

如前所述，较之双语语码转换，三语环境下三种语码之间的转换在形态分布的多样性和复杂性上大大增加。三种语言互相排列组合，产生了六种形态的语码转换。六种形态出现的频次以及在课堂语码转换中所占的比重对了解三语环境下教师课堂语码转换的总体特征和分布趋势提供了重要的研究视点。

频数原为物理声学术语，在语言学中用于指称语言项目在语段或语言材料中出现的次数。[①] 在三语环境下，教师在运用课堂语言时会在三种语言中进行选择，而在打破现有的语言形态，选择其他语言时就会产生语码转换的现象。如前所述，我们沿用了翻译学科对翻译过程中语言形态转换的分类方法（源发语言和目标语言），将语码转换发生以前说话者使用的语言称为源发语言，将语码转换发生以后说话者将要采用的语言称为目标语言（详见图 5-2 微观层面语码转换"六因素"图示），这种命名方式有助于对语码转换形态发生前后交际者的语码选择进行元语言描写和分析。

一　六名教师课堂语码转换形态的整体描写

根据语码转换的源发语言和目标语言的形态，可以将三语环境下教师课堂语码转换进行六维划分：藏汉转换、藏英转换、汉藏转换、汉英转换、英藏转换和英汉转换。在对六名个案教师课堂语言的纸质记录和视频记录进行分析的基础上，统计分析了六名个案教师的六种语码转换形态的频数和比重（详见表 6-2）。

---

① 理查茨等：《朗文语言教学及应用语言学词典》，管燕红译，外语教学与研究出版社 2000 年版，第 184 页。

表 6-2　　　　　　　六种语码转换形态的频数和百分比

Valid	Frequency	Percent	Valid Percent	Cumulative Percent
藏汉转换	50	7.9	7.9	7.9
藏英转换	169	26.6	26.6	34.5
汉藏转换	49	7.7	7.7	42.2
汉英转换	104	16.4	16.4	58.6
英藏转换	157	24.7	24.7	83.3
英汉转换	106	16.7	16.7	100.0
Total	635	100.0	100.0	

就各种语码转换的形态出现的频次而言，藏英转换和英藏转换出现的频数最高，分别为169（26.6%）和157（24.7%），其次为英汉转换和汉英转换，分别为106（16.7%）和104（16.4%），藏汉转换和汉藏转换的频数最低，分别为50（7.9%）和49（7.7%）。如图6-2所示，六种转换形态的频数分布表明，总体而言，进入个案研究的六名三语教师主要在英语和藏语之间进行课堂语言选择，并完成相应的语码转换，这种现象在一定程度上说明了第一语言和外语在三语教师课堂上的重要作用。相比之下，三语教师在第一语言和第二语言之间的转换形态频数较低，说明在以英语为目标语言的三语课堂中，作为第二语言的汉语在一定程度上只承担着辅助语言的角色和功能。

如表6-3所示，从六名教师语码转换影响因素的频数分布来看，民族身份和教育背景、三语相对水平，以及三语接触时长频数较高，分别为186（29.3%）、181（28.5%）和110（17.3%），而对三种文化的价值判断和态度、课堂交际语境，以及对三种语言的价值判断和态度频数较低，分别为77（12.1%）、47（7.4%）和34（5.4%）。由此可见，三语教师的民族身份和教育背景、三语相对水平，以及三语接触时长对其课堂语码转换有着广泛而深刻的影响，而随着多元文化教育思想的普及，对三种语言和三种文化的价值判断和态度对三语教师课堂语码转换在整体上不具有普遍的影响。同时，由于所观察的课堂教学任务的单一性和程序化，课堂交际语境对三语教师语码转换的影响也较小。

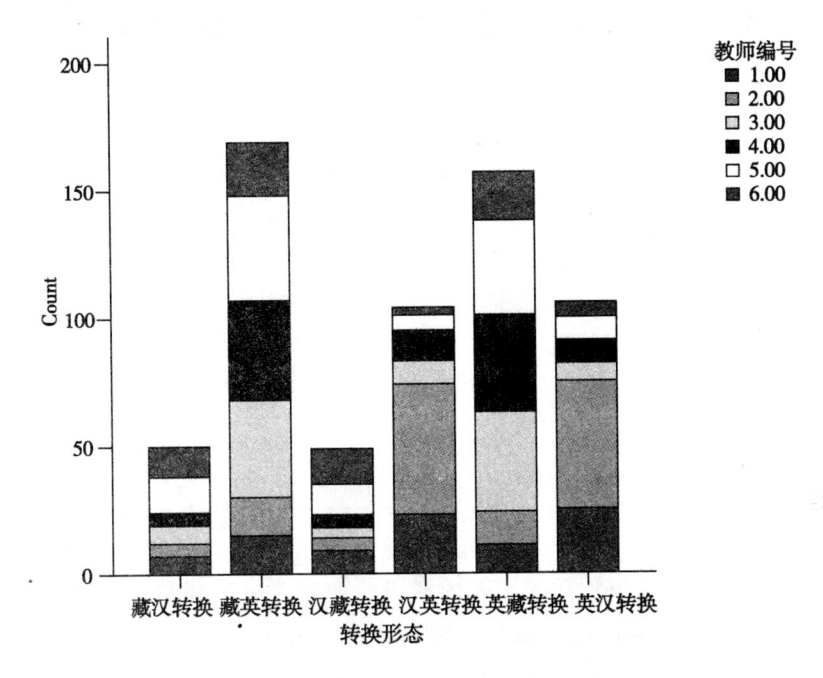

图6-2 六种形态的语码转换频数分段条形图

就每种形态的影响因素而言，藏汉转换和英汉转换的主要影响因素为对三种文化的价值判断和态度（频数均为24，分别占该形态影响因素频次总数的48.0%和22.6%），以及课堂交际语境（频数分别为12和23，比重分别为24.0%和21.7%）。说明二语文化对三语教师的课堂语码转换有一定的影响，在解释英语词汇的时、体概念以及屈折变化等特征时，作为第二语言的汉语仍发挥着一定的作用。因为六名三语教师均未接受专门的三语教学培训，在三种语言间建立语法术语的对等体系尚有一定的难度，因此会借助第二语言——汉语对这一概念进行阐述，因为他们接受的专业教育就是依托汉语进行的双语教育。同时，多数教师在访谈中承认，由于汉语身份的研究者进入课堂，对其语码转换产生了一定的影响，这种特殊的课堂交际语境在一定程度上增加了藏汉语码转换和英汉语码转换的频次。同时汉语接触时长对英汉转换具有一定的影响（频数为32，比重为30.2%），说明整体上教师接触第二语言——汉语的时间较长，并学会使用简单的汉语表达，因此，出于习惯性考虑，三语教师在课堂上有时会转向汉语进行课堂教学。

表 6-3　六名教师语码转换形态影响因素频数总体分布表

转换形态	影响因素						合计
	三语相对水平	三语接触时长	对三种语言的价值判断和态度	民族身份和教育背景	对三种文化的价值判断和态度	课堂交际语境	
藏汉转换	6	6	1	1	24	12	50
藏英转换	9	31	9	106	9	5	169
汉藏转换	40	1	3	3	1	1	49
汉英转换	8	14	6	64	10	2	104
英藏转换	101	26	8	9	9	4	157
英汉转换	17	32	7	3	24	23	106
合计	181	110	34	186	77	47	635

藏英转换和汉英转换的影响因素主要为民族身份和教育背景，频数为 106 和 64，分别占该形态影响因素频次总和的 62.7% 和 61.5%。教育背景对藏英转换和汉英转换的影响力主要体现在三语教师想通过频繁地转换英语表明自己的英语教育背景和个人价值。在访谈中，教师 1 对使用英语有过这样的描述：

> 大多数藏族人都会说简单的汉语，[因此]，可以说大多数受过教育的藏族同胞都会两种语言，这在藏族地区并不罕见，但藏族人中懂英语的却很少很少，会说英语让我觉得非常自豪……
> （E5.1：T1：2006-06-20）①

据此可见，表明自己良好的教育程度和三语背景是三语教师进行藏英语码转换和汉英语码转换的主要深层心理动机。特殊的语言生态和教育现状使掌握一门外语在该地成为一种文化和学识的象征，外语在三语教师三语概念体系中也被置于中心位置。因此，从母语和第二语言向第三语言的频繁转换在一定程度上成为表明教师教育程度和三语背景的课堂语言运作策略。同时，在藏英转换中，三语接触时长的频数为 31，

---

① 本研究采用自编的语料编码方法（E 章 . 语例号：T 教师编码：采集日期）。下同。

在该形态影响因素频次总和（169）中所占的比重为 18.3%，超过了六种因素的平均水平 16.7%。三语接触对藏英转换的影响主要表现在三语接触过程中教师对英语固定表达和课堂习语的内化与使用。在以英语为目标语言的三语课堂上，英语承担着目标语言和工具语言的双重角色。问卷和访谈发现，六名教师接触英语的时间均在五、六年以上，在三语课堂上基本习惯使用英语课堂上的固定表达和习语。这种在语言接触过程中形成的惯常的英语表达意识对三语教师的藏英语码转换有较大的影响。

汉藏转换和英藏转换的主要影响因素是三语相对水平。该因素出现的频次为 40 和 101，在该形态频次总和（49 和 157）中的比例分别高达 81.6% 和 64.3%。研究中六名个案教师均为以藏语为母语的藏族教师，所教授的也均为"以藏为主"的教学班，因此，总体而言，师生双方都具有较好的藏语基础。在三语课堂上，教师在用汉语或英语讲授语言知识或发出课堂活动指令后，会习惯地用母语藏语进行重复，以保证教学内容输入的最优化。这种语码转换的运作模式将在下一章详细论及，但毋庸置疑，共同的语言背景和民族身份使三语教师在课堂教学中以母语藏语为目标语言的语码转换的频数大大增加，以达到自己表达的准确度和学生输入量最大化的双重效果。

但应当指出，以上数据和结论只是建立在对藏、汉、英三语环境下个案数据的基础之上，而三种语言在课堂话语系统中的相对地位和运动趋势是极其复杂抽象的，对该问题的具体求证还有赖于更加广泛深入的科学研究。

二　六名教师课堂语码转换形态的个体描写

就六名教师个体使用六种语码转换形态的频次而言，其语码转换的频次分布呈现出三种趋势：教师 1 和教师 2 在汉、英两种语言间进行语码转换的频次最高，在藏、汉两种语言间进行语码转换的频次最低；教师 3 和教师 4 在藏、英两种语言间转换的频次最高，在藏、汉两种语言间转换的频次最低；教师 5 和教师 6 在藏、英两种语言间进行语码转换的频数最高，在英、汉两种语言间转换的频次最低（详见表 6-4）。这种多元化的语码转换频次分布态势的共同点在于突出三语教学中目标语言英语的重要地位，而另一种转换频次最高的语言则视三语教师第一语言（藏语）和第二语言（汉语）的相对水平而定，第一语言水平略高的教师在藏、英两种语言间进行语码转换的频次最高，而第二语言水平略高的教师在汉、英两种语言间进行语码转换的频次最高。这种频次分布态势从一个侧面说明三语教师课堂语言的选择主要是在英语和自己水平较好的一语或二语间进行的。

表6-4　　　　　　　六名教师语码转换形态频数及百分比

教师编号	藏汉转换	藏英转换	汉藏转换	汉英转换	英藏转换	英汉转换	合计
1.00	7	15	9	23	11	25	90
2.00	5	15	5	51	13	50	139
3.00	7	38	4	9	39	7	104
4.00	5	39	5	12	38	9	108
5.00	14	41	12	6	37	9	119
6.00	12	21	14	3	19	6	75
合计	50	169	49	104	157	106	635

按以上三种趋势，我们将六名教师的语码转化形态及其影响因素分三组进行分析和讨论：教师1和教师2的语码转换形态描写，教师3和教师4的语码转换形态描写，以及教师5和教师6的语码转换形态描写。

（一）教师1和教师2的语码转换形态描写

教师1和2在英汉两种语言间转换的频次最高，藏英转换和英藏转换次之，藏汉转换和汉藏转换频次最低。

教师1英汉转换和汉英转换的频次较高，分别为25和23，占教师1使用语码转换频次总和的27.8%和25.6%，藏英转换和英藏转换次之（频数分别为15和11，比重分别为16.7%和12.2%），汉藏转换和藏汉转换频数最低（分别为9和7，占频次总数的10.0%和7.8%）。这里只对其英汉转换、汉英转换和藏英转换等三种频数比重超过16.7%的形态进行解释和描写。

从表6-5可以看出，教师1汉英转换的主要影响因素为民族身份和教育背景（频数为14，占教师1该形态影响因素频次总数的60.9%）和三语接触时长（频数为4，占17.4%）。访谈中发现，教师1接受过较为良好的英语教育，并能用英语进行交流，在他看来，藏族教师能讲一口较为流利的英语无疑能证明自己具有良好的教育背景和文化涵养。同时教师1有八年英汉双语接触的历史，有良好的英语和汉语教育背景，能够较为自如地运用英语和汉语表达自己的思想和观点，这种语言接触的经历和历时长度对其汉英语码转换较为频繁地使用具有一定的解释力。

影响英汉转换的主要因素为课堂交际语境，其频数为14，比重为56.0%。教师1所教授的为高一年级，学生已掌握了一定的英语和汉语语言知识，课堂上基本能够用英语和汉语两种语言进行交际，学生回答问题和小组讨论也主要以英、汉两种语言为主。根据语言顺应理论，语言现实是交际者进行语言选择的源泉，这种特殊的课堂语言现实对三语教师的课堂语码转换模式具有一定的影响。

教师1藏英转换的频数比重也达到了六种形态的平均比重16.7%，其中民族身份和教育背景、三语接触时长对该形态的影响超过了六种因素的平均水平。如表6-5所示，两种因素的频数分别为8和3，比重分别为53.3%和20.0%。课堂观察表明，教师1基本能够用英语和汉语两种语言完成授课任务，但高一年级英语课堂涉及一些较为抽象的语言知识的讲解，如时、体等概念的解释，以及频繁地进行课堂提问时使用学生的藏语名字，这些因素使教师1在三语课堂上使用一定数量的藏语话语，进行较为频繁的藏英语码转换。

表6-5　　　　　　教师1语码转换形态的影响因素频数表

转换形态	影响因素						合计
	三语相对水平	三语接触时长	对三种语言的价值判断和态度	民族身份和教育背景	对三种文化的价值判断和态度	课堂交际语境	
藏汉转换	1	2	0	0	2	2	7
藏英转换	1	3	2	8	0	1	15
汉藏转换	6	0	1	1	0	1	9
汉英转换	2	4	1	14	1	1	23

续表

转换形态	影响因素						Total
	三语相对水平	三语接触时长	对三种语言的价值判断和态度	民族身份和教育背景	对三种文化的价值判断和态度	课堂交际语境	
英藏转换	4	4	1	1	3	1	11
英汉转换	2	4	1	1	3	14	25
合计	16	14	6	25	9	20	90

教师2汉英转换和英汉转换的频次也远远高于其他形态语码转换的频次,分别为51和50,占其语码转换频次总数的36.7%和36.0%,藏英转换和英藏转换频数次之,分别为15和13,比重为10.8%和9.4%,藏汉转换和汉藏转换的频数最低,均为5,占其语码转换频次总数的3.4%(详见表6-6)。这里只对达到平均频次比重的汉英转换和英汉转换进行详细描写。

表6-6　　　　教师2语码转换形态的影响因素频数表

转换形态	影响因素						合计
	三语相对水平	三语接触时长	对三种语言的价值判断和态度	民族身份和教育背景	对三种文化的价值判断和态度	课堂交际语境	
藏汉转换	1	3	0	0	1	0	5
藏英转换	1	0	3	9	2	0	15
汉藏转换	5	0	0	0	0	0	5
汉英转换	3	3	3	32	9	1	51
英藏转换	9	0	1	1	2	0	13
英汉转换	14	26	5	1	3	1	50
合计	33	32	12	43	17	2	139

如表6-6所示,教师2汉英转换的影响因素中有两个超过了各影响因素平均频次比重:其一为民族身份和教育背景,频数为32,占其汉英语码转换影响因素频次总数的62.7%;其二为对三种文化的价值判断和态度,频数为9,占频次总数的17.6%。教师2和教师1具有相同的教育背景和民族身份,这一因素对其汉英语码转换的影响机制

与教师1大致相同,这里不再赘述。需要特别指出的是,教师2对藏、汉、英三种语言所负载的三种文化的价值判断和态度对其汉英语码转换也具有一定的影响。同三语教师构建的三语概念体系一样,与三种语言相对应的多元文化体系也以潜在的方式影响着三语教师的语言选择和语码转换。在教师2的文化概念体系中,英语文化占有相对重要的地位,这种自我概念中的文化相对地位对其汉英语码转换会产生一定的影响。教师2这样描述自己对三语课堂上英语文化重要性的认识:

英语课上当然要重视英语文化[的传授],虽然我也喜欢藏文化和汉语文化,但在英语课堂上,应该以[传授]英语文化为主。我知道一些语言和文化关系的知识,知道语言和文化是不可分的,因此,英语课[堂]上应重视英语文化。

(E5.2: T2: 2006 - 06 - 21)

由此可见,教师2具有较强的英语文化意识,根据文化濡化的原理,这种文化意识会表现为对英语文化具有较强的自我效验和文化适应能力,这种意识和能力在一定程度上使教师2在三语课堂上进行语言选择时较为频繁地进行以英语为目标语言的语码转换。

影响教师2英汉语码转换的主要因素有三语接触时长和三语相对水平,频数分别为26和14,分别占其英汉转换影响因素频次总数的52.0%和28.0%。教师2虽具有藏族民族身份,但先后接受过正规的中等师范教育和高等师范教育,具有较好的汉语教育背景,接触汉语的时间较长,因此在三语课堂上较多地使用汉语。同时,英汉语码转换的另一个因素在于教师和学生的三语水平,教师2接受过良好的汉语教育,而且教授的高一年级的学生已具备较好的汉语语言能力,因此,在课堂上能够较好地用汉语进行课堂交际。

教师1和教师2的课堂语码转换的总体分布及其影响因素说明,教师的三语水平对其课堂上语码转换的形态具有一定影响。座谈和半结构访谈中发现,教师1和教师2的汉语水平在六名个案教师中是最好的,无须借助翻译就能用汉语和研究者进行深层交流和半结构访谈。同时,两名个案教师对自己汉语水平的判断得分较高,分别为 5 和 4(5 = 最好,4 = 较好)。由此可见,三语相对水平对三语教师的课堂语码转换有着较为重要而普遍的影响。

(二) 教师 3 和教师 4 的语码转换形态描写

相比之下,教师 3 和教师 4 在藏、英两种语言间转换的频次最高,汉、英两种语言间的转换次之,藏、汉两种语言间的转换频数最低(见表 6-4)。

教师 3 语码转换各形态按频次分布从高到低为英藏转换(频数 39,比重 37.5%)、藏英转换(频数 38,比重 36.5%)、汉英转换(频数 9,比重 8.7%)、英汉转换(频数 7,比重 6.7%)、藏汉转换(频数 7,比重 6.7%)、汉藏转换(频数 4,比重 3.8%)。这里也只描写比重超过平均水平的语码转换形态:英藏转换和藏英转换。

如表 6-7 所示,教师 3 英藏语码转换的主要影响因素为三语相对水平,频数为 28,占其英藏语码转换总频次的 71.8%。教师 3 的汉语水平较差,访谈中不能完全理解研究者用汉语表述的深层问题,必须借助翻译的转换和解释,也无法用汉语完全准确地表达自己的思想,因此课堂中较少转向第二语言——汉语进行表达。考虑到学生和自身的三语水平,在用英语讲解之后,一般要运用藏语对所讲的内容进行强化,以达到最优化的输入效果。

表 6-7　　　　　教师 3 语码转换形态的影响因素频数表

转换形态	三语相对水平	三语接触时长	对三种语言的价值判断和态度	民族身份和教育背景	对三种文化的价值判断和态度	课堂交际语境	合计
藏汉转换	1	1	1	1	1	2	7
藏英转换	1	3	0	24	6	4	38
汉藏转换	4	0	0	0	0	0	4
汉英转换	2	3	0	4	0	0	9
英藏转换	28	8	0	0	1	2	39
英汉转换	0	1	0	0	2	4	7
合计	36	16	1	29	10	12	104

影响教师 3 藏英语码转换的主要因素为民族身份和教育背景，频数为 24，占其藏英语码转换总频数（38）的 63.2%，从一个侧面说明了英语在三语教师概念体系中的重要作用，三语教师总想通过目标语言——英语的使用，强调自己的英语教育背景和文化素养。

教师 4 语码转换各形态按频次分布从高到低为藏英转换（频数 39，比重 36.1%）、英藏转换（频数 38，比重 35.2%）、汉英转换（频数 12，比重 11.1%）、英汉转换（频数 9，比重 8.3%）、藏汉转换和汉藏转换（频数均为 5，比重均为 4.6%）。以上统计数据表明，教师 4 的六种语码转换形态中，只有藏英转换和英藏转换超过了本研究设定的六种形态的平均比重 16.7%，现逐一描写如下：

如表 6-8 所示，有两个因素对教师 4 藏英语码转换的影响超过了六种因素的平均水平：民族身份和教育背景、三语接触时长。民族身份和教育背景的频数为 26，占该形态各因素频次总数（39）的 66.7%，也说明三语教师在英语课堂上使用目标语言——英语的频率很高，其深层的心理动机之一是为了凸显自己的英语教育背景和文化修养，对这种心理动机的顺应使教师 4 藏英语码转换的频数相对较高；而三语接触时长的频数为 11，在各因素频次总数中的比重为 28.2%。课堂观察和半结构访谈表明，教师 4 虽未接受正规的英语专业教育，但在十年前接受中等专业教育和以后接受高等师范教育时就开始接触英语，习惯在课堂上用英语发出简单的教学指令和组织课堂教学。语言接触的历时长度制约和影响着语言意识和语言选择，进而对其语码转换也产生了一定影响。

表 6-8　　　　　教师 4 语码转换形态的影响因素频数表

转换形态	三语相对水平	三语接触时长	对三种语言的价值判断和态度	民族身份和教育背景	对三种文化的价值判断和态度	课堂交际语境	合计
藏汉转换	0	0	0	0	2	3	5
藏英转换	1	11	1	26	0	0	39
汉藏转换	4	0	1	0	0	0	5
汉英转换	1	2	2	7	0	0	12

续表

转换形态	影响因素						合计
	三语相对水平	三语接触时长	对三种语言的价值判断和态度	民族身份和教育背景	对三种文化的价值判断和态度	课堂交际语境	
英藏转换	23	7	6	1	1	0	38
英汉转换	1	0	0	1	6	1	9
合计	30	20	10	35	9	4	108

教师4英藏转换中的主要影响因素仍为三语水平和三语接触时长，前者频数为23，占该形态语码转换频次总数的60.5%，后者频数为7，占频次总数的18.4%。如前所述，三语水平对语码转换的影响从一个侧面说明了在师生双方第二语言水平相对低下时，母语在三语课堂中的重要作用。虽然同教师3一样，教师4的汉语水平也相对低下，有时要借助翻译的转换和解释才能同研究者运用汉语进行深度交流，其藏、汉、英三语水平的自我评价分别为5、3、2，加之教师4教授的班级为"以藏为主"的小学五年级，学生的汉语水平和认知能力均未达到用汉语能完全理解教学内容的程度，因此，三语教师主要在英语和藏语之间进行语言选择和语码转换。就教师4的三种语言接触而言，母语——藏语无疑是其接触时间最长的语言，在三语接触时长的影响下，三语教师会较为频繁地进行英藏语码转换，来完成和解决三语课堂上用目标语言——英语无法完成和解决的活动和问题。因此，在英语课堂上频繁采用藏语对学生进行讲解，一方面便于运用自己熟练的语言准确清晰地完成授课任务，另一方面为保证自己的授课内容能够最大限度地为学生所接受。

（三）教师5和教师6的语码转换形态描写

总体而言，教师5和教师6在藏、英两种语言间进行语码转换的频数最高，藏、汉两种语言间的转换频数次之，英、汉两种语言间的转换频数最低。

如表6-9所示，教师5藏英转换和英藏转换的频次较高，分别为41和37，占教师5语码转换频次总数（119）的34.5%和31.1%，藏汉转换和汉藏转换次之，频数分别为14和12，比重分别为11.8%和

10.1%，英汉转换和汉英转换最低，频数分别为 9 和 6，仅占频次总数的 7.6% 和 5.0%，其中藏英转换和英藏转换的频次比重超过了每种语码转换形态的平均水平 16.7%。

表 6-9　　　　教师 5 语码转换形态的影响因素频数表

转换形态	影响因素						合计
	三语相对水平	三语接触时长	对三种语言的价值判断和态度	民族身份和教育背景	对三种文化的价值判断和态度	课堂交际语境	
藏汉转换	3	0	0	0	10	1	14
藏英转换	4	11	1	24	1	0	41
汉藏转换	9	1	1	0	1	0	12
汉英转换	0	2	0	4	0	0	6
英藏转换	24	8	0	4	1	0	37
英汉转换	0	0	1	0	7	1	9
合计	40	22	3	32	20	2	119

从表 6-9 可以看出，影响教师 5 藏英语码转换频数的主要因素中，比重超过六种因素平均水平（16.7%）的有三语水平（频数为 24，比重 58.5%）和三语接触时长（频数为 11，比重 26.8%）；而英藏语码转换主要的影响因素为三语水平，频数为 24，占该形态各因素频数总和（37）的 64.9%。其余因素的影响水平均未达到六种因素的平均水平 16.7%，在此不再赘述。

藏英转换中教育背景的重要作用前面已有论及，反映出的是英语在三语教师心理中的重要作用及其共同的心理倾向：通过使用英语表明自己的英语教育背景和文化涵养。三语接触时长对教师 5 的藏英转换也有一定的影响，现年 30 多岁的教师 5 接触英语已达 15 年之久，因此在课堂上较多地运用英语的习惯表达组织课堂教学。英藏转换的主要影响因素也为三语水平。由此可见，三语水平是教师在三语课堂上有意识进行的语言选择行为，其目的是达到课堂教学效果的最优化和语言输入和理解的最大化，而语言接触时长则是教师语言经验中积淀下来的一种无意识的言语行为，反映出的是三语教师的语言习惯。

教师 6 六种形态的语码转换频数分布跟教师 5 极为相似，藏英转换和英藏转换的频次较高，分别为 21 和 19，占教师 5 语码转换频次总数（75）的 28.0% 和 25.3%，汉藏转换和藏汉转换次之，频数分别为 14 和 12，比重分别为 18.7% 和 16.0%，英汉转换和汉英转换最低，频数分别为 6 和 3，仅占频次总数的 8.0% 和 4.0%，其中藏英转换和英藏转换的频次比重超过了每种语码转换形态的平均水平 16.7%。从表 6-10 可以看出，影响教师 6 藏英语码转换的最重要的因素是民族身份和教育背景，该因素出现的频数为 15，占教师 6 藏英语码转换影响因素频数总和（21）的 71.4%；

表 6-10　　　　　教师 6 语码转换形态的影响因素频数表

转换形态	三语相对水平	三语接触时长	对三种语言的价值判断和态度	民族身份和教育背景	对三种文化的价值判断和态度	课堂交际语境	合计
藏汉转换	0	0	0	0	8	4	12
藏英转换	1	3	2	15	0	0	21
汉藏转换	12	0	0	2	0	0	14
汉英转换	0	0	0	3	0	0	3
英藏转换	13	2	0	2	1	1	19
英汉转换	0	1	0	0	3	2	6
合计	26	6	2	22	12	7	75

综上所述，在藏、汉、英三语环境下，教师的课堂语言选择和语码转换的形态模式中，频次最高、比重最大的转换形态出现在藏语和英语间，英语和汉语之间的转换次之，藏语和汉语之间的转换频次最低，比重最小。六名教师语码转换形态的个体分布又具有较为明显的区别特征：在教师汉语水平相对较差的情况下，英语和藏语是三语环境下教师课堂语言的主要选择，英藏转换和藏英转换的频数和比重也随之最高；在汉语水平相对较好的教师的语言选择模式上，汉语的比重明显高于藏语，因此，汉英转换和英汉转换的频数最高、比重最大。总体而言，三语环境下教师课堂语码转换主要是在英语和自己水平相对较高的藏语或汉语之间进行。

第二节　三语教师课堂语码转换的结构描写

本书对采集的课堂语码转换语料的第二个分类维度为语码转换的结构特征。20世纪80年代初，帕普拉克根据语码转换的结构限制特征，对语码转换作了句内转换、句际转换和附加转换的三维区分。[①] 这一分类方式成为语码转换结构类型化的主流范式，对此后20多年语码转换的结构分析和句法阐释产生了深远的影响。结构特征是从语言本体层面解读语码转换发生位置的重要视角，因此，本研究对藏、汉、英三语环境下的教师课堂语码转换也从结构层面进行了分类描写，在此基础上了解三语语码转换的结构特征和句法限制。需要指出的是，上文考察的六种影响因素是针对宏观上各语言形态间的转换动机设计的，对语言结构之间的转换与衔接不具有解释力。因此，对语码转换结构类型的描写只限于结构层面本身，六种影响因素对结构类型的作用模式不在本部分的考察范围之内。

表6-11　　三种语码转换结构类型的频数和百分比

Valid	Frequency	Percent	Valid Percent	Cumulative Percent
句内转换	264	41.6	41.6	41.6
句际转换	367	57.8	57.8	99.4
附加转换	4	0.6	0.6	100.0
Total	635	100.0	100.0	

如表6-11和图6-3所示，六名教师课堂语码转换的结构特征可表述如下：总体而言，六名教师句际转换的频次最高（367），占语码转换总频数的57.8%，句内转换的频次次之（264），占总频数的41.6%，附加转换的频次最低（4），仅占总频数的0.6%。句际转换在整个语码转换频次中占较大比重，这在很大程度上源于三种语言之间的内部结构差异和句法限制的不同，特别是在整个形态分类中占较大比重

---

① 何自然、于国栋：《语码转换研究述评》，《现代外语》2001年第1期。

的英藏转换和藏英转换的影响。由于藏语和英语分属两个不同的语系，句法结构和限制规则的差异和悬殊使实现两种语言间的句内转换和附加转换的难度较大，因此，语码转换的结构类型大都表现为句际转换，六名教师语码转换结构类型频数分布的总体趋势如图6-4所示。

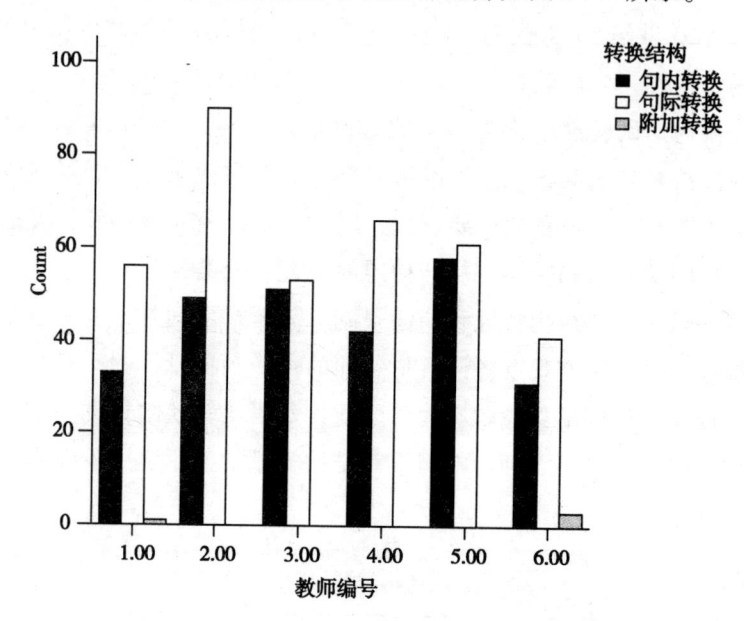

图6-3　六名教师语码转换结构类型分簇条形图

如表6-12和图6-4所示，就各个案教师个体而言，每位教师语码转换结构类型的频次与总体趋势保持一致，即句际转换频率最高，句内转换次之，附加转换最低。

表6-12　　　　　六名教师语码转换结构频数表

教师编号	句内转换	句际转换	附加转换	合计
1.00	33	56	1	90
2.00	49	90	0	139
3.00	51	53	0	104
4.00	42	66	0	108
5.00	58	61	0	119
6.00	31	41	3	75
合计	264	367	4	635

教师1句际转换的频数为56，占其语码转换总频数（90）的62.2%，句内转换频数为33，占36.7%，附加转换频次为1，仅占其语码转换频次总数的1.1%；教师2句际转换的频数为90，占其总频数（139）的64.7%，句内转换频数为49，占总频数的35.3%，附加转换频数为0；教师3句际转换频数为53，占其总频数（104）的51.0%，句内转换频数51，占49.0%，附加转换频次为0；教师4句际转换的频次为66，占总频数（108）的61.1%，句内转换的频数为42，占其总频数的38.9%，附加转换的频数为0；教师5句际转换的频数为61，占其总频数（119）的51.3%，句内转换的频数为58，占总频数的48.7%，附加转换的频数为0；教师6句际转换的频数为41，占其总频数（75）的54.7%，句内转换频数为31，占41.3%，附加转换频数为3，占总频数的4.0%。

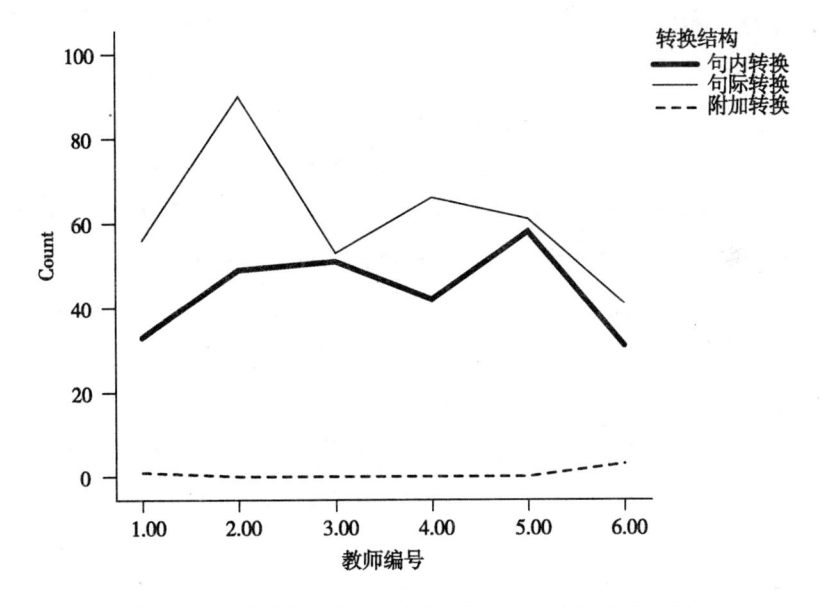

图6-4 六名教师语码转换结构类型频数分布线形图

同时，就语码转换的两种主要结构形式的差值而言，六名教师两种结构的语码转换的频数间存在一定差距。教师1、教师2、教师4和教师6两种语码类型频数相差较大，差值分别为23，41，24和10，教师3和教师5两种语码类型的差值较小，分别仅为2和3。两种结构类型语码使用上的差异在一定程度上说明了教师在进行语码转换结构类型转换时表现出来的差异性和多样性。

第三节 三语教师课堂语码转换的功能描写

20世纪90年代初，受功能主义语言学的影响，语码转换的研究者开始关注语言水平、交际对象的语言喜好以及交际者交际意图的重要性。1990年，奥尔根据语码转换的功能提出语码转换的功能二分法：基于语篇的语码转换和基于交际者的语码转换。① 这种功能二分法将语码转换视为一种承担特定交际功能的交际事件加以描写，奠定了语码转换功能语言学研究的理论基础。

对语码转换功能的研究与后现代知识理论的建构也有着密切的关系。后现代知识理论认为，知识与一定文化体系中的价值观念、生活方式、思维习惯以至人生信仰是不可分割的。反映到课程教学活动之中，学生获得"在场"知识的过程，同时也应该是理解其背后"不在场"文化意义的过程。② 据此而言，知识传授和文化习得是课堂教学的两大功能，而两种功能的实现的途径就是师生双方借助教学材料进行的课堂交际活动。同时，课堂交际活动具有一定的特殊性，如交际场所的确定性、交际内容的程序性和交际双方权势地位的差异性等。研究课堂语码转换离不开这一现象所承担的课堂交际功能。奥尔对语码转换交际功能的两分法较好地涵盖了课堂语码转换的语篇因素和环境因素，符合课堂交际活动的功能特征，因此本书沿用了奥尔的分类方法对课堂语码转换的功能属性进行描述。需要指出的是，本书所关注的是三语环境下教师课堂语码转换现象，因此基于语篇的语码转换主要指教师由学生话语向课程话语的转换，而基于交际者的语码转换则主要指教师由课程话语向学生话语的转换。

如前所述，功能是在课堂交际环境下探讨语码转换特征并对其进行描写的重要维度。语言的功能学派认为，语言的功能用法不能单靠分析句子的句法结构来确定，而应对个体习得语言的方式和将语言用于其社

---

① 何自然、于国栋：《语码转换研究述评》，《现代外语》2001年第1期。
② 张华龙：《课堂教学：从求真殿堂的膜拜到意义家园的营建》，《教育评论》2006年第5期。

会环境中与他人进行交际的方式进行调查。① 因此本部分语码转换功能的描写只限于对两种功能形态本身的描写和解释,对功能形式与六种转换形态、三种结构类型以及六种影响因素间的关系不作探讨。

总体而言,六名个案教师基于语篇转换的频数(411)高于基于交际者转换的频次(224),前者占功能转换总频次的64.7%,后者占35.3%(详见表6-14)。而且,除个案教师1以外,其余教师两种语码转换类型中,基于语篇的语码转换在频数和比重上都明显高于基于交际者的转换(详见表6-13和图6-5)。两种语码转换在功能总频次中所占比例的差异在一定程度上说明了六名教师课堂话语的中心是课程话语,组织课堂教学和设计课堂活动的学生话语居从属地位。

表6-13　　　　　六名教师课堂语码转换功能类型频数表

教师编号	基于语篇的转换	基于交际者的转换	Total
1.00	43	47	90
2.00	131	8	139
3.00	60	44	104
4.00	66	42	108
5.00	60	59	119
6.00	51	24	75
Total	411	224	635

表6-14　　　　　两种语码转换功能类型的百分比

Valid	Frequency	Percent	Valid Percent	Cumulative Percent
基于语篇的转换	411	64.7	64.7	64.7
基于交际者的转换	224	35.3	35.3	100.0
Total	635	100.0	100.0	

---

① 理查茨等:《朗文语言教学及应用语言学词典》,管燕红译,外语教学与研究出版社2000年版,第186页。

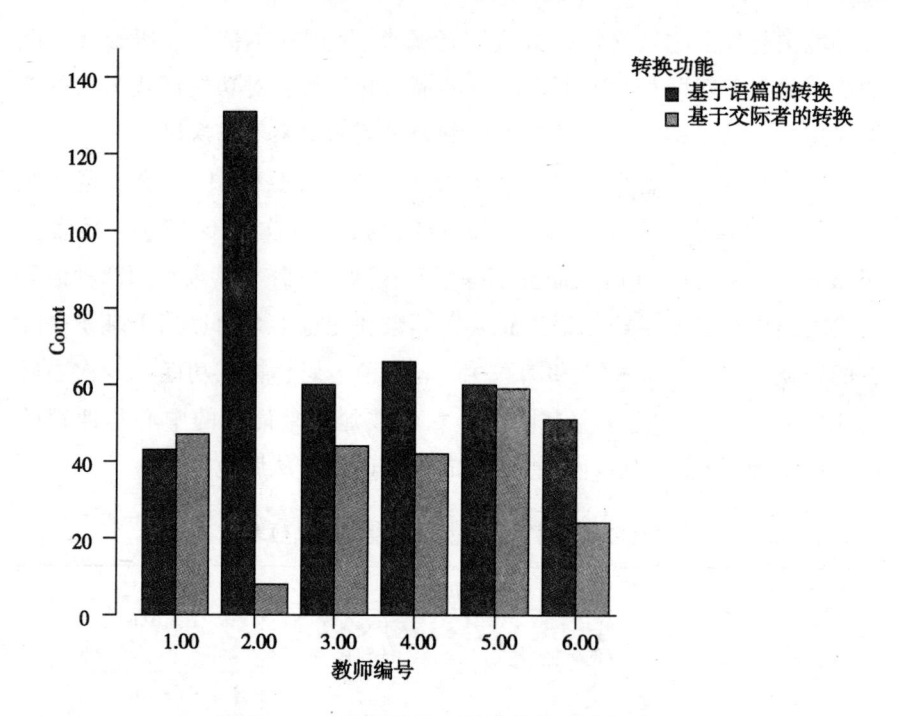

图 6-5　六名教师语码转换功能分簇条形图

同时，六名教师在语码转换的功能类型上表现出较大的个体差异。教师 5 和教师 1 在两种功能的语码转换频数上表现出的差异最小，差值分别为 1 和 4；教师 3、教师 4 和教师 6 次之，频数差值分别为 16、24 和 27；教师 2 在两种功能的语码转换频数上差异最大，差值高达 123（详见表 6-13 和图 6-5）。而如图 6-1 和表 6-4 所示，在六名教师中，教师 2 语码转换的频次是最高的，且绝大多数转换为汉英转换（频数 51，比重 36.7%）和英汉转换（频数 50，比重 36.0%）（详见图 6-5），这种语码转换类型分布的不平衡性主要源于教师 2 授课内容的特殊性。在本研究所记录的课节中，教师 2 全程在进行新词汇的讲解与听写，这种教学任务的单一性和惯常性使学生不需要太多借助语码转换就能了解教师的活动安排和教学任务的进展情况。换言之，教师和学生在这种单一的活动和任务中已达成一种"经验共识"，这种共识使课堂活动和授课内容对课堂管理语言的依赖大大减少，因此，基于交际者语码转换的频数和比重也相对较低。

根据后结构主义理论，话语这一概念在外延上远远超越了现代语言学的范畴，而是一个具有政治性维度的历史文化概念。① 后结构主义对话语概念的解读将话语研究的形式分析传统转移到交际语境中与话语选择的互动中来，突出交际情景和话语语境对话语选择的影响。就功能而言，教师课堂话语应该在特定的课堂教学语境中为知识传承和文化习得服务，这是教师课堂话语的主旨和要义所在，而课堂教学中教师为组织教学活动采用的学生话语是教师为更好地完成课堂教学的任务而采用的话语策略。因此，教师的课堂话语应以课程为中心，辅之以必要的学生话语，以保证课程话语功能的顺利实现。本书六名教师语码转换功能类型在频数和比重上的差异正好凸显了三语课堂中教师为完成课堂教学而采用的话语选择策略。

第四节 三语教师课堂语言保持的时长描写

语言选择和语言保持（maintenance）是与语码转换相互关联但又不尽相同的两个概念，也是本书频繁使用的两个重要的相关术语。因此，有必要对三者进行严格的界定与区分。总体来讲，语言选择是一个心理过程，这一过程通过语码转换得以实现，并通过语言保持得以延续。因此，语码转换可视为语言选择的实现机制。语言保持原为社会语言学的术语，用以指试图保持某种语言或传统形式的现象。② 本研究借用这一术语，并将其定义为在相邻的两次语言选择和语码转换过程中使用同一语言的现象，三者具体关系如图6-6所示。

由此可见，在三语环境下，课堂话语正是在"语言选择/语码转换—语言保持—语言选择/语码转换—语言保持"循环往复的过程中得以实现的，这一过程是动态的、开放的。在教师课堂话语流程中，语言选择和语码转换代表不同语言保持间的切换点，而语言保持则是相邻语言选择和语码转换之间的衔接与连贯的线段，线段的长度代表语言保持的时间长度。因此，语言保持的时间长度关涉每种语码在教师课堂话语中的比重，成为描写语码转换不可或缺的维度和视点。

---

① 吉标：《教师话语霸权的危害、成因及消解》，《教育导刊》2006年第7期。
② ［英］戴维·克里斯特尔：《现代语言学词典》，沈家煊译，商务印书馆2000年版，第198页。

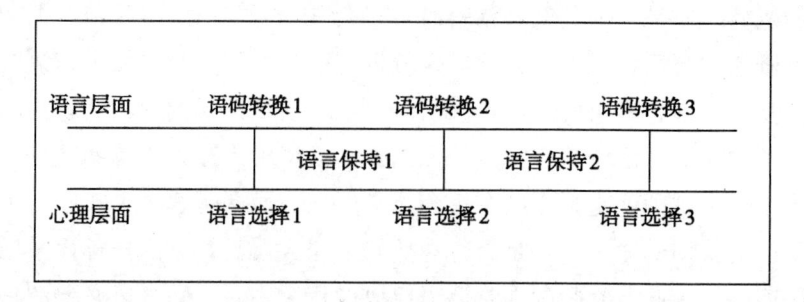

语言层面	语码转换1	语码转换2	语码转换3
	语言保持1	语言保持2	
心理层面	语言选择1	语言选择2	语言选择3

图6-6 语言选择、语码转换和语言保持相互关系图示

如表6-15所示，除去课堂活动中教师话语缺省的空白时间和师生双方话语都缺省的空白时间，总体而言，六名教师英语保持的时长最长，共计3318秒，占三语保持总时长的59.4%；藏语保持的时长次之，共计1451秒，占26.0%；汉语保持的时长最短，共计818秒，占14.6%。这种话语时长的分布特征与六种语码转换形态分布趋势共同说明了在以第三语言为目标语言的三语环境下，第三语言在课堂话语体系中的重要作用，这种作用不仅表现在目标语为第三语言的语码转换的频数和比重上，而且在三种语言的语言保持时长上得到了体现。在本书中，英语作为目标语言和课堂工具语言的双重特性使其在整个教师课堂话语体系中占有极其重要的地位。教师2在访谈中这样描述其课堂上的语言选择行为：

> ……藏区学生缺乏学习英语的环境，上课时［教师］多说英语对他们有帮助，这样可以让他们多接受一点［英语语言知识］，因此我在上课时尽量多说英语。而且，英语课上必须说英语，有时担心他们听不懂时我会使用汉语或藏语。因为大部分学生藏语好一点，所以我在用英语讲完之后，会用藏语重复一下，让他们接受多一点……
>
> （E5.3：T2：2006-06-21）

不难看出，教师在三语环境下进行语言选择和语码转换时会综合考虑到影响外语学习的诸多因素，如语言环境对学习者语言学习的影响、语言输入数量的最优化问题，以及课堂教学中学习者理解率最大化等问题。在课堂教学中，这种潜在的语言教学意识和朴素的语言教学思想会在教师的课堂语言选择和语码转换中得到投射和实现。据此可见，尽管三语教学是一种极其复杂的语言教学现象，但它仍然遵循着语言教学基本的规律和普遍法则，符合语言教学的基本理论和主要原则。

表6-15　　　　　　　六名教师语言保持时长和比重列表

教师编号	藏语 时长	藏语 比重	汉语 时长	汉语 比重	英语 时长	英语 比重	合计 时长	合计 比重
1	99	9.2	387	35.9	591	54.9	1077	19.3
2	54	5.4	277	27.4	678	67.2	1009	18.1
3	419	46.7	26	2.9	452	50.4	897	16.1
4	138	17.0	47	5.8	625	77.2	810	14.5
5	355	36.8	55	5.7	554	57.5	964	17.2
6	386	46.5	26	3.1	418	50.4	830	14.8
合计	1451	26.0	818	14.6	3318	59.4	5587	100

与英语在教师课堂话语体系中的绝对优势地位形成鲜明对比的是藏语和汉语，特别是汉语的从属地位。三语教师英藏转换和藏英转换的频数最高，且英语保持的时长远远高于藏语和汉语保持的时长，说明在以英语为目标语言的藏、汉、英三语环境下，英语仍然是最主要的工具语言，藏语和汉语在整个课堂话语体系中只处于从属位置。

就个体而言，六名教师英语保持时长的比重都超过了50.0%，分别为54.9%、67.2%、50.4%、77.2%、57.5%和50.4%，但在藏语和汉语保持时长上存在较大的差异，教师1和教师2汉语保持的时长（分别为387和277）和比重（分别为35.9%和27.4%）明显高于其他教师的汉语时长（分别为26、47、55和26）和比重（分别为2.9%、5.8%、5.7%和3.1%），而教师1和教师2藏语保持的时长（分别为99和54）和比重（分别为9.2%和5.4%）则明显低于其余四位教师（频数分别为419、138、355和386，比重分别为46.7%、17.0%、36.8%和46.5%）。藏语和汉语在六名教师话语体系中的差异很大程度上源于他们两种语言水平的差异。访谈中教师1和教师2具备与研究者直接进行交流的汉语水平，而与其余四名教师的交流还要不同程度地借助藏汉翻译人员的中介和解释。同时在六名教师对自己三语水平的自我评估的莱克特五级量表的得分中，教师1和教师2的汉语水平得分（分别为5和4）略高于其英语水平（分别为4和3），由此可见，语言相对水平对三语教师的语言选择、语码转换和语言保持具有一定的解释力。它们之间的具体作用模式将在下一部分中详细论述。

第五节　三语教师课堂语码转换的影响因素描写

如前所述，本研究的研究内容之一就是甄别三语环境下教师课堂语码转换的影响因素，在此基础上构建三语教师课堂语码转换的影响模式，这一模式将在第七部分详细论述。但是，在构建三语语码转换的影响模式之前，有必要对本研究采集的影响三语教师课堂语码转换的影响因素进行描写，以便为影响模式的构建提供初步的数据支持和语料基础。

表6-16　　　　语码转换六种影响因素的频数和百分比

Valid	Frequency	Percent	Valid Percent	Cumulative Percent
三语相对水平	181	28.5	28.5	28.5
三语接触时长	110	17.3	17.3	45.8
对三种语言的价值判断和态度	34	5.4	5.4	51.2
民族身份和教育背景	186	29.3	29.3	80.5
对三种文化的价值判断和态度	77	12.1	12.1	92.6
课堂交际语境	47	7.4	7.4	100.0
合计	635	100.0	100.0	

如表6-16和图6-7所示，整体而言，在影响语码转换的六种因素中，民族身份和教育背景、三语相对水平，以及三语接触时长等三个因素出现的频数最高，分别为186、181和110，分别占六种影响因素总频数的29.3%、28.5%和17.3%，超过了六种影响因素的平均水平。对三种文化的价值判断和态度、课堂交际语境，以及对三种语言的价值

判断和态度三个因素的频数分别为 77、47 和 34，占影响因素总频数 12.1%、7.4% 和 5.4%。

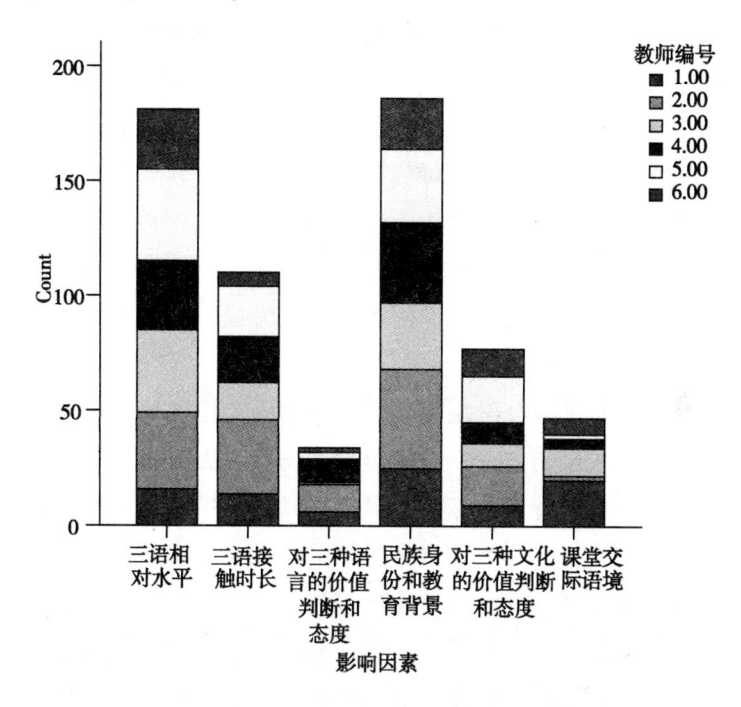

图 6-7 教师语码转换六种影响因素分段条形图

在六种影响因素中，民族身份和教育背景是对语码转换影响频次最高的变量，民族身份和教育背景是用以甄别与三语教师多元文化价值观和民族认同相联系的表层因素变量，这一变量所折射出来的是三语教师对自己民族身份的认同和教育背景的深层认识。传统的民族认同的概念的主体为具有特定民族身份的个体，如卡拉（J. Carla）将民族认同定义为"个体对本民族的信念、态度，以及对其民族身份的承认"；陈枝烈也认为民族认同"是关于个人的思考、知觉、情感与行为组型归属于某一民族的情形"；陈丽华则将这一概念界说为"个人对某个民族团体的归属感觉，以及由此民族身份所产生的想法、知觉、感情和行为"。[①]虽然将民族认同的主体局限于个体的界说有待商榷，然而，具有民族身

---

① 转引自万明钢《多元文化视野价值观与民族认同研究》，民族出版社2006年版，第45—46页。

份的个体无疑是民族认同最主要的载体和践行者。在本书中，六名三语教师都具有藏族民族身份，因此，他们的民族认同对语码转换的影响是本书所要重点解读的问题之一。我们将三语教师的民族认同界定为"特定社会的成员（包括个人和群体）对该社会内群体以及社会外群体的态度和信念"。访谈表中冠以民族身份仅为了便于汉语水平有限的三语教师的有效理解，使其不至于对民族认同这一抽象概念在语言上产生认知障碍。在多语环境和多元文化生态中进行语言选择和语码转换的三语教师既有其个体的民族认同特点，又有其群体认同趋向。研究表明，这种个体的和集体的民族认同对三语教师的语言选择和语码转换起着至关重要的作用。

教育背景是与民族身份相关联的影响语码转换的另一重要概念，与本民族其他社会成员相比，六名三语教师均具有大专以上学历，有着良好的教育背景。这种背景使三语教师在课堂教学中较多地使用目标语言英语，以实现课堂交际中教师自我价值的最大化。在访谈中，教师1对自己的民族身份和教育背景有这样的描述：

> 接受高等教育后，我的视野开阔了不少，在课堂上我可以用英语表达我的意思，上课时我也尽量多说英语。但我也为自己的民族身份感到骄傲和自豪，想发奋学习民族语言和民族文化，不过我也想了解外面的世界，它对我同样具有很大的诱惑力，我正在考虑找个机会出去进修。

（E5.4：T1：2006 - 06 - 21）

据此可见，教育背景也以潜在的方式作用于三语教师的课堂语言选择和语码转换。在兼顾学生语言水平和课堂教学效果的同时，教师会较多使用在自我概念体系和社会价值体系中居中心地位的语言，具体表现为以该语言为目标语的语码转换的频次较高，语言保持时间较长。因此，语码转换不仅是一种语言教学策略，而且内在地体现着三语教师实现自我价值的心理机制。

三语相对水平是出现频率较高的另一因素。研究初对六名教师进行问卷调查时，就运用莱克特五级量表的形式采集了六名教师对自己藏、汉、英三种语言水平自我评价的数据。莱克特量表结果与研究者在访谈中对六名教师三语水平的评价基本一致。三语水平和语码转换的关系可从该因素对语码转换形态的影响频数和该因素对三种语言保持时长的影响两个方面得到证实。在以英语为目标语言的三语课堂上，不仅教师转向英语的语码转换的频数是最高的，而且英语保持的时长也是最长的，这种频数和时长的分布趋势集中体现了目标语言在三语课堂中的重要地位，但六名教师在母语和二语之间的语码转换和语言保持时长则充分说明了藏、汉语的相对水平对三语教师语言选择与语言转换的普遍影响。除英语外，教师语码转换频次较高的和语言保持时间较长的都是母语和二语中教师语言水平较好的一种，转向教师水平较差语言（母语或二语）的语码转换的频数和语言保持时长也是最低的。由此可见，在三语课堂上，教师在尽可能多地使用目标语言的同时，总是兼顾自己和学生的三语水平，将语码转向藏语或汉语中自己水平较好的语言进行授课，以达到输入量的最大化和教学效果的最优化。

如前所述，三语接触时长在三语教师语码转换总体频数中的比重也超过了六种因素的平均水平。语言接触时长会影响教师课堂话语的表达习惯和语言选择，教师在课堂上突出目标语言话语量的同时，会较多地使用自己接触时间较长、水平较高的语言。在本研究中，尽管六名教师的语言教育背景和经历不尽相同，但总体上具有较长时间的英语接触历史，能够较为熟练地运用英语进行课堂管理和教学组织。在每种转换形态的影响因素中，三语接触时长的影响水平超过均值时上文已有论述和解释，在此不再赘述。

在本书所预设的六个影响因素中，课堂交际语境和三语态度在影响因素的频次总量中所占比重较小（分别为7.4%和5.4%）。课堂交际语境是一种特殊的限制性交际语境，在研究所观测的六个课节中，课堂教学的内容大都较为单一，三语教师设计和组织的课堂活动也具有很大的惯常性，如单词领读、听写、课文领读等，这就使课堂交际语境相对简单。课堂交际语境的单一性从一个侧面解释了三语教师语码转换影响因素中课堂语境的频数和比重最低的现象。

研究初预设的三语态度指三语教师对藏、汉、英三种语言的喜好和价值判断。六名个案教师都接受过大专以上的教育，具有较好的教育背景。访谈发现,六名教师对三种语言没有表现出明显的偏好,且都有过较长时间在省城兰州、西宁或州府所在地合作市接受继续教育的经历,初步养成了多语共存的语言观念。

就个体而言,如表 6-17 和图 6-8 所示,教师 1 语码转换影响因素频数和比重较高的因素有民族身份和教育背景(频数 25,比重 27.8%)、课堂交际语境(频数 20,比重 22.2%)和三语相对水平(频数 16,比重 17.8%);教师 2 的影响因素中频数和比重较高的有民族身份和教育背景(频数 43,比重 30.9%)、三语相对水平(频数 33,比重 23.7%)和三语接触时长(频数 32,比重 23.0%);教师 3 的影响因素中频数和比重较高的有三语相对水平(频数 36,比重 34.6%)和民族身份及教育背景(频数 29,比重 27.9%);教师 4 语码转换的主要影响因素有民族身份和教育背景(频数 35,比重 32.4%)、三语相对水平(频数 30,比重 27.8%)和三语接触时长(频数 20,比重 18.5%);教师 5 语码转换的主要影响因素有三语相对水平(频数 40,比重 33.6%)、民族身份和教育背景(频数 32,比重 26.8%)、三语接触时长(频数 22,比重 18.5%)和对三种文化的价值判断和态度(频数 20,比重 16.8%);教师 6 语码转换的主要影响因素有三语相对水平(频数 26,比重 34.7%)和民族身份和教育背景(频数 22,比重 29.3%)。以上分析表明,除教师 1 的课堂交际语境和教师 2 的三语接触时长两个因素出现的频数和所占的比重较高外,其余的教师均受民族身份和教育背景以及三语相对水平的影响最大,这与上文中三语语码转换影响因素的总体描述基本一致。

表 6-17　　　　　　　三语教师语码转换影响因素频数表

教师编号	三语相对水平	三语接触时长	对三种语言的价值判断和态度	民族身份和教育背景	对三种文化的价值判断和态度	课堂交际语境	合计
1.00	16	14	6	25	9	20	90
2.00	33	32	12	43	17	2	139
3.00	36	16	1	29	10	12	104
4.00	30	20	10	35	9	4	108

续表

教师编号	影响因素						合计
	三语相对水平	三语接触时长	对三种语言的价值判断和态度	民族身份和教育背景	对三种文化的价值判断和态度	课堂交际语境	
5.00	40	22	3	32	20	2	119
6.00	26	6	2	22	12	7	75
合计	181	110	34	186	77	47	635

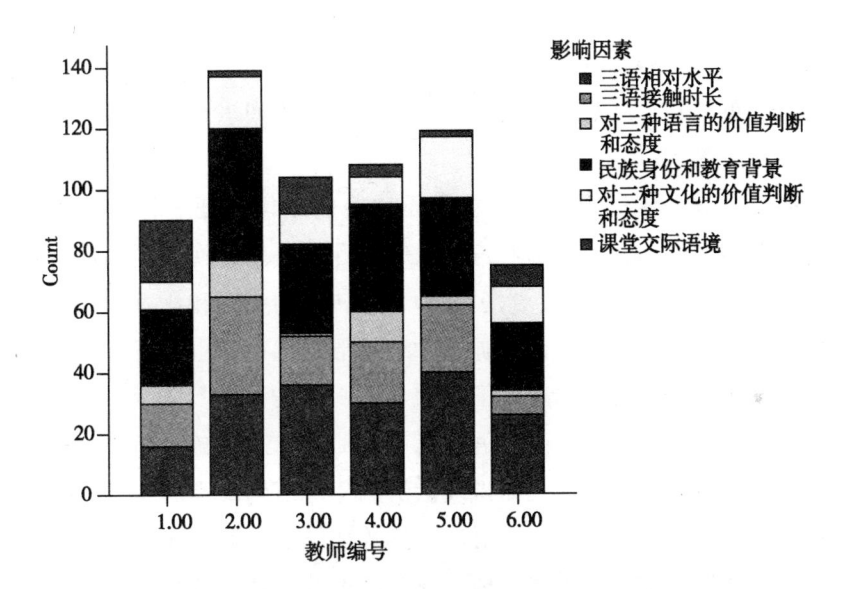

图6-8 六名教师语码转换影响因素分段条形图

本章小结

本章从语码转换形态分布、语码转换结构类型分布、语码转换功能类型分布、语言保持时长、语码转换影响因素等五个角度对六名教师课堂语码转换的分布特征进行了描写。

语码转换形态是本书考察三语课堂语码转换的最重要维度。第一节对六名教师的六种语码转换形态（藏英转换、藏汉转换、汉藏转换、汉英转换、英藏转换和英汉转换）从整体和个体两个角度进行了描写和解释。在进行整体描写时对每种转换形态的频数和在总体中所占的百分比进行呈现，并从每种形态中六种影响因素的频数分布对每种形态的发生机制进行总体解释。在对转换形态进行个体描写时，根据六名教师各形态的分布特征将其分为三组逐个进行描写，然后也从六种影响因素的频数分布对每名教师个体每种形态的语码转换的分布进行解释。在技术层面对语码转换形态进行总体和个体描写时，对频数和比重超过平均水平（16.7%）的形态进行解释和讨论。在解释和讨论时，又将频数和比重超过平均水平（16.7%）的影响因素视为主要因素加以解释和讨论。本部分得出的结论是：藏、汉、英三语环境下教师课堂语言选择和语码转换模式与三语教师的三语水平关系密切，总体而言，三语教师在目标语言——英语和自己水平相对较高的藏语或汉语间进行语码转换的频数最高、比重最大。

第二节对六名三语教师课堂语码转换的结构特征进行了描写和分析，从整体和个体两个层面对三语教师的课堂语码转换的结构类型分布进行描写。研究结果表明：六名教师句际转换的频次和比重均明显高于句内转换和附加转换；六名教师三种结构形式的差值也有所不同，反映出三语环境下语码转换结构特征的变异性、复杂性和多样性。

第三节是对藏、汉、英三语环境下教师课堂语码转换两个功能维度的描写。本节首先从后现代知识理论的构建对语码转换的功能进行理论阐释，然后对六名教师的三语语码转换的功能形态从总体分布和个体差异两个角度进行描写。研究发现，除教师1外，其余教师基于语篇的语码转换在频数和比重上都明显高于基于交际者的语码转换，折射出课程话语在三语课堂话语中的中心地位，学生话语在频数和比重上都居次要地位。

第四节着重考察了三语教师课堂语言保持的时长。本节首先对语码转换、语言选择和语言保持三个概念进行了界说和区分，在此基础上对六名教师三语保持时长的总体分布和个体差异进行描写。本节的研究结论是：在藏、汉、英三语环境下，六名教师目标语言英语的保持时长最长，其次是藏语和汉语中教师语言水平相对较高的那门语言。研究表明，三语相对水平对三语教师的语言保持具有一定的解释力。

第五节仍然从总体分布和个体差异两个维度对影响教师语码转换形

态的六个因素出现的频次和比重进行了分析和描写。研究发现：民族身份和教育背景、三语相对水平，以及三语接触时长的频数和比重超过了六种因素的平均水平，对三语教师的课堂语码转换有较大影响，而对三种文化的价值判断和态度、课堂交际语境和对三种语言的价值判断和态度的频数和比重总体上未达到六种因素的平均水平。

本章基于描述性统计的数据，从多个层面对三语教师的语码转换进行了描写和解释。研究的结论较为准确全面地反映了三语教师课堂语码转换的整体特征和个体差异，为三语语码转换的理论构建和教育学学理思辨提供了定性和定量的研究基础。

第七章

三语环境下教师课堂语码转换的模式构建

按照本书"特征描写—模式构建—学理思辨"的研究思路,应在对三语环境下语码转换的特征进行描写后,构建三语教师语码转换影响模式和生成机制,在此基础上对这一现象所蕴含的理论进行学理思辨。本部分的主要内容是在前一部分对三语语码转换进行描写的基础上,构建三语环境下教师课堂语码转换的理论模式,以对三语环境下课堂语码转换的生成机制进行理论解读,在此基础上根据藏、汉、英三语课堂语码转换语料,对构建的转换模式进行求证。

第一节 不同形态中的语码转换频数

"模式"(model)原指为一些概念或实体专门设计的表征,用来发现和解释它们的结构或功能,这种模式涉及映射,即将模拟中的情景所识别的一组成分映射到一个新的概念域。[1] 本书将语码转换模式定义为能够反映语码转换生成机制和流程的抽象化结构表征,这种表征能够映射出各种影响因素在特定语境中的语码转换生成过程中的地位和作用,并对不同语境下三语语码转换具有一定的解释力。

如前所述,三语环境下教师课堂语码转换是一个全新的研究领域,转换模式又是对语码转换生成机制的理论概括和结构解读,因此,构建三语环境下课堂语码转换模式在理论和技术层面上面临着很多需要克服的难题。根据本研究"语言接触因素和非语言接触因素"两层面的研

---

[1] [英] 戴维·克里斯特尔:《现代语言学词典》,沈家煊译,商务印书馆2000年版,第226页。

究设计,在上一章对语码转换六种影响因素进行描写分析的基础上,结合语言顺应理论,先尝试构建影响因素中的各个主要变量(在总体中的比重达到或超过六种因素的平均水平16.7%)对三语语码转换的影响模式,在此基础上将各变量对三语语码转换的影响模式进行整合,提出三语语码转换的综合模式。

如表7-1和图7-1所示,在本书所预设的六种影响因素中,民族身份和教育背景、三语相对水平,以及三语接触时长等三个因素在总体中所占的百分比超过了16.7%,下文将对这三个因素对语码转换的影响模式进行阐述。

表7-1　三种主要影响因素和六种转换形态的频数交互分布表

	转换形态						合计
	藏汉转换	藏英转换	汉藏转换	汉英转换	英藏转换	英汉转换	
三语相对水平	6	9	40	8	101	17	181
三语接触时长	6	31	1	14	26	32	110
民族身份和教育背景	1	106	3	64	9	3	186

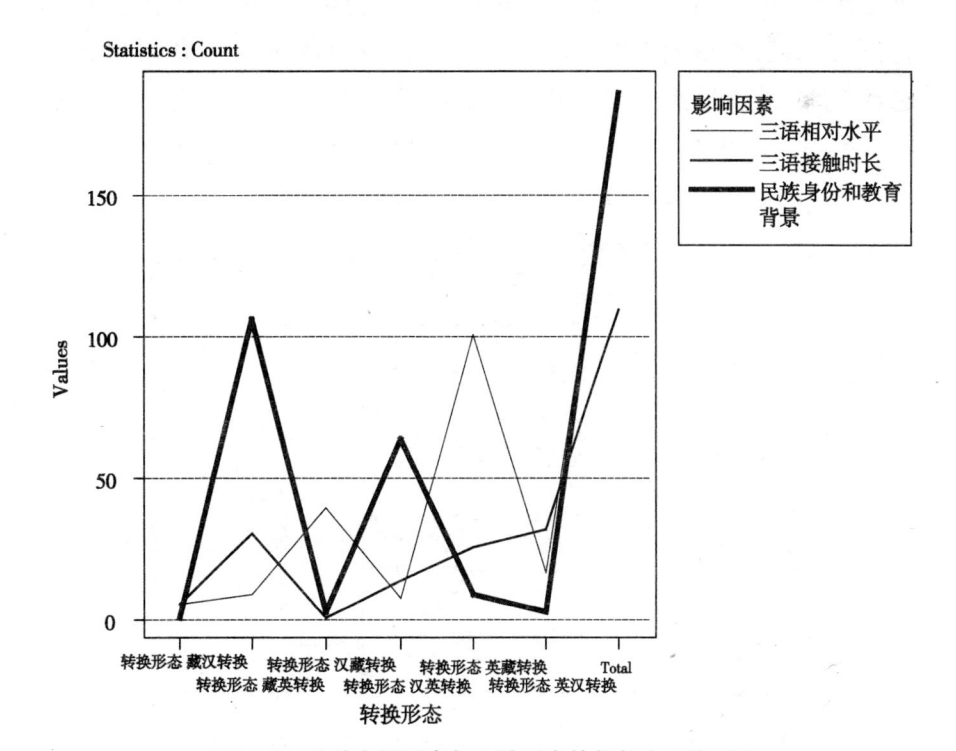

图7-1　三种主要因素与六种形态的频数交互线形图

第二节 民族身份和教育背景对课堂三语语码转换的影响模式

研究发现，在三语环境下，民族身份和教育背景在六种影响因素中出现的频数最高（186），所占的比重最大（29.3%），由此可见，该因素对三语教师的语码转换有着普遍而深刻的影响。本书在第六章第五节"三语教师课堂语码转换的影响因素描写"一节中已对这一因素所折射出的民族认同心理进行了界说和阐释。本书考察的民族身份和教育背景是指三语教师对自己民族身份和教育背景及其在课堂文化生成和知识构建中所承担的价值和角色的主观判断，这一变量与顺应机制中的语言现实和社会规约相联系，会以潜在的方式作用于三语教师的语言选择心理和语码转换机制。这种作用机制的起点是三语教师对自己民族身份的认同程度和接受民族文化教育、二语文化和外语文化教育的经历，借助三语教师在接受教育过程中构建的三种语言和文化的概念体系的触发得以实现，最终形成三种语言的概念体系和语言选择心理，在此基础上规约三语教师的语码转换行为。这种作用模式可图示如下（见图7-2）。

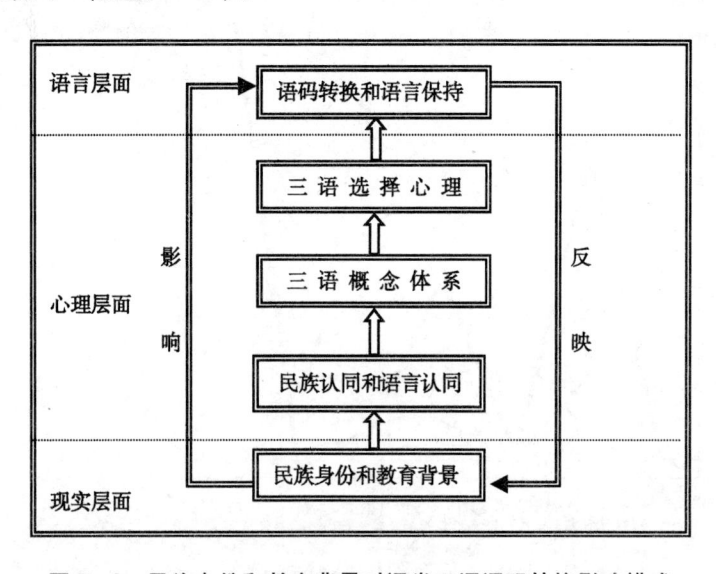

图7-2 民族身份和教育背景对课堂三语语码转换影响模式

如图7-2所示，民族身份和教育背景对语码转换的影响涉及现实、心理和语言三个层面的转换和过渡。如前所述，三语教师的民族身份和教育背景是其深层民族认同心理和语言认同心理的现实表征。现实世界中民族身份和教育背景会在三语教师的心理上投射，形成民族认同和语言认同。在语言认同的基础上，三语教师会形成对三种语言的判断和认识，构建三语概念体系。三语概念体系是关于三种语言相对地位和价值属性的认识和判断，这种体系具有相对稳定性，是认知主体在语言生活中逐步获得和构建的，同时又具有开放性，在一定程度上受课堂交际语境、师生双方三语水平以及课堂任务和活动性质和难度等因素的影响。在三语教师构建的三语概念体系中，三种语言获得不同的价值属性判断，在概念体系中也就处于不同的位置，概念体系中三种语言的相对位置会影响到三语教师对三种语言的偏好，进而形成课堂语言选择的心理。这种心理在课堂中通过三语教师的语码转换和语言保持得以实现。

民族身份和教育背景是与民族心理和语言心理紧密相关的因素变量，在考察这一因素变量对语码转换的影响机制时，应重点考虑该因素在心理层面上对三语教师三语概念体系和语言选择心理的影响过程。在本书中，六名三语教师都具有藏族民族身份，且接受过大专或大专以上教育，具有较好的英语教育背景。访谈发现，英语在六名三语教师构建的概念体系中居中心地位，汉语和藏语的相对地位则表现出较大的个体差异。藏民族身份和英语教育背景相结合会更加凸显出英语语言认同心理。如前所述，由于藏族地区英语教师的短缺，加之大部分藏族人都是藏汉双语人，因此，掌握一门外语在一定程度上成为一种拥有知识和文化的象征。这种对语言和民族的认同会反映在三语教师的以英语为中心的三语概念体系中，进而影响到三语教师的语言选择心理。同时，教师对三语环境下目标语言重要性的认识也会对三语教师的语言选择心理产生一定的影响。两种心理在三语教师的课堂语码转换和语言保持行为中得到了体现，因为以英语为目标语言的语码转换的频次和英语语言保持的时长在总体中所占的比重最大。

课堂观察采集的三语语码转换的语料和半结构访谈也表明，民族身份和教育背景对三语教师的课堂语码转换行为有着重要的影响。访谈中教师2对自己的三语偏好和喜爱程度的判断从高到低依次为英语、藏语和汉语。

教师2在对初一年级的学生呈现和解释新词汇get up时运用的课堂话语摘录如下：

教师：（指着写在黑板上的新词汇）Get up, get up, who know get up?① Get up, (1.0)② Yes, please.

学生："睡觉。"

教师：OK, Good. Right. Sit down. No. Get up 是"起床"的意思，不是"睡觉"，"睡觉"是sleep. Get up 是起床。

Get up ནི་ཡར་ལངས་པའི་དོན་རེད། [Get up 是起床的意思]

（在黑板上用藏文写下get up的藏文翻译）。

（E6.1：T2：2006-06-21）

从以上语料可以看出，英语仍然是三语教师课堂语言运作的主要选择。三语教师在进行课堂语言选择和语码转换时经历着复杂的心理过程，教师2接受过英语专业教育，因此在课堂语言的选择上重点突出英语的重要作用和地位。同时，教师2接受过中等师范教育和高等师范教育，具有较好的汉语教育背景，因此在心理上对汉语较为认同。这种语言认同心理在长期的课堂语言运作实践中会内化为三语教师的三语概念体系，影响其语言选择心理和语码转换行为。因此，教师2英、汉两种语言间的转换频数和保持时长明显较高。但教师2又具有藏族民族身份，并能较为熟练地使用藏语言，因此在用汉语对词义进行翻译转换后，又运用藏语言对其进行转换和解释，以强调自己的藏民族身份，同时在三语语言间建立起该词汇形式和意义的等同关系，达到教学效果的最优化。

---

① 研究中采集的语料普遍带有中介语的很多特点，如发音不规范和句法结构不合理等，此处应为Who knows get up? 为了保持课堂话语分析理论所强调的语料的原生态特征，转写后的语料文本在呈现语料时对这些错误未作纠正，因此，本研究呈现的所有语料均是未经加工的原始语料，下同。

② 本研究呈现语料时运用的标注方法沿用语码转换会话分析学派的标注体系，参见表3-6。

民族身份和教育背景对教师课堂三语语码转换的影响机制是极其复杂的。本书提出的模式从现实、心理和语言层面出发，重点通过民族认同和语言认同、三语概念体系以及三语选择心理等心理过程的阐释，解读了民族身份和教育背景对三语语码转换的影响机制。需要指出的是，这种影响模式是在个案研究的基础上抽象出来的，而且主要从语码转换的生成步骤的心理投射来解读其生成机制，该模式对不同语境下教师课堂语码转换生成机制的解释力还有待进一步的科学求证。

第三节 三语相对水平对教师课堂语码转换的影响模式

三语相对水平是本书所关涉的影响三语教师课堂语码转换的另一重要因素。在语言顺应理论中，三语相对水平虽属于语言现实范畴，但它对教师语码转换的影响机制却也要经历复杂的心理过程。本节对这一因素对三语教师课堂语码转换的影响机制进行论述。

如表7-1和图7-1所示，三语相对水平出现的频数为181，占三语教师语码转换频次总数（635）的28.5%。研究过程中，为了解六名教师的三语相对水平，我们还在问卷中设计了教师三语水平的莱克特五级量表自我评价（5＝最好；4＝较好；3＝一般；2＝较差；1＝最差），用以评价六名三语教师藏、汉、英三语的相对水平。

研究发现，在藏、汉、英三语课堂环境下，教师和学生双方的三语水平对教师课堂语言选择和语码转换有着重要影响。如表7-2所示，六名三语教师以藏语为目标语言的语码转换（英藏转换和汉藏转换）的频数（141）和比重（77.9%）明显高于其他形态的语码转换，这种语码转换的分布形态与师生双方的三语相对水平具有一定的关系，进入研究的六名个案教师都以藏语为母语，因此母语语言能力和语言运用水平都高于其他两种语言。除教师2外，六名教师对自己三语水平的自我评价中，藏语水平自我评价得分最高。

同时，本书所考察的六个授课班级均为"以藏为主"教学模式下的教学班级，学生的民族构成全部为藏族，学生的年级层次分别为小学四年级、五年级、初中一年级和高中一年级。被试地区学生英语学习条件较差，开设英语课程时间较晚，因此学生的英语语言能力远未达到其母语藏语和二语汉语的语言水平，因此，教师在授课过程中，会顺应学生整体上二语和外语水平相对较差的语言现实，较为频繁地使用学生水平较好的藏语来组织教学、进行授课，以使学生最大限度地吸收和理解授课内容。

表 7-2　三语相对水平影响下六名教师的转换形态频数分布

影响因素			转换形态			合计
			英藏+汉藏转换	藏汉+英汉转换	藏英+汉英转换	
三语相对水平	教师编号	1.00	10	3	3	16
		2.00	14	15	4	33
		3.00	32	1	3	36
		4.00	27	1	2	30
		5.00	33	3	4	40
		6.00	25	0	1	26
	合计		141	23	17	181

由此可见，师生双方的三语水平对三语教师的课堂语码转换有着较为普遍的影响，这种影响可从三语教师六种转换形态的出现频数中得到反映。三语教师的三语水平对语码转换形态的影响模式见图 7-3。

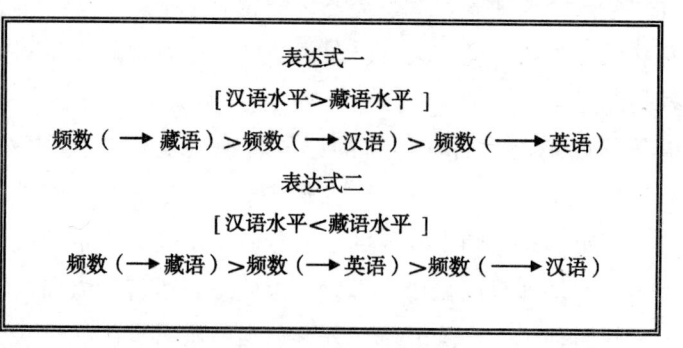

```
    表达式一
  [汉语水平>藏语水平]
频数（→藏语）>频数（→汉语）>频数（→英语）
    表达式二
  [汉语水平<藏语水平]
频数（→藏语）>频数（→英语）>频数（→汉语）
```

图 7-3　三语水平对教师课堂语码转换频数的影响图式表达

以上表达式可解释为当三语教师的汉语水平高于藏语水平时，目标语言为藏语的语码转换频数最高，目标语言为汉语的语码转换频数次之，目标语言为英语的语码转换频数最低；当三语教师的汉语水平低于

第七章　三语环境下教师课堂语码转换的模式构建

藏语水平时，目标语言为藏语的语码转换频数仍然最高，目标语言为英语的语码转换频数次之，目标语言为汉语的语码转换频数最低。可以看出，两种模式中三语教师汉藏双语水平的差异影响到目标语言为汉语和英语的语码转换的频数差异，但两种模式中目标语言为藏语的语码转换的频数一直保持着最高水平，这一现象可从学生的三语相对水平得到解释。在三语相对水平变量影响的语码转换中，教师在授课过程中考虑到学生的英语水平和接受能力，习惯于在英语讲解后运用学生的母语进行重复或解释，以达到学生课堂输入理解率的最优化。这一过程的具体生成模式如图 7-4 所示。

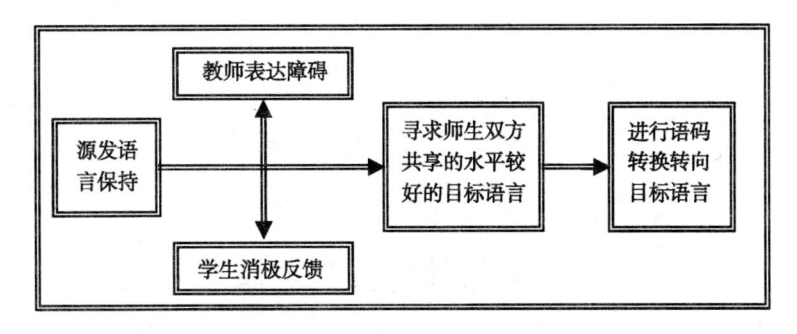

图 7-4　三语相对水平对教师课堂语码转换的影响模式

现援引教师 5 在小学四年级英语课堂上的一段语料来分析和解释师生三语水平对三语环境下教师课堂语言选择和语码转换的影响模式。

　　教师：OK, please turn to...(1.0) Open you book, turn to page seventy-six. Seventy-six.
　　学生：Yeah!（课堂上有零星的学生回应，有些学生听不懂教师说的页码）
　　教师：ཤོག་གྲངས་76 རྙེད་ཡོད། [76 页找到了没有?]。
　　　　　　　　　　　　　　　　　（E6.2：T5：2006-06-22）

以上语料表明，教师 5 的课堂话语在表达上稍欠流利，难以完全运用英语对三语课堂进行管理。同时，小学四年级的学生接触英语的时长相对较短，英语语言能力的发展还处在初级阶段，因此对教师的英语课堂话语表现出相对消极的反馈,师生双方的英语语言水平使其完全运用目标语言英语进行课堂交际有一定的困难。因此,教师5在发现自己用英语课堂话语流利地组织课堂教学存在一定困难,而且学生对自己的英语课堂指令(特别是数字)反馈相对消极时,便开始顺应课堂交际中的语言现实,寻求师生双方都容易理解的母语,并完成相应的语码转换,以成功地进行课堂交际,完成课堂教学任务。

以上从频数和影响模式两个维度探讨了三语环境下师生三语相对水平对教师课堂语码转换形态的影响,并运用顺应理论对其心理过程进行了描写和分析。研究抽象出的频数表达式和影响模式较好地回答了三语相对水平对藏、汉、英三语环境下教师课堂语码转换形态分布的影响,对其他语言环境下课堂语码转换的研究具有一定的启发意义。

第四节 语言接触时长对教师三语语码转换的影响模式

作为接触语言学的核心概念,语言接触是双语和多语社区普遍存在的语言现象。从广义上来讲,语言接触是指在同一国家并存两种或多种语言时,交际者交替使用各种语言的情景。语言接触有其政治、历史、地缘和文化历史基础。[1] 安娜·都玛特(Ana Deumert)曾对语言接触的标记性特征进行过详细的论述[2],乌伯涛·安索多(Umberto Ansaldo)区分了制约语言接触的三个基本要素:语言社区的多语实践、语言传递模式和语言类型的多样化[3],学界对语言接触的研究也呈现出多元化的态势。班特海拉对该领域研究的概括较好地反映了语言接触研究的基本

---

[1] 转译自 Bussmann Hadumod 著,Gregory P. Trauth and Kerstin Kazzazi 编译,*Routledge Dictionary of Language and Linguistics*, Beijing: Foreign Language Teaching and Research Press, 2000, p. 260。

[2] Deumert. Ana, "Markedness and salience in language contact and second-language acquisition: evidence from a non-canonical contact language", *Language Sciences*, 2003, 25, pp. 561 – 613.

[3] Ansaldo Umberto, "Contact, typology and the speaker: the essentials of language", *Language Sciences*, 2004, 26, pp. 485 – 494.

范式和最新走向：

> 过去二十年，语码转换的研究呈现出两大范式：句法限制范式和修辞/语篇功能范式。但研究者还应该将研究视野拓展到特定双语社区的其他变量中去，这些变量与特定的语言接触情景相联系，包括语言接触时长、每种转换语言的角色和地位，以及交际者的语言相对水平等。[1]

课堂三语环境是一种特殊的语言接触环境，与语言接触有关的因素会对三语课堂的语言选择产生影响。在考察三语课堂的语码转换时，本书根据被试地区语言接触的具体现状，预设了三语接触时长变量，将三语时长界定为用时间总量来计量的三语教师接触三种语言的历时长度，并对这一因素对三语教师课堂语码转换的影响进行统计分析。研究表明，三语接触时长对三语教师的语码转换的影响水平超过了六种因素的平均水平，从一个侧面说明三语接触时长作为重要的变量对各语码间的形态转换产生着重要的影响。本部分在对三语接触时长因素影响下各形态的频数分布进行统计分析的基础上，结合语言顺应理论，构建三语接触时长对语码转换的影响机制，并运用三语课堂语料对这一模式进行阐释和求证。

从表7-3可以看出，三语接触因素影响下六名教师的语码转换形态表现出较大的个体差异。除教师2外，其余五名教师中以英语为目标的语码转换频数最高或较高（分别为7、6、13、13、3），比重较大（分别占50.0%、37.5%、65.0%、59.1%和50.0%），说明三语教师虽然英语水平相对较差，但都有较长时间的英语接触历史，基本上习惯于在课堂上运用简单的英语组织课堂教学。需要指出的是，以英语为目标语言的语码转换的频数分布在很大程度上源于本书考察的三语教学是以英语为目标语言的现实，在此情形下，英语作为工具语言和目标语言的双重属性使转向英语的课堂语码转换的频数占较大比重。

---

[1] 转译自 Bentahila A. & Davies. E. E., "Patterns of code-switching and patterns of language contact", *Lingua*, 1995, 96, pp. 75–93。

表7-3　　三语接触时长因素影响下六名教师语码转换形态分布

影响因素			转换形态			合计
			英藏+汉藏转换	藏汉+英汉转换	藏英+汉英转换	
三语接触时长	教师编号	1.00	1	6	7	14
		2.00	0	29	3	32
		3.00	8	2	6	16
		4.00	7	0	13	20
		5.00	9	0	13	22
		6.00	2	1	3	6
	合计		27	38	45	110

同时，教师1和教师2以汉语为目标语言的转换频数相对较高，分别为6和29，占每位教师三语接触因素影响总频次的42.9%和90.6%；相比之下，教师3、教师4、教师5和教师6语码转换的频数分布特征中以藏语为目标语言的语码转换频数较大（分别为8、7、9和2），比重较高（分别为50.0%、35.0%、40.9%和33.3%）。

这种分布特征与六名教师的语言接触时长有一定关系。教师1和教师2均接受过普通中等师范教育和高等师范教育，两类教育的主要语言均为汉语，具有较长时间的汉语接触历史，汉语水平也相对较高。而其余四位教师中，除教师3接受过高等师范学院民族部预科教育和专科教育外，其余教师的教育经历大都来自以藏语为主的民族师范高等专科学校，接触汉语的历时长度相对较短。这种教育背景的差异在一定程度上反映出教师接触语言的时间长度对其语码转换形态分布趋势的影响。

通过以上分析可以看出，三语教师的语言接触时长对其课堂语码转换具有一定的解释力和影响力。这种作用的具体模式如图7-5所示。

如图所示，在现实层面，三语教师的生活经历和教育背景影响着其三种语言接触时间的历史长度，三语接触的时长会在教师的心理上得到投射。教师在长期的三语接触中会养成课堂上运用三种语言的表达习惯，如进行课堂提问、教学组织、课堂评价等。这种习惯在特定的课堂教学环境中就会表现为教师的三语选择心理。在三语选择心理的形成过程中，对目标语言英语重要性的认识发挥着重要作用，因此，以英语为目标语言的语码转换的频数最高、比重最大。最终教师的三语选择心理通过三语教师的课堂语码转换在语言层面得以实现，然后又开始语言保持—语码转换的循环往复。

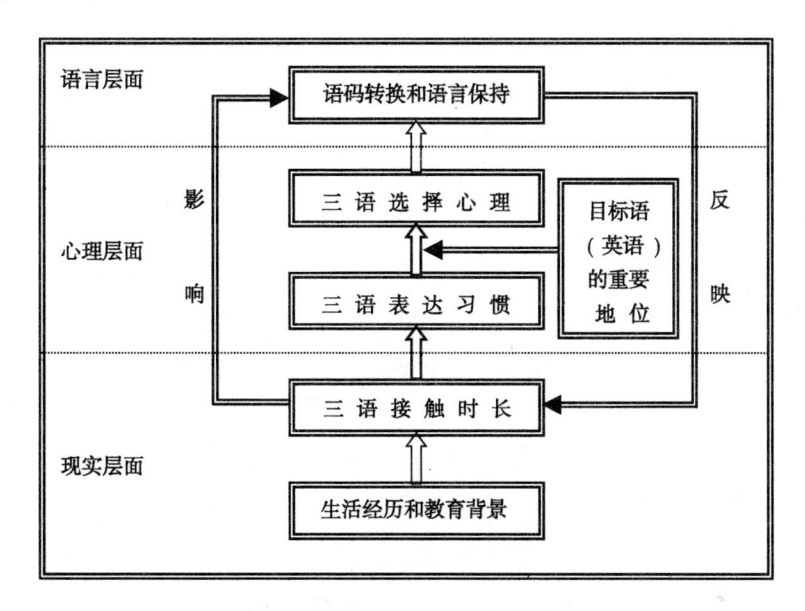

图 7-5　三语接触时长对课堂三语语码转换影响模式图

教师 3 在讲授题为 Snow White 的课文时运用了这样的语料：

教师：The last one. What does she look like? (1.0)
འདིའི་ནང་དོན་ཅི་རེད། [在这儿是什么意思？]
OK. What does she look like? She… (1.0)
学生：[She has a good looking.
教师：She has curly hair and is good looking.
(教师边读边在黑板上写)
She-has-curly-hair-and-good-looking.
ཨོ་ན། སྐད་ཆ་འདིའི་ནང་དོན་ཅི་རེད། [好，那么这句话在这里是什么意思？]
学生：སྐྲ་འཛིལ་བིའི་དོན་རེད། སྐྲ་འཛིལ་བིའི་དོན་རེད། སྐྲ་འཛིལ་བིའི་དོན་རེད། [卷曲

的头发，卷曲的头发，卷曲的头发！]

老师：ཨོ་ན་དེ་གྱིས། [好，就是这样的。]

(E6.3：T3：2006 - 06 - 21)

以上语料从一个侧面说明教师的三语接触时长对其语码转换的影响机制。教师3接受过高等师范院校的预科和专科教育，但在座谈和访谈中了解到，教师3生活在藏文化极其浓厚的家庭中，自幼接触汉语的时间较少，加上毕业后任教于藏族寄宿制学校，平常在学校也多用藏语与同事和学生交流，逐渐养成了以藏语为主的表达习惯和语言心理。在课堂语言的运用上，在强调目标语言——英语的重要性的同时，教师会顺应自己藏语语言能力较好、藏语接触时间较长的语言现实，习惯性地转向自己接触时间较长的母语进行课堂教学，而很少使用自己接触时间较短的汉语进行授课。

需要指出的是，三语接触时长和三语相对水平是两个既有联系又有区别的变量。三语接触时长关涉的是语言学习主体接触语言的时间长度，属时间概念的范畴，这一概念的实现机制是主体与语言环境的接触和交往；而三语相对水平则属水平变量，是三语教师获得的语言能力和语言运用的计量和体现。尽管两者对三语环境下教师课堂语码转换的作用机制不尽相同，但两者都是影响三语教师课堂语码转换的重要变量，而且接触时长和语言水平在很大程度上成正比关系。

第五节 三语环境下教师课堂语码转换的整合模式构建

本书构建的语码转换模式是对藏、汉、英三语环境下教师课堂语码转换的生成机制和发生过程的图式解读。三语环境下教师课堂语码转换模式是一个全新的研究领域，因此研究采用从语料出发，进而抽象出语码转换模式的思路。首先对藏、汉、英三语教学进行田野工作，考察三语教学和三语语码转换的语言和文化生态；其次对课堂三语语码转换语料进行记录分析，并就转换的影响因素和动机对三语教师进行半结构访谈和开放式座谈，在此基础上对三语语码转换的形态及其影响因素、结构类型和功能类型进行描写分析和解释讨论，甄别出对语码转换形态影响超过平均水平的三个主要因素变量（民族身份和教育背景、三语相对水平和三语接触时长），在此基础上结合语言顺应理论，构建以上三种变量对语码转换形态的作用模式和影响机制，并用三语教师的课堂语码转换语料对构建的模式进行分析和解读；最后对三种影响模式进行整合，构建三语环境下教师课堂语码转换的整合模式。三语语码转换的整合模式是本研究所要解决的关键问题，这种模式所关涉的是语码转换各个形态间的转换机制以及各个因素对语码转换的影响和作用模式，是本研究的研究结果的浓缩和概括。

本书从宏观和微观两个层面完成对三语环境下教师课堂语码转换整合模式的构建，首先从宏观上对三个主要因素变量对语码转换形态的影响模式进行构建，然后从微观层面对每一种转换形态的生成机制进行解读。

一 三语环境下教师课堂语码转换的影响模式

从原则上来讲，藏、汉、英三语环境下教师课堂语码转换模式的构建应综合考虑研究预设的各个因素变量对语码转换的影响，但本书以统计学上的均值水平为标准，来判断因素变量对语码转换影响是否重要。考虑到其他三个因素变量在总因素变量中所占的比重较小（分别为 5.3%、7.4% 和 12.1%），均未达到六种因素比重的均值水平 16.7%，因此在构建整合模式时将这三个变量视为次要变量加以剔除，只考察三个百分比超过六种因素平均水平的变量对三语教师课堂语码转换的影响机制。

如图 7-6 所示，汉英语码转换的主要影响因素为三语教师的教育背景和民族身份，在这一转换过程中，三语教师通过在课堂上使用目标语言英语来凸显自己虽然具有少数民族身份，但却掌握并能运用一门外语的能力。在三语教师的概念体系中，英语语言也成为表明自己良好教育背景的工具。

英藏转换的主要影响因素有两个：三语接触时长和三语相对水平。虽然六名教师的藏语语言背景不尽相同，但总体而言，六名三语教师均以藏语为母语，接触藏语的历时长度相对较长，藏语水平也相对较高，因此，六名教师的英藏转换可从这两种因素中得到解释。

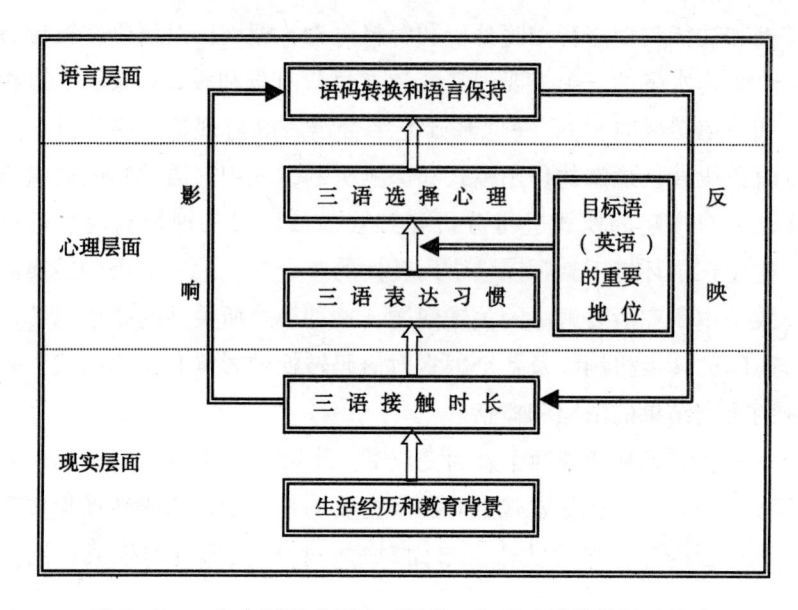

```
┌─────────────────────────────────────────────────────┐
│ 语言层面 │        ┌──→ 语码转换和语言保持 ───┐         │
│          │        │                          │         │
│          │ 影     │    三语选择心理    ┌─────┐│ 反    │
│ 心理层面 │        │         ↑         │目标语││       │
│          │        │                   │(英语)││       │
│          │ 响     │    三语表达习惯    │的重要││ 映    │
│          │        │         ↑         │地 位 ││       │
│          │        │                   └─────┘│       │
│          │        │    三语接触时长 ←────────┘       │
│ 现实层面 │        │         ↑                         │
│          │        └── 生活经历和教育背景              │
└─────────────────────────────────────────────────────┘
```

图 7-6　三个主要影响因素对课堂三语语码转换的影响模式

藏英转换的主要影响因素为民族身份和教育背景，以及三语接触时长。藏英转换和汉英转换都是以英语为目标语言的语码转换，这一因素对藏英转换的影响机制与对汉英转换的影响机制基本雷同，在此不再赘述。

影响三语教师课堂英汉语码转换的主要因素为三语接触时长。虽然六名个案教师的第二语言和外语教育背景也不尽相同，但总体而言，他们接触汉语的历时长度多于接触外语的时间总量。因此，在三语课堂上，三语教师会在语言接触时长的影响下进行英汉语码转换。

在三语课堂环境下，汉藏转换集中体现了三语相对水平对课堂语码转换中的普遍影响。六名个案教师均以藏语为母语，汉语为第二语言，而且除教师1和教师2外，他们对自己三语水平的自我评价均为藏语优于汉语，因此，在进行课堂语言选择时会将课堂语言转向自己语言水平相对较高的母语进行授课。在本书中，三种主要因素对藏汉语码转换的影响均未达到六种因素的均值水平，在此不再赘述。

二　三语环境下教师课堂语码转换的生成机制

以上讨论的是三种主要影响因素变量对语码转换的影响模式，在对这种模式进行分析和讨论的基础上,有必要探讨这种影响模式的生成机制,以便从转换主体的心理过程方面对三语环境下教师课堂语码转换生成机制进行微观解读。研究发现,三语环境下教师课堂语码转换的生成机制如图7-7所示。

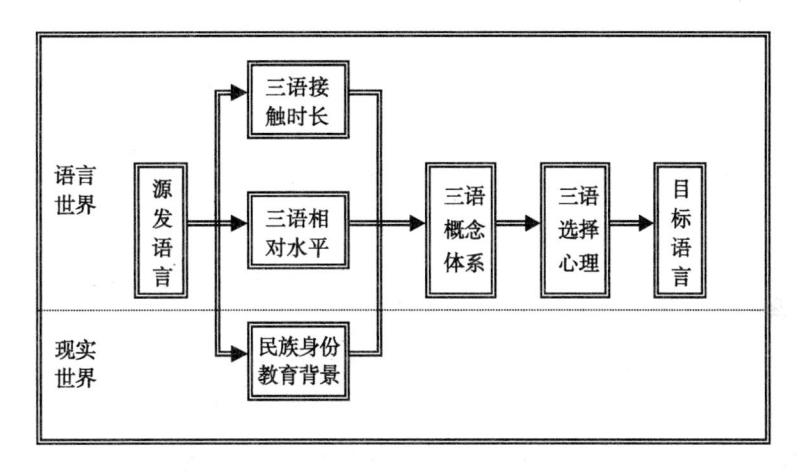

图7-7 三语环境下教师课堂语码转换生成机制

如图7-7所示,这一生成机制是一个包括现实世界和语言世界的双维模式。如前所述,在三语语码转换的生成过程中,本研究所甄别的三种主要影响因素变量(三语接触时长、三语相对水平、民族身份与教育背景)会在转换主体的语言心理上形成映射,表现为转换主体三语概念体系的构建。这一体系是一个包括对三种语言的个人喜好、价值判断、文化内涵以及相对地位等因素在内的复杂的潜在语言心理机制。

三语概念体系有其复杂的生成机制。在三语课堂环境下,生活在现实世界的三语教师有着其特定的民族身份和教育背景,这一影响因素变量会对三语教师的民族认同心理和教育成就感产生重要影响。在少数民族地区,外语教育的普及面窄,外语教育水平发展相对滞后,在这种民族外语教育的特殊背景下,具有少数民族身份,同时又掌握一门第三语言的三语教师无疑会体验到较高水平的民族认同心理和教育成就感,三语教师在进行课堂语言选择时会在心理上顺应自己的民族认同心理和教育成就感,英语在其三语概念体系中就获得了核心地位,这种地位会在三语教师的语码转换机制中得到一定程度的体现。

三语相对水平和三语接触时长也会在三语教师的三语概念体系中得

到投射。如图7-4所示，三语相对水平和三语教师的表达障碍与学生的消极反馈相关。在三语课堂环境下，教师表达障碍与学生消极反馈的重现会在教师的三语概念体系中得到映射，形成一种交际补偿策略，这一策略作为一种潜规则内置于教师的三语概念体系中，在特定的语言教学情境下会被激活，三语教师会运用补偿策略顺应教师表达障碍和学生消极反馈，以成功地完成课堂交际任务，实现交际目的。如图7-5所示，三语接触时长主要与三语教师在长期语言接触过程中形成的三语表达习惯相联系。三语表达习惯是三语教师在三种语言接触经历中逐渐形成的相对稳定的语言选择的惯常性行为，是与语言接触相联系的另一种潜在规则。有别于三语相对水平，这种潜在规则对课堂交际情景的依赖性相对较小，而更多地取决于三语教师惯常的语言表达习惯。

在语码转换的过程中，三语教师从源发语言的保持出发，受三种主要因素对其心理投射的影响，在对这些影响因素进行顺应性认知加工的基础上，三语教师会构建自己的三语概念体系。这一概念体系的构建是一个极其抽象复杂的过程，既涉及三语教师的民族身份和教育背景等现实因素，也涉及三语相对水平及三语接触时长等语言因素。需要指出的是，本研究中三语教学的目标语言英语在这一概念中居中心地位，在藏、汉、英三语环境下，英语既是教学的工具语言，是三语教师组织课堂教学重要的语言形态，也是三语教学的目标语言，学生英语语言能力的发展直接关涉到英语作为第三语言教学目标的实现。因此，三语概念体系是上述多种因素通过三语教师的认知加工形成的相对稳定的潜在的语言概念体系，是三语选择心理的认知基础。

三语选择心理是三语教师在三语概念体系的认知基础上形成的一种语言心理，是教师的三语概念体系在其语言心理上的表征。三语概念体系中的各个要素因子在特定的课堂教学环境和语言现实下会被激活，经过三语教师认知心理的二度加工，会形成一个与语言选择相联系的心理表征。因此，三语选择心理是作为认识主体的三语教师在三语课堂教学情景和语言现实的刺激和诱发下，对其三语概念体系进行再度加工的产物，是三语教师对具体交际语境和三语概念体系进行顺应的结果。在从语言心理到语言现实的过渡过程中，三语选择心理起着承上启下的重要作用，它既以三语概念体系为其认知基础，又以语码转换为其实现

第七章 三语环境下教师课堂语码转换的模式构建

机制。

下文将通过教师 5 的课堂语码转换语料对这一机制进行解析:

(L1)① 教师:ཧ་གོ་ཨེ་ཡོད།[明白了没有?]

(L2) 学生:[ད་ཧ་གོ་སོང་།[明白了。]

(L3) 教师:དེ་ཧ་གོ་སོང་ན། དེའི་འོག་མ་པོ་ཅི་ཞིག་རེད།[好,明白了的话下一个是什么呢?]

(L4) 学生:Short!

(L5) 教师:short ཞེས་པ་དོན་ཅི་ཞིག་རེད།[short 是什么意思呢?]

(L6) 学生:短的,短的,短的,短的。

(L7) 教师:短的。Short ལ་ཐུང་བའི་དོན་མ་གཏོགས་གཞན་དོན་གཞན་ཅི་ཞིག་ཡོད།[好,short 除了短的以外还有什么意思呢?]

(L8) 学生:矮的,矮的。

(L9) 教师:矮的。ཨེ་རེད།[是不是?]。

(L10) 学生:རེད།[是!]

(L11) 教师:རིང་བའི་དོན་ཨེ་རེད།[是不是长的意思?]

(L12) 学生:མ་རེད། མ་རེད། མ་རེད། མ་རེད། མ་རེད། ཐུང་བའི་དོན་རེད།[不是!不是!不是!不是!不是!短的!]

(L13) 教师:(在黑板上写下 Small 和 big)Small and big is opposite.

(L14) Opposite ཡང་དོན་སློག་པའི་ཚིག་རེད།[Opposite 也就是反义词。]ཨེ་རེད།[是吧?]

(E6.4: T5: 2006 - 06 - 22)

上例从宏观和微观两个方面较好地体现了语码转换的影响模式和生成机制,教师 5 在组织课堂教学的过程中,受多种因素变量的综合影

---

① 为了分析语料时指称的方便,我们对该段语料的每一行进行了标识,其中 L 代表"行",L 后的阿拉伯数字代表行的序号。

响，在藏、汉、英三种语言间进行语言选择和语码转换。总体而言，受教师和学生三语水平的影响，教师 S 学生话语的主要形态为藏语，而课程话语的形态主要为英语和汉语。影响这种语言选择机制的因素是多维的。

　　从宏观层面来讲，教师在第 7 行进行了一次汉藏语码转换，这一转换深层的主要影响因素为三语相对水平。教师 S 教授的小学四年级学生英语和汉语水平相对较差，教师 S 的英语水平也有待提高，这一点可通过其英语话语中频繁出现的偏误得到证实，同时尚不能完全运用汉语进行深层交流，因此在询问 short 一词的意思时，将语言转向她和学生共享的、水平相对较好的藏语进行授课，以保证教师讲解的清晰流畅和学生理解的最大化。

　　在第 13 行，教师 S 在 "Small and big is opposite" 前进行了一次藏英语码转换，这种转换的深层影响因素有两个：民族身份和教育背景，以及三语接触时长。如前所述，教师 S 具有藏民族身份，又在民族高等师范专科学校接受过英语继续教育，这种特殊的民族身份和教育背景使教师 S 力所能及地使用英语作为课堂语言，凸显自己特殊的民族身份下接受过第三语言教育的教育成就感。同时，语言接触也在这一转换形态中发挥着自己的作用，在接触英语的过程中，教师 S 逐渐养成了运用英语中惯用的表达习惯的意识，在特定的课堂交际情境下，这种表达习惯转换为三语选择心理，并使教师将课堂语言转向英语，以增大外语课堂上目标语言的输入量。因此，三语教师对民族心理、教育成就感和英语中心地位的认识等心理因素的顺应对她进行藏英语码转换的主要心理机制具有一定的解释力。

　　在用英语解释完 small 和 big 的反义关系后，教师 S 发现学生对 opposite 一词不太理解，表现出消极的认识反馈，于是为了顺应学生英语语言词汇相对匮乏的语言现状，她在第 14 行进行了英藏语码转换。影响这一转换的因素变量有三语相对水平和三语接触时长，为实现课堂输入理解率的最大化，教师转向藏语对这一语义关系进行重复性解释，同时，藏语是师生双方接触时间最长的语言，因此共享着共同的藏语表达习惯，这种表达方式在课堂教学中的运用将有助于学生的认知和理解。

综上所述，三语语码转换的整合模式从宏观层面各主要因素变量对语码转换的影响机制和微观层面语码转换的生成机制两个层面对本研究的结果进行了抽象化概括。该整合模式较好地回答了在藏、汉、英三语课堂环境下教师为什么进行语码转换和如何进行语码转换等重大问题，是国内外首次在实证研究基础上对教师三语课堂语码转换进行的理论求索。但是，该模式是在个案研究的基础上抽象出来的，其普适性和应用价值还有待进一步的研究考证。

本章小结

三语环境下教师课堂语码转换的模式构建是本书所要解决的重大理论问题。本章首先对影响水平超过均值的三种主要影响因素变量（民族身份与教育背景，三语相对水平，三语接触时长）和六种语码转换形态之间的频数分布进行了交互分析，然后结合语言顺应理论，逐一构建了每种主要影响因素变量对三语教师课堂语码转换的影响模式。各个模式的构建采用了"频数交互分布—模式图式表达和描写—语料求证"的研究步骤，遵循从"数据—理论—语料"的逻辑思路。研究表明，民族身份和教育背景主要通过民族认同和语言认同、三语概念体系和三语选择心理等心理过程对三语教师的课堂语码转换产生影响，而在三语相对水平对语码转换的影响模式中，教师表达障碍和学生消极反馈会使三语教师运用交际补偿策略，寻求师生双方共享的水平较好的语言作为目标语言进行语码转换。三语接触时长对三语教师课堂语码转换的影响机制主要是通过三语表达习惯、对目标语言（英语）的重要地位的认识和三语选择心理等得以实现的。

本章还构建了基于以上三个模式的整合模式来解读三语环境下教师课堂语码转换现象。该模式由宏观层面三种主要影响因素变量对三语教师课堂语码转换的影响模式和微观层面教师三语课堂语码转换的生成机制两部分构成。研究表明，民族身份和教育背景是影响三语教师汉英课堂语码转换的主要因素变量；三语接触时长和三语相对水平是影响英藏语码转换的主要因素变量；而藏英语码转换的主要影响因素是民族身份和教育背景，以及三语接触时长；英汉语码转换的主要影响因素是三语接触时长；汉藏语码转换的主要影响因素是三语相对水平。同时，微观层面语码转换的生成机制是通过三个主要因素变量在三语教师心理上形成的投射、三语概念体系和三语选择心理等心理过程实现的，是教师对语言现实诸因素和交际环境等顺应的结果。

第八章

三语环境下教师课堂语码转换的教育学学理思辨

　　正如本书中反复指出的那样，三语环境下的教师课堂语码转换具有极强的跨学科特性，它既是一种语言学现象，与语言选择、语言接触、语言保持和语言教育等息息相关，也是一种教育学现象，遵循教育学的普遍原理和总体法则，并与多元文化教育、课堂教学、课堂话语和教师专业发展等领域相关联。作为一种有意识、有目的的语言教育现象，三语课堂语码转换内在地体现着教育学的一般学理和普遍法则，但遗憾的是，学界目前对这一问题尚未进行深入细致的思辨和考察。因此，对蕴含在这一教育现象背后的教育学学理进行思辨和分析，不仅能使这一语言教学现象得到教育学的理论阐释和学理解读，而且对教育学科本身的理论深度和实践基础也有很大的丰富和发展。

　　根据本研究"特征描写—模式构建—理论思辨"的研究设计，应在完成对三语环境下教师课堂语码转换的特征描写和模式构建的基础上，对这一特殊的课堂教学现象所蕴含的教育学学理进行思辨，这是三语语码转换研究实现其在教育领域的理论延伸和拓展的重要手段。下文将围绕本书对三语课堂语码转换进行理论描写和模式构建时的研究发现，从四个维度对三语环境下教师课堂语码转换进行教育学学理思辨：（1）三语环境下教师课堂语码转换与教师课堂话语；（2）三语环境下教师课堂语码转换的文化生态解读；（3）关于三语教师专业发展的有关问题的思辨；（4）三语课堂语码转换对民族外语教育理论的启示。

第一节　三语环境下教师课堂语码转换与教师课堂话语

　　课堂教学是教育活动的主要形式，是教学中不可或缺的环节，它是通过课堂参与者的言说来进行的，没有参与者的话语，课堂教学就无从谈起。[①] 由此可见，课堂话语是课堂教学得以实现的语言载体，这一载体在以英语为目标语言的三语教学情境下显得尤为重要。本研究将教师课堂话语定义为教师在课堂上从事与课程有关的教育活动时运用的课堂语言的集合，如组织教学、实施教学目标以及完成教学内容等。这种话语形式包括课程话语和学生话语，前者指教师为完成课程内容而运用的话语；后者指组织课堂教学和进行课堂管理时运用的语言，如课堂指令等。教师课堂话语是一个涵盖了语言保持、语言选择和语码转换等要素的话语体系，因此，教师课堂语码转换是教师话语的组成部分，是教师课堂话语流程中进行语言选择时的切换点，起着连接相邻两个语言保持的作用。

　　在三语课堂环境下，教师话语的特点之一就是在三种语言间进行语言选择和语码转换，因此，三语语言选择和语码转换就表现为特定情境下教师课堂话语策略的选择。随着语篇分析理论和话语分析技术的发展，对教师课堂话语的分析已成为教育学界一个新兴的学术亮点。围绕这一论题，研究者对教师课堂话语开展了大量的研究，如对教师话语权的教学负面效应及其补偿机制进行的研究[②]，对教师话语权的社会学解读[③]，对教师话语、课堂角色与语言学习的关系的研究[④]，对教师课堂话语策略的研究[⑤]，以及对课堂话语分析方法的理论与实践研究等[⑥]。但

[①] 邢思珍：《社会学视角下的教师话语权》，《当代教育科学》2004年第7期，第15页。
[②] 吉标：《教师话语霸权的危害、成因及消解》，《教育导刊》2006年第7期。
[③] 邢思珍：《社会学视角下的教师话语权》，《当代教育科学》2004年第7期。
[④] 陈勤：《教师话语、课堂角色与语言学习》，《四川师范大学学报》（社会科学版）2004年第4期。
[⑤] 李秀莲、全红：《教师话语策略与学生交际能力的培养》，《南昌大学学报》（人文社会科学版）2004年第4期。
[⑥] 黄小苹：《课堂话语微观分析：理论、方法与实践》，《外语研究》2006年第5期。

这些研究都是对单语或双语环境下教师课堂话语进行的研究，三语环境下教师课堂话语的研究是一个完全新兴的研究领域。本部分从三语语码转换对教师课堂话语选择策略的影响出发，对三语环境下教师课堂话语问题进行解读。

教师课堂三语语言选择和语码转换是三语教师课堂话语运作的主要方式和显著特点，三语环境下教师课堂语码转换的研究结果将为深入细致地了解三语环境下教师的话语策略提供重要的语料起点和理论启示。根据三语环境下教师课堂语码转换的特征描写和模式构建的研究结果，我们将三语环境下教师课堂话语策略的特征论述如下。

一 话语形态多元化

在三语环境下，教师课堂话语的特征之一就是语言形态的多元化。传统意义上的教师课堂话语大多由一种或两种语言形态构成，话语形态相对单一，但在三语环境下，教师课堂话语形态打破了以往一元或二元共存的格局，呈现出多元化的形态特征，在本书中，藏语、汉语和英语在教师课堂话语中的共现和置换成为三语环境下教师课堂话语的主要特征之一。

三语环境下教师课堂语码转换的研究表明，三语教师的课堂语言选择心理和语码转换行为是极其复杂的。如果将三语教师的课堂语码转换行为置于课堂话语的广域视野进行考察的话，语码转换研究将为三语环境下教师课堂话语多元化特征的解读提供现实基础和理论启示。

三语环境下教师课堂话语的多元化特征具体表现在三语教师可以根据自己的民族身份和教育背景、三种语言的相对水平和三种语言接触的时长等因素调整自己的课堂话语，以适应特定的课堂交际情景，完成特定的教学任务并达到特定的课堂交际目的。教师在构建课堂话语的过程中，能够在三种语言间进行语言选择和语码转换，这种多元化的课堂话语形态的实现机制是三语教师的语码转换。因此，语码转换的频数制约着三语教师课堂话语形态多样化的程度，语码转换的频数越高，教师的课堂话语形态变化就越频繁，课堂话语就越是复杂多样。

二 话语选择策略的灵活性

三语环境下教师话语的特点不仅表现在三种语言的介入增加了话语

形态的多元化，而且还表现在在三种语言形态下，三语教师话语选择策略的灵活性大大增加。

话语选择策略是话语主体在特定的交际情境中选择和构建话语时运用的各种方法和手段的总和。话语选择可以是一种社会群体行为，也可以是一种个体行为。福柯认为：社会使用三种主要策略控制话语的出现：一是外在于话语的排斥规则——言语禁忌、对某些"疯癫"的话语的区分与排斥、"求真意志"和"求知意志"、获得制度支持；二是话语的内部规则；三是对话语使用者增加的种种限制——如说话礼节、"话语圈子"、"教义"、社会对话语的占有。① 福柯从社会群体的角度出发对话语选择策略进行了界定和描写，而本研究则沿用狭义的话语选择策略，并将选择主体定义为特定社会中的个体，在本研究中具体表现为三语教师。

在三语环境下，三语教师可以灵活运用多种语言选择策略进行课堂交际。教师可运用三种语言实现自己的策略选择，如把握三种语言表述的话语的适量原则；合理地利用三种语言创设情境、进行发问；根据礼貌原则选择使用三种语言中的礼貌话语，以及运用三种语言进行话语修正和话语补偿等。三种语言的介入使教师的话语策略的可选范围和灵活性都大大地提高，三语教师可在自己的民族身份和教育背景、三语相对水平和三语接触时长等因素的影响下进行话语策略选择，这种灵活多样的策略选择模式将在一定程度上促进学生三语认知水平和交际能力的发展。

三　三语环境下教师话语权的延伸与拓展

话语权是"人们在特定的历史条件与社会环境下，决定自己该说什么，怎样说的潜在机制"②。话语权体现的是作为一个独立的社会个体，在特定的社会背景中，自主地对现实生活、实践活动进行真实具体的表白，理性或感性地反映自己理念、思想、态度和价值的权利。③ 在现有的教育学文献中，有关课堂话语形态与话语权关系的研究为数不多。有

---

① 刘北成：《福柯思想肖像》，上海人民出版社2001年版，第228页。
② 胡学常：《文学话语与权力话语》，浙江人民出版社2000年版，第31页。
③ 蒋茵：《遗忘与追寻：关于教师话语权的问题》，《当代教育科学》2003年第14期。

论者认为，课堂社会的交往主要借助言语——语言的运用来实现。从社会学的角度来讲，课堂是具有社会性的场所，是学生群体和教师与各种或显性或隐性的课堂事件相遇的社会性场所。师生在课堂社会中通过语言的输入输出进行着交往，课堂是语言充盈流淌的场域，但作为课堂社会交往的媒介，语言并非是中性的。语言充满了社会性，语言蕴含了各种权力和权威。在言说时要遵守某种特定的语言规则，维特根斯坦将其称为语言游戏。[①] 由此可见，语言是课堂交往不可或缺的介质和手段，是课堂场域社会性的集中体现。

话语是话语权得以实现的语言载体，三语环境下教师课堂话语权的分配和运作都更加特殊复杂。在单语或双语体系下，教师通过一门或两门语言维护和实现自己的话语权。在这种语言现实下，教师通过第一或第二语言传递自己的话语，课堂话语的运作方式相对单一。然而，在三语环境下，三种语言同时参与到教师课堂话语中来，教师在实现话语权时面临着更大的选择余地，教师话语权的载体和运作方式都发生了变化，原来由单语或双语承载的话语权在运作上由三种语言共同承担。

每种语言的话语权含量是多种因素共同作用的结果，其中三语教师的民族身份和教育背景、三语相对水平和三语接触时长等因素对三语教师的语言选择和话语权分配都产生一定的影响，但并不能简单地将语码转换和教师课堂话语权分配的影响因素等同起来。在影响教师话语权的诸多因素中，教师和学生在三种语言水平上的差距是影响教师话语权的重要因素。一般而言，师生双方在第一或第二语言的认知水平上差距较小，但由于接触时长等因素的差异，双方在第三语言英语的水平上存在较大的悬殊，因此，三语教师在运用英语组织课堂教学、讲授教学内容时，教师的话语权在某种程度上得到了延伸和加强。

但是，虽然教师话语权是我国现行教育体制中一个较为普遍的现象，但随着新课程改革的逐步推进和教学理念的转变，教师话语权应逐步走向消解，取而代之的是一种通过教师、学生和课程三者在对话中建

[①] 周健敏、赵风雨：《新课程背景下课堂社会的教师话语权探析》，《当代教育科学》2005年第14期。

立起来的平等和谐的教育关系。正如美国课程专家小威廉姆 E. 多尔（William E. Doll, Jr.）所言，在现代课程中教师是"平等中的首席"，师生关系应由对立走向平等、对话、互动和共同发展。[①] 这是未来师生关系的应有之义。

作为三语环境下课堂话语体系的重要组成部分，三语教师的课堂语码转换是切分和配置教师课堂话语权的重要手段，教师课堂话语正是在"语码转换—课堂话语形态变化—课堂话语权切分配置"的循环往复的过程中得以实现的。

第二节　三语环境下教师课堂语码转换的文化生态解读

一　教育和文化的辩证关系

教育和文化的辩证关系是教育学界一个亘古绵延的话题。郑金洲在其专著《教育文化学》中归纳出教育和文化的两条辩证关系：

1. 教育是文化的表现形式，是文化中一个重要的组成部分；
2. 文化的流变制约着教育发展的历程。[②]

他还用图 8-1 解读文化和教育的辩证关系。

如图 8-1 所示，文化和教育的互动和对话是通过三种通道和途径得以实现的：知识—认识—智育、价值规范—伦理—德育和艺术—审美—美育。在上述作用模式中，文化形式层面的知识、价值规范和艺术会作用于个人或群体的心理，具体表现为认识与理智、伦理与意志，以及审美与情感。与人的内心世界相对应，认识的获得离不开智育、伦理观与善恶观的获得离不开德育，美丑鉴赏力的培育离不开美育。反之亦然。[③] 文化与教育的这种辩证的互动关系为本研究中课堂语码转换这一语言教育现象的文化生态解读提供了认识论基础。

[①] 吉标：《教师话语霸权的危害、成因及消解》，《教育导刊》2006 年第 7 期。
[②] 郑金洲：《教育文化学》，人民教育出版社 2000 年版，第 8—14 页。
[③] 同上书，第 8 页。

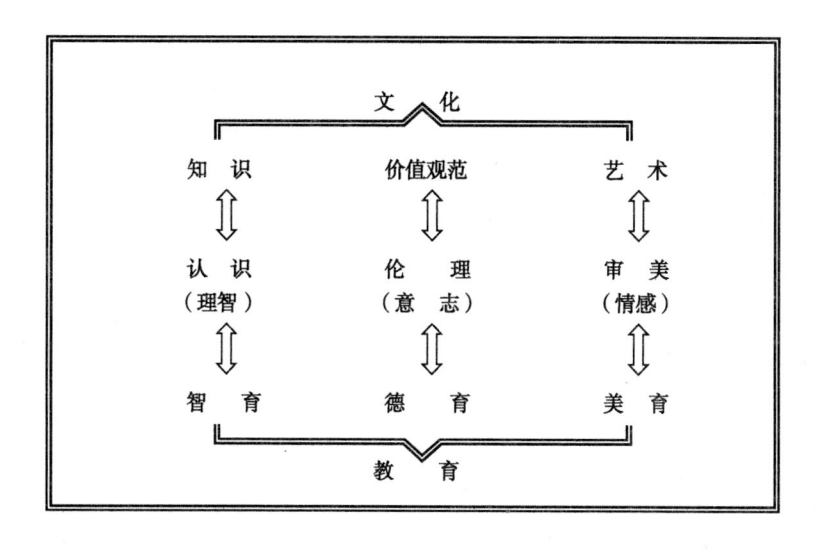

```
            文    化
    知 识      价值观范      艺 术
     ⇕          ⇕          ⇕
    认 识       伦 理       审 美
   （理智）   （意 志）   （情感）
     ⇕          ⇕          ⇕
    智 育       德 育       美 育
            教    育
```

图 8-1　文化和教育辩证关系图示①

二　三语环境下教师课堂语码转换的文化生态解读

文化生态学是通过人类生存的整个环境中的各个因素交互作用来研究文化生产、发展变化以及文化对环境的影响、改造、适应规律的一种学说。简言之，它是研究文化与环境平衡关系的科学。② 课堂则是现代教育的缩影，影射着社会文化对人的作用，包含着现代社会进化的具体轨迹。任何教育改革、教育设计都必须体现到课堂教学中来，因而课堂是社会的窗口，是教育的焦点，教育人类学把课堂作为一个重要的研究领域，通过课堂中的那些细微且具体的琐事探究出教育中的重大理论问题，推知文化变迁的历史脚步声。③ 在三语课堂环境下，三语教师不仅在三种语言间进行语言选择和语码转换，而且在三种文化交融和碰撞的文化生态中进行教学生活。这种多元共生的文化格局是三语教师进行课堂语码转换的文化生态环境。本部分从两个方面对三语教师的课堂语码转换行为进行文化生态解读：（一）三语文化涵化对三语课堂语码转换模式的影响；（二）三语教师主体文化操控对其课堂三语语码转换的影

---

① 郑金洲：《教育文化学》，人民教育出版社 2000 年版，第 8 页。
② 武文：《文化学论纲——社会文化人类学的解读》，兰州大学出版社 2000 年版，第 108 页。
③ 冯增俊：《教育人类学》，江苏教育出版社 1998 年版，第 253—254 页。

响。最后对本研究中三语文化对语码转换影响水平较低的现象进行反思。

（一）三语文化涵化（acultuturation）对三语课堂语码转换的影响

"涵化"或称文化移入，也称文化接触变容，是教育人类学和文化生态学中共用的重要概念。这一个概念泛指文化输入中发生变化的过程，它是维持文化生态平衡的方式。美国人类学家把它定义为具有自己文化的集团进行的直接接触，致使一方或双方集团原来的文化式样发生变化的现象。[①] 任何一种文化形态的发展都是一个"涵化—分化—重组"循环往复的过程。当两种完全不同的文化相互接触、相互采借时，彼此都发生了某些变化。这些自变方式不是任意的，而是通过自我调节的手段进行涵化以达到适应的过程。[②] 在三语环境下，英语文化作为目标语言文化进入三语课堂后，由于该文化的语言载体英语作为目标语言的重要地位，英语文化在三种语言文化涵化的过程中逐渐取得在多元文化体系中的核心地位，在这种文化潜意识的影响和驱动下，以英语为目标语言的语码转换出现的频数相对较高。

文化涵化对三语教师课堂语码转换的影响还表现为母语文化和二语文化在三语文化体系涵化和重组过程中取得的相对地位，这种相对地位在语言层面一般与三语相对水平和三语接触时长相关。在三语文化体系中，母语和二语中水平相对较高或接触时长相对较长的语言所承载的文化在多元课堂文化中处于相对重要的位置，以该种语言为目标语言的语码转换的频数也就相对较高。

作为三语课堂上一种惯常性的文化接触现象，三语文化的涵化是三语环境下课堂文化存在和运动的基本方式之一。这里所提出的课堂文化涵化对语言选择和语码转换的影响是在对语料进行分析概括的基础上抽象出来的理论认识。语码转换是一个极其复杂的语言现象，是多种因素共同影响产生的结果，仅从文化涵化难以对课堂语码转换行为进行全面的解释。文化涵化的理论概括性和对不同交际情景下的语码转换行为的解释力还有待进一步的研究和求证。

[①] 冯增俊：《教育人类学》，江苏教育出版社1998年版，第186页。
[②] 武文：《文化学论纲——社会文化人类学的解读》，兰州大学出版社2000年版，第115页。

(二) 三语教师的文化操纵对其课堂三语语码转换的影响

在文化生态原理中,除生态系统中自我调整的因素以外,人为控制的成分也相当大。人作为生物圈中的重要因素,其活动是影响生态平衡的最主要力量,人类的活动既能提高生态的进化,又能造成生态危机。生态系统中人为控制成分包括文化生态意识和文化生态设计两部分。①

在三语环境下,作为语言选择和语码转换主体的三语教师的文化操纵行为也会对其课堂语码转换行为产生潜在的影响。三语教师的文化意识具体表现为教师对课堂文化生态价值的判断,以及自觉维护和保持课堂文化生态的精神。三语环境下课堂文化的主要特点是三种文化的碰撞和亲和,以及由此形成的多元文化格局。在三语课堂环境下,语言选择和语码转换是教师实现其文化意识的重要手段和策略。从这个意义上来讲,文化意识对三语教师的课堂语码转换有着重要的影响。

课堂文化生态设计是教师在长期的教学实践中,科学地制订出符合课堂文化生态结构和功能的实施方案,保证课堂文化在健康、有序的道路上发展。在三语环境下,教师对课堂文化的设计是建立在对三语课堂文化情景模式和运作方式进行预设的基础上的,同时综合考虑三种文化在课堂场域中的角色和地位。这种预设的心理认识根源是教师在三语概念体系的基础上形成的多元课堂文化心理。这种心理会在宏观上影响三语教师的语言选择意识和语码转换行为。

(三) 关于三语文化对语码转换影响水平较低的反思

在研究之初,我们预设了一个可能影响三语教师课堂语码转换的影响因素变量:对三种语言所承载的文化的价值判断和态度。如表6-16所示,该因素影响下的语码转换频次为77,占频次总数(635)的12.1%,因未达到六个因素变量的平均影响水平,该因素未进入三语语码转换影响模式。文化因素变量影响下的三语语码转换频数较低从一个侧面说明三语教师课堂语码转换的文化意识较为淡薄,同时也与三语环境下民族地区三语课堂文化生态相对脆弱有关。

研究发现,除教师2外,其余五名三语教师整体上课堂文化意识比

---

① 武文:《文化学论纲——社会文化人类学的解读》,兰州大学出版社2000年版,第116页。

较淡薄。在他们看来，语言课堂主要是学习语言知识、发展语言能力的场所。课堂观察发现，五名三语教师在课堂教学中着力全面强调对教学内容和语言知识的掌握，很少提及三种文化知识，也就不会对其进行对比分析了。由此可见，重知识、轻文化的教育理念在民族地区外语教学中较为普遍，新的《英语课程标准》对英语教学中学生文化意识的培养要求在民族地区尚未全面贯彻落实。

民族地区相对脆弱的三语课堂文化生态是造成文化因素对课堂语码转换影响水平较低的另一原因。从传统上来讲，民族地区有着相对稳固成熟的母语——二语二元课堂文化生态，两种文化在文化生态中通过文化涵化和模式重构，已经达到了相对均衡稳定的发展阶段。但我国西北少数民族地区开设英语课程的时间较短，条件较差，教师接触英语时间相对较短，水平较差，因此经过涵化的英语文化在模式重构的过程中有所损耗，难以在文化生态中达到制度化的稳定、均衡的水平，因此也难以对教师的课堂语言选择和语码转换行为产生显著的影响。

文化生态是文化和环境耦合的产物，尝试从文化生态学的视点透视和解读三语环境下教师课堂语码转换现象具有一定的开拓意义，但文化生态学是一个新兴的边缘学科，基础理论较为匮乏，还在进行自身繁重的基础理论构建，因此，三语教师课堂语码转换研究的文化生态解读只是在现有的文化生态学的理论基础上对课堂语码转换现象进行透视和解读，这一领域的研究将随着文化生态学的发展成熟而日益深入。

第三节 关于三语教师专业发展的有关问题的思考

教师专业化是指教师职业具有自己独特的职业要求和条件，有专门的培训制度和管理制度。教师专业化的基本含义是：（1）教师专业既包括学科专业性，又要包括教育专业性；（2）国家有教师教育的专门机构、专门教育内容和措施；（3）国家有对教师资格和教师的认定制度和管理制度；（4）教师的专业发展是一个持续不断的过程。教师专业化也是一个发展的概念，既是一种状态，又是一个不断深化的过程。[①] 本书的研究课题虽然是

[①] 蔡其勇：《新课程改革背景下的教师专业发展研究》，《教育探索》2006 年第 12 期。

三语环境下教师课堂语码转换，但研究中发现了民族地区三语师资存在一些问题，这里将对这些问题进行教育学阐释，并力图寻求现实可行的解决方案。

对我国基础教育而言，三语教学是一个新生事物。小学开设英语课程以来，民族地区才出现了三语教学的教学形式。研究发现，我国民族地区三语师资具有以下特点：

一 三语水平参差不齐

双语语言发展的阈限理论认为，精通双语将对个体的认知发展产生正面效应；不精通双语将对个体的认知发展产生负面效益。[1] 如果阈限理论对三语语言能力的发展也具有解释力的话，教师三语水平的参差不齐将成为制约教师三语语言能力发展的重要因素。研究发现，少数民族地区三语教师的特点之一是三语水平参差不齐。总体而言，三语教师的母语水平最好，二语水平次之，外语水平较差。根据阈限理论，这种不均衡的语言水平会使教师总体的语言认知受到一定程度的阻碍。个体三语水平差异问题应该引起教育理论研究和行政部门的重视，因为这种差异引起的负面效应会在三语课堂上传播扩散，进而影响到学生三语语言能力的发展。

二 多元文化意识较为淡薄

三语教师不仅承担着教授语言知识的任务，而且承担着传承语言文化的使命。在三语环境下，教师语言专业水平和多元文化素质对三语教师的全面发展都具有重要的意义。如前所述，多元文化意识的淡薄使三语教师形成一种重语言知识、轻文化养成的错误认识，这种认识如不及时得到纠正，将会渗透在三语教师教学活动的各个环节，降低和减损三语课堂的文化含量。

正如黄书光等所言，在社会文化转型的背景下，教师和学生都感受到了转型期文化多元和价值失范所带来的不安和困惑。对于教师而言，他既要承受并快速适应急剧变化的社会现实，又要代表主流文化对学生

---

[1] 王斌华：《双语教育与双语教学》，上海教育出版社2003年版，第52页。

施加的影响，这就需要教师不断提高自己的职业素养。① 外语文化进入原有的二元文化格局后，对教师和学生原有的文化价值观会产生一定的冲击。作为课堂多元文化的代言人，三语教师应做好自身和对学生多元文化心理的引导和调试，使语言教学在健康的多元文化生态环境中顺利进行。

三　对三语教学和语码转换缺乏科学的认识

三语教学是一种系统科学的教学活动，受教育学普遍原理和课程理论的规范和制约，三语教学中三种语言之间的语言选择和语码转换也是一种有目的、有规律的现象。研究发现，大多数三语教师对三语教学和三语语码转换缺乏系统科学的认识，在他们的概念体系中，语言选择和语码转换都是一种潜意识的行为，对自身的三语教学活动和三语语码转换很少进行反思，而反思被认为是一种促进教师专业发展、提高教师素质的重要途径，对教师的专业成长起着举足轻重的作用。② 因此，三语教师应对自己的三语教学实践和语码转换行为进行自我反思，在"反思—提高—再反思—再提高"的循环往复过程中获得专业发展。

在对三语师资的特点进行分析的基础上，针对我国目前三语师资三语水平参差不齐、多元文化意识淡薄和对三语教学和语码转换缺乏科学的认识等特点，我们认为，应对现有的三语教师进行职后继续教育，使三语师资的三语语言能力基本上均衡健康发展，同时加强对三语师资的多元文化思想教育和三语教学理论教育，并使三语教师了解有关课堂语码转换的知识，使其能有意识地在三种语言间进行课堂语言选择和语码转换，从而优化教学效果。

第四节　三语课堂语码转换对民族外语教育理论的启示

本书关涉的三语课堂教学是在原有的民、汉双语教学的基础上添加

---

① 黄书光、王伦信、袁文辉：《中国基础教育改革的文化使命》，教育科学出版社2001年版，第ⅱ页。
② 宋明钧：《反思：教师专业发展的应有之举》，《课程·教材·教法》2006年第7期。

外语学科后产生的特殊教学形态，兼具双语教学和外语教育的双重属性。同时，这种特殊的教学形态在课程结构和文化追求等方面便显现出自身的特殊性和复杂性。三语课堂语码转换研究为了解三语教育现状提供了现实的途径和手段，也为解读三语环境下民族外语教育理论的诸多问题提供了研究基础。

一 三语环境下民族外语课程特征解读

课程就是课堂教学、课外学习以及自学活动的内容纲要和目标体系，是教学和学生各种学习活动的总体规划及其过程。[①] 三语环境下，民族外语课程具有课程目标多元化、课程组织复杂化和课程资源多样化等特征。

首先，三语环境下的民族外语教育的课程目标表现出多元化特征。课程目标是"泰勒原理"所要解决的首要问题，是课程开发的出发点。[②] 三语环境下民族外语课程不仅以发展学生的外语语言运用能力为目标，而且还应注重培养学生健康的语言心理和多元文化意识。在单语或双语环境下，外语课程目标的内容相对单一，学习语言知识、发展语言能力和提高文化素养等成为外语课程目标的主要追求。当英语作为第三语言添加在原有的单语或双语教学的基础上时，外语课程的目标便呈现出多元化的特征，三语环境下的外语教育不仅要追求学生外语语言知识、语言能力和文化意识的习得与养成，而且要注重三种语言接触所引发的语言心理和文化共存意识的培养。三语课堂语码转换研究表明，三语教师在三语选择时普遍受语言心理和文化意识的深层影响，因此，三语环境下的民族外语课程应该有多元化的目标追求，在强调外语语言能力、语言知识和文化意识的基础上，应将培养学生多语语言心理和多元文化意识纳入课程目标范围。

其次，三语环境下外语课程组织表现出复杂化的特征。所谓课程组织就是在一定的教育价值观的指导下，将所选出的各种课程要素妥善地组织成课程结构，使各种课程要素在动态运行的课程结构系统中产生合

---

① 李秉德、李定仁：《教学论》，人民教育出版社1991年版，第149页。
② 张华：《课程与教学论》，上海教育出版社2000年版，第96页。

力，以有效地实现课程目标。① 与三语环境下多元化的课程目标相应的是课程组织的复杂化。多元化的语言环境和文化生态使学习者、教师、教材和环境等课程要素更加复杂，加之运用三种语言表述主题与概念、原理、技能和价值观等组织要素时的认知难度大大增加，因此，三种语言的介入及三语语码转换使外语课程组织更显复杂。

再次，三语环境下的民族外语课程资源具有多样化的特点。三语环境下外语课程的多语语言环境、多元文化生态环境以及特殊的民族习俗和宗教传统等使外语课程资源表现出极大的多样性。同时，民族地区相对封闭的自然环境和文化生态为地方课程的开发提供了丰富多彩的素材来源，地缘、宗教、习俗、经济、语言和文化等要素在地方课程中都可得到体现。民族外语教育应寻求国家课程、地方课程和校本课程三级课程资源整合的课程模式，使异域性、民族性、本土化等特征在外语课程体系中得到较好的体现。

随着多元文化教育的开展，在一些西方国家已逐渐形成了一套层层递进的课程设计模式或取向，贡献取向（contributions approach）、附加取向（the ddictive approach）、转换取向（transformation approach）和社会行动取向（the social action approach）等共同构成了多元文化教育的课程原则。② 三语课程是一个新兴的研究领域，在我国，三语课程的理论和实践基础都相当薄弱，因此，三语教学课程的开发和研究应充分借鉴多元文化教育的课程设计模式或取向，结合我国民族外语教育的实践，将少数民族的有关文化事件、历史知识、语言传统和社会习俗等融入三语课程中，进而培养学生从不同的民族立场和观点出发，从多元文化的视角探讨三语课程的内容、观念和主题，最终形成多元文化观。

二 三语环境下民族外语教育的语言价值审视

三语课堂上三种语言的相互接触和冲突成为民族地区外语教育的一大语言景观，师生双方的民族身份、教育背景、三语水平、三语态度、接触语言的历时长度，以及对三种语言承载的文化的态度对三语课堂的

---

① 张华：《课程与教学论》，上海教育出版社2000年版，第230页。
② 施良方：《课程理论——课程的基础、原则与问题》，教育科学出版社1996年版，第301页。

语言选择、语言运用和话语流程都产生影响。在这种语言教育环境下，应在对三种语言在课堂上的共现和转换进行深入系统研究的基础上，解读三种语言在三语课堂中的功能、角色及其语用和文化内涵，使三语教学在多元语言生态的涵养下健康有序地进行。

首先，应对三种语言在课堂话语中的分布趋势、结构特征、功能作用和交际效果等问题进行深入研究，获得对三语课堂中语言各因素的理性认识。本研究开展的语码转换研究只是就三语课堂环境下教师课堂语言选择行为和心理进行的研究，对三语环境下三种语言接触的其他方面未作探讨。三种语言在三语隐性课程中的角色地位和作用模式，以及三种语言在社区语言生态和概念体系中的相对位置和价值判断都是影响三语课堂语言特征的重要因素，应对其开展深入系统的研究，对三语教学课堂话语的研究将为解读民族外语教育中三种语言的语言价值和文化贡献提供重要的启示。

其次，应加强对三种语言间的对比分析研究。对比分析是跨语言研究的重要手段，对比分析可以为我们提供不同语言间语言共项和语言差异的基本认识，这些共项和差异往往是语言迁移的基础和源泉。语言是思想和概念的表征符号，源自心理和概念的语言符号通过语言学习的心理机制产生干扰和迁移。三种语言间会产生多种形态的语言迁移模式，这些迁移现象不仅大大丰富了三语课堂语言形态，而且为三语环境下课堂语言迁移机制的研究提供了宝贵的研究素材，这是三语环境下民族外语教育的语言价值的重要表现。同时，语言间的对比分析还对外语三语教学有着重要的教育学价值。在三语教学实践中，教师应根据三语迁移的模式和运动方向促进正面迁移对教学效果的优化作用，避免负面迁移对三语环境下学生语言学习的干扰作用。

再次，应该对民族外语教育中的三语教学进行规范和指导，引导三语教师在课堂中合理地使用三种语言。三语教学在我国刚刚起步，还处于自发发展的阶段，教师三语教学大都是潜意识的语言教学行为，三语教师对自己的语言使用习惯和语言选择行为很少进行反思和总结。同时，教育管理部门对三语教学的课程、教材、语言使用和评价等方面尚未作出明确的规范性指导。随着我国民族地区三语教学实践的不断深入和三语教学科研成果的不断丰富，三语教学的制度化和规范化程度将会大大提高，三语课堂上三种语言的运用也会更加科学、合理。

三语教学的语言价值不仅在于为三种语言的接触和迁移提供了广阔的教育学基础，还在于为三语教学提供了丰富多元的语言生态环境。这种多元共生的语言生态环境不仅为解读各种语言间的相互迁移和影响机制提供了语言素材，而且也为了解三语环境下多元文化观的生成过程提供了重要的语言基础。

三　三语环境下民族外语教育的文化追求

现代语言教学的文化教学始于20世纪50年代，但文化教学理论真正形成是在20世纪60—70年代。著名语言学家布鲁克斯（Nelson Brooks）早在60年代就积极倡导把文化要素融入第二语言课程中；拉多（Lado）在倡导语言结构对比的同时，也提出文化对比的理念，以帮助克服外语学习过程中由于文化背景差异而引起的困难。[①] 我国试行的英语新课程标准对文化教学也有具体的描述：语言有丰富的文化内涵，在外语教学过程中，接触和了解英语国家文化有益于对英语的理解和使用，有益于加深对本国文化的理解和认识，有益于培养世界意识。在教学过程中，教师应根据自己的年龄特点和认知能力，逐步扩展文化知识的内容和范围。[②] 由此可见，文化意识的培养成为现代外语教学的重要内容。

三语环境下，三种语言所承载的文化在冲撞与整合的过程中会形成一定的文化格局。在三语文化格局中，对三种文化地位的定位和引导将成为民族地区外语教学面临的重要的文化使命。三语语码转换的研究表明，虽然文化因素对教师课堂三语语码转换的影响水平未达到六种因素变量的平均水平，但是应当看到，三语教学在我国是一种全新的教育形态，随着三语教学的深入发展和逐步成熟，三语教学文化特征解析和格局定位将成为三语教学面临的重大的文化命题。三语环境下的民族外语教学应该追求民族文化、二语文化和外语文化的平衡协调发展。

首先，民族文化和二语文化在三语文化格局中应居中心地位。"古

[①] 黄远振：《新课程英语教与学》，福建教育出版社2003年版，第162页。
[②] 教育部：《全日制义务教育普通高级中学英语课程标准》，北京师范大学出版社2001年版，第25—26页。

今会合"和"中西融通"是当代中国教育改革所要坚持的基本原则,在文化资源的传承方面,对优秀文化成果的历时和共时整合将成为我国基础教育改革的重要的文化使命。[①] 在民族地区外语三语教学的文化观的构建上,应坚持民族文化和二语文化在文化体系中的重要地位。民族文化是三语教学文化观的基础,是多元文化形态中不可或缺的文化要素,二语文化习得是民族外语教育的重要文化目标,在我国"多元一体"的民族格局下,少数民族文化和汉文化共存在一个文化系统中,两者的繁荣和发展是密不可分的,共同构成了中华民族多元一体的文化格局,在文化系统中居重要地位。

其次,外语文化是三语环境下民族外语教育的目标语文化,是三语文化体系的重要要素。全球一体化和民族文化多元化的冲突与和谐,国家一体化与民族文化多元化的冲突与和谐,成为21世纪全人类和多民族国家面临的不可回避的两大挑战。外语文化的介入进一步增加了民族文化格局的复杂性和多样性。语言学习和文化习得的密切关系已得到了学界的普遍共识,外语学习必将引起学习者文化意识和文化观念的改变,但是外语文化在三语环境下民族地区教育文化格局和系统中的目标定位却涉及我国外语教育政策的基本导向。我国民族地区的外语课堂不应该单独倚重和强调外语文化的价值,而应该努力营造母语文化、二语文化和外语文化交融共生的多元文化格局。

再次,民族地区的外语教育应以构建多元文化价值观为其文化追求。在三语或多语环境下,应坚持构建民族地区外语教育的多元文化价值观。多元文化价值观并非建立在对异域文化的一味倚重和推崇上,而应坚持本土文化的价值核心地位。在本土文化价值中心的前提下,应当强调外语文化习得在外语学习中发挥的重要作用。同时,多元文化价值观的构建是一个长期的、循序渐进的过程,各文化因子在"输入—调适—均衡"的发展流程中逐渐取得相对稳定的形态,形成特定的文化格局,因此应加强对民族外语教育文化教学的规范和指导,使文化教学的目标等级化,文化教学的过程步骤化、科学化。

---

① 黄书光、王伦信、袁文辉:《中国基础教育改革的文化使命》,教育科学出版社2001年版,第103—215页。

在三语环境下，民族外语教育文化追求的实现是一个循序渐进的过程，也是一个错综复杂的系统工程。在民族外语教育实践中，应该将文化教学的理念贯穿于课程设计、课程实施和课程评价等各个环节，提高民族外语教育的文化含量，使民族外语教育在学生多种语言能力发展和多元文化意识养成方面取得双赢。

本章小结

本章在对三语环境下教师课堂语码转换进行描写研究和模式构建的基础上，对语码转换与教师课堂话语、语码转换的文化生态解读、三语教师专业发展以及本研究对民族外语教育理论的启示等问题从教育学的视角进行了学理思辨。

第一节论述了三语环境下教师课堂语码转换影响下的教师课堂话语的特点，指出在三语环境下，教师课堂话语具有话语形态多元化、话语选择策略灵活和教师话语权得到延伸和拓展等特征。

第二节对三语环境下教师课堂语码转换从文化生态学的视阈进行了阐释，首先论述了教育和文化的辩证关系，然后从文化涵化和文化操控两个视角论述了三语课堂文化对教师课堂语码转换的影响，最后从文化生态的视角对本研究中文化因素对教师三语课堂语码转换的影响水平较低这一现象进行了解释，指出这一现象与三语教师淡薄的文化意识和相对脆弱的三语课堂文化生态有关。

本章第三节根据研究发现，对三语教师职后教育和专业发展的有关问题进行了教育学学理思考，指出参差不齐的三语水平、淡薄的多元文化意识和对三语教学和语码转换缺乏科学认识是我国目前三语师资的主要特点，并提出对三语教师进行职后继续教育的建议。

第四节从三语环境下民族外语课程特征解读、民族外语教育的语言价值审视，以及民族外语教育的文化追求等三个方面论述了三语课堂语码转换对民族外语教育理论的启示。本节首先指出在三语环境下，民族外语课程具有课程目标多元化、课程组织复杂化和课程资源多样化等特点；其次对三语环境下民族外语教育的语言价值进行审视和解读，指出应对三种语言在课堂话语中的分布趋势、结构特征、功能作用和交际效果等问题进行深入研究，加强对三种语言间的对比分析研究，同时对民族外语教育中的三语教学进行规范和指导；最后阐述了三语环境下民族外语教学的文化追求，指出在强调民族文化和二语文化在三语文化格局中心地位和外语文化的重要作用的同时，民族地区的外语教育应以构建多元文化价值观为其文化追求。

第九章

结论与思考

本书以文献梳理为基础，基于问卷、访谈、课堂语码转换记录等数据对于样本地区三语环境下教师课堂语码转换进行了特征描写、模式构建和教育学学理思辨。但随着信息技术的发展和人类认知水平的不断提高，语码转换的研究还将进一步深入。本章第一节对本书的研究问题作以回答，第二节则是对于未来语码转换研究尤其是三语语码转换研究略作展望。

第一节 研究结论

本节主要总结回答本书研究设计中提出的研究问题（详见第五章第一节）。本书第六章、第七章和第八章分别对本研究提出的三个研究问题作了解答。

沿着"特征描写—模式构建—学理思辨"的研究思路，本书第六章对三语环境下教师课堂语码转换的形态、结构、功能以及影响因素分布、语言使用时长等特征进行了描写；在第六章描写研究的基础上，本书第七章对各主要影响因素变量对三语教师课堂语码转换研究的影响模式和生成机制进行了构建；第八章对语码转换的有关问题进行了教育学学理思辨。研究结论表述如下：

一、在三语环境下，教师课堂语码转换研究具有以下特点：

（一）三语环境下教师课堂语言形态选择和语码转换模式与三语教师的三语水平关系密切。总体而言，三语教师在目标语言——英语和自己水平相对较高的藏语或汉语间进行语码转换的频数最高、比重最大。

（二）六名教师句际转换的频次和比重均明显高于句内转换和附加转换；六名教师三种结构形式的差值也有所不同，反映出三语环境下语码转换结构特征的变异性、复杂性和多样性。

（三）总体而言，教师基于语篇的语码转换在频数和比重上都明显高于基于交际者的语码转换，折射出课程话语在三语课堂话语中的中心地位，学生话语在频数和比重上都居次要地位。

（四）就三语教师三种语言保持的时长而言，六名教师目标语言英语的保持时长最长，汉语和藏语保持的时长视教师两种语言的相对水平而定，若教师汉语水平高于藏语水平，则汉语保持的时间较长，藏语保持的时长次之；反之，教师藏语保持的时长较长，汉语次之。

二、三语环境下各主要影响因素对三语教师的课堂语码转换的影响模式及其生成机制表述如下：

（一）在研究预设的六个影响因素变量中，民族身份和教育背景、三语相对水平和三语接触时长对语码转换的影响超出了六种因素的平均水平，被视为影响三语教师课堂语码转换的主要因素。

（二）民族身份和教育背景主要通过民族认同和语言认同、三语概念体系和三语选择心理等心理过程对三语教师的课堂语码转换产生影响，而在三语相对水平对语码转换的影响中，教师表达障碍和学生消极反馈会使三语教师寻求师生双方共享水平较好的语言作为目标语言进行语码转换。三语接触时长对三语教师课堂语码转换的影响机制主要是通过三语表达习惯、对目标语言（英语）的重要地位的认识和三语选择心理等得以实现的。

（三）就各主要因素整体上对三语教师课堂语码转换的影响而言，本研究构建了基于以上三个模式的整合模式来解读三语环境下教师课堂语码转换现象。该模式由宏观层面三种主要影响因素变量对三语教师课堂语码转换的影响模式和微观层面教师三语课堂语码转换的生成机制等两部分构成。研究表明，民族身份和教育背景是影响三语教师汉英课堂语码转换的主要因素变量；三语接触时长和三语相对水平是影响英藏语码转换的主要因素变量；而藏英语码转换的主要影响因素是民族身份和教育背景，以及三语接触时长；英汉语码转换的主要影响因素是三语接触时长；汉藏语码转换的主要影响因素是三语相对水平。同时，微观层面语码转换的生成机制是通过三个主要因素变量在三语教师心理上形成的投射、三语概念体系和三语选择心理等心理过程实现的。

三、在对三语环境下教师课堂语码转换进行描写研究和模式构建的基础上，对语码转换的有关问题从教育学的视角进行学理思辨。研究表明：

（一）就三语环境下教师课堂语码转换影响下的教师课堂话语的特点而言，教师课堂话语具有话语形态多元化、话语选择策略灵活和教师话语权得到延伸和拓展等特征。

（二）对三语环境下教师课堂语码转换的文化生态阐释表明，文化涵化和文化操控是影响三语教师课堂语码转换的两种文化生态机制；三语教师淡薄的文化意识和相对脆弱的三语课堂文化生态是导致文化因素在三语教师课堂语码转换中影响水平较低的主要原因。

（三）研究发现，参差不齐的三语水平、淡薄的多元文化意识和对三语教学及语码转换缺乏科学认识是我国目前三语师资的主要特点，因此应对三语教师进行职后继续教育。

（四）三语环境下民族外语课程具有目标多元化、组织复杂化和资源多样化等特征；三语教学对民族外语教育具有重要的语言价值，指出应对三种语言在课堂话语中的分布趋势、结构特征、功能作用和交际效果等问题进行深入研究，加强对三种语言间的对比分析研究，同时对民族外语教育中的三语教学进行规范和指导；在强调民族文化和二语文化在三语文化格局中的中心地位和外语文化的重要作用的同时，民族地区的外语教育应以构建多元文化价值观为其文化追求。

以上发现和结论是建立在描写分析和理论抽象的基础之上的，这些结论的语料来源和现实基础是藏、汉、英三语环境下教师课堂语码转换的个案研究，因此，其普适性和对其他语言形态下语码转换的解释力还有待进一步的求证。

第二节　几个需要进一步探讨的问题

三语环境下的课堂语码转换研究是一个尚未开拓的研究领域，因此没有相对成熟的研究模式可资借鉴，研究设计和论证过程都是首次尝试，难免面临着很多技术上和操作上的难题。同时，三种语言形态的介入，使语码转换的形态由双语环境下的两种变为六种，在六种语码转换形态下，对语码转换影响模式和生成机制进行抽象化概括的难度大大增加，加上笔者学识所限，本书对一些与语码转换有关的问题未作探讨，留待后续研究解决。

一 对影响水平未达到均值的三种因素变量对语码转换的影响未作探讨

本书采取了统计学中的均值水平作为判断各因素是否是主要因素的方法，析出影响三语环境下教师课堂语码转换的三个主要因素（民族身份和教育背景、三语相对水平和三语接触时长），并详细考察和论证了各主要因素对教师三语课堂语码转换的影响模式及其生成机制，而对其余三种未达到均值水平的影响因素变量（对三种语言的价值判断和态度、对三种文化的价值判断和态度以及课堂交际环境）未作详细考察。

在不同的三语课堂环境下，各个因素对三语教师课堂语码转换的影响水平不尽相同。本书对各因素影响水平的区分是建立在个案研究的基础上的，对不同三语环境下的教师课堂语码转换研究具有借鉴价值，但本研究的结果和发现不具有普遍的解释力和全部的概括性。所以在语码转换的后续研究中，应重新审视三种未达平均影响水平的因素变量对教师课堂语码转换的影响作用。

二 对语码转换的三种结构类型、两种功能类型和六种影响因素变量的关系未作探讨

本书预设的六种影响因素是为考察三语环境下六种语码转换形态的运动变化而特意设计的，因此，六种影响因素对语码转换的三种结构类型和两种功能类型的解释力有待考证。本书的重点在于从语码转换的形态分析其影响模式和生成机制，对课堂语码转换结构类型和功能类型只进行了简单的描写。要在语码转换的结构类型同影响因素变量间建立作用模式，应该在对参与转换的语言形态的句法结构进行分析的基础上，析出可能影响语码转换结构类型的变量；而要在语码转换的功能类型和影响因素变量间建立作用模式，则要在对参与转换的语言进行功能语言学和语用学的对比分析后，析出相应的影响因素变量，这一领域的研究将会大大丰富人们对语码转换的理解和认识，特别有助于对语码转换的

句法结构制约和功能转换机制的解读。

三　运用不同学科的研究传统和方法解读三语语码转换将有着巨大的研究潜力

　　语码转换是一个跨学科特征很强的现象，语言学、心理学、人类学和教育学等学科都对语码转换表现出浓厚的研究兴趣，在语言学传统下的语码转换研究中，又派生出社会语言学、心理语言学、语法学、会话分析和语用学等分支。这些学科的研究都是建立在双语语料的基础之上的，并已构建出相对成熟完善的基础理论体系。从现有的理论基础出发，尝试构建对三语或多语语码转换语料具有解释力的理论将显示出极大的研究潜力，是未来各学科语码转换研究的重要路向。

　　三语/多语环境下的语码转换研究是一个新兴的研究领域。本书从语言学和教育学的视阈对藏、汉、英三语环境下教师课堂语码转换的特征进行了描写，并对各主要影响因素对三语课堂语码转换的影响模式及其生成机制进行了解读，同时对这一现象从教育学的视点进行了学理思辨，研究将会为后续的三语课堂语码转换的研究起到抛砖引玉的作用。但是，由于作者学识有限，以及作者本人不懂藏语言，在与有些个案教师交流沟通时必须借助藏汉翻译，可能产生信息的失真和流失，加上研究问题的前沿性和创新性，研究中定有诸多不妥之处，敬请不吝赐教。

参 考 文 献

1. Alvarez-Caccamo, Celso, "From 'switching code' to 'code switching': towards a reconceptualization of communicative codes", in Peter Auer (ed.), *Code-switching in conversation: language, interaction and identity*, London & New York: Routledge, 1998.

2. Ansaldo, U., "Contact, typology and the speaker: the essentials of language", *Language Sciences*, 2004.

3. Appeal, R. and Muysken, P., *Language contact and bilingualism*, London: Edward Arnold, 1987.

4. Arthur, J., "Code switching and collusion: classroom interaction in Botswana primary schools", *Linguistics and Education*, 8, 17 - 33, 1996.

5. Auer, P., "A discussion paper on codeswitching", In *Papers for the workshop on concepts, methodology and data*. (Held in Basel, 12 - 13, January 1990), Strasbourg: European Science Foundation, 69 - 88, 1990.

6. Auer, P., "The pragmatics of code-switching: a sequential approach", In L. Milroy and P. Muysken (eds), *One speaker, two languages: cross disciplinary perspectives on code-switching*, Cambridge: Cambridge University Press, 1995.

7. Auer, P., *Code-switching in conversation: Language, interaction and identity*, London and New York: Routledge, 1998.

8. Auer, P., "A postscript: code-switching and social identity", *Journal of Pragmatics*, 37, 403 - 410, 2005.

9. Azuma, S., "Meaning and form in codeswitching", In Rodolfo Jacobson, Berlin (eds.), *Codeswitching Worldwide*, New York: Mouton de Gruyter, 1998.

10. Baetens Beardsmore, H., *Bilingualism: basic principles*. 2nd edition, Clevedon: Multilingual Matters, 1986.

11. Bain, B. & Yu, A., "Toward a fuller appreciation of codeswitching", *Journal of Pragmatics*, 32, 1405 – 1411, 2000.

12. Banks, J. A., "Approaches to multicultural curriculum reform", *Theory and Practice*, 1986.

13. Banks J. A. & Banks C. M., *Multicultural Education: Issues and Perspectives*, Boston: Allyn and Bacon, 1993.

14. Benson, E. J., "The neglected early history of codeswitching research in the United States", *Language and Communication*, 21, 23 – 36, 2001.

15. Bentahila, A. & Davies, E. E., "Patterns of code-switching and patterns of language contact", *Lingua*, 1995.

16. Birdsong, D. & Molis, M., "On the evidence for maturational constraints in second-language-acquisition", *Journal of Memories and Language*, 44, 235 – 249, 2001.

17. Blackledge, D & Hunt, B., *Sociological Interpretations of Education*, London, Sydney, Dover: Croom Helm Ltd., 1985.

18. Bokamba, E. G., "Are there syntactic constrains on code-swithing?", *World Englishes*, 8/3: 277 – 292, 1989.

19. Boyle, J., "The use of mixed code in HongKong English Language Teaching", *System*, 25/1, 83 – 89, 1997.

20. Bussmann, H., *Routledge Dictionary of Language and Linguistics*, Beijing: Foreign Language Teaching and Research Press, 2000.

21. Carnoy, M., "Education and racial inequality: the human capital explanation revisited", *Economics of Education Review*, 15/3, 259 – 272, 1996.

22. Cenoz, J. and Jessner, U., "Expanding the scope: Sociolinguistic, psycholinguistic and educational aspects of learning English as a third language in Europe", In J. Cenoz and J. Ulrike (eds.), *English in Europe: The Acquisition of a Third Language*, Clevedon: Multilingual Matters, 2000.

23. Chamber, F., "Promoting use of the target language in the classroom", *Language Learning Journal*, 4, 27 - 31, 1991.

24. Chan, Brian Kok-Shing., *Aspects of the syntax, the pragmatics, and the production of code-switching: Cantonese and English*, New York: Peter Lang Publishing Inc., 2003.

25. Cheshire, J. & Gardner-Chloros, P., "Code-switching and the sociolinguistic gender pattern", *International Journal of the Society of Language*, 129: 5 - 34, 1998.

26. Chomsky, N., *Language and Responsibility*, New York: Pantheon Books, 1979.

27. Clyne, M., *Community languages: the Australian experience*, Cambridge: Cambridge University Press, 1991.

28. Cook, V., *Second language learning and language teaching*, London: Edwar Arnold, 1991.

29. Coulmas, F., *The Handbook of Sociolinguistics*, Beijing: Foreign Language Teaching and Research Press, 2001.

30. Deumert, A., "Markedness and salience in language contact and second-language acquisition: evidence from a non-canonical contact language", *Language Sciences*, 2003.

31. Di Sciullo, A. M., Muysken, P. and Singh, R. D., "Government and code-mixing", *Journal of Linguistics* 22: 1 - 24, 1986.

32. Dolitsky, M. D. & Bensimon-Choukroun, "G. Special issue on codeswitching", *Journal of Pragmatics*, 32, 1255 - 1257, 2000.

33. Gumperz, J. J., *Discourse strategies*, Cambridge, New York, New Rochelle, Melbourne, and Sydney: CUP, 1982.

34. Gardner-Chloros, P., Charles, R. & Cheshire, J., "Parallel pattern? a comparison of monolingual speech and bilingual codeswitching discourse", *Journal of Pragmatics*, 32, 1305 - 1341, 2000.

35. Gollnick, D. M. & Chinn, P. C., *Multicultural Education in a Pluralistic Society*, Columbus: Bell & Howel, 1986.

36. Grand Carl A. (eds.), *Multicultural Education: Commitments, Is-*

sues and Applications, D. C. Washington: Association for Supervision and Curriculum Development, 1997.

37. Gross, S., "Intentionality and the markedness model in literary codeswitching", *Journal of Pragmatics*, 32, 1283 – 1303, 2000.

38. Gumperz, J. J., *Discourse Strategies*, Cambridge: Cambridge University Press, 1982.

39. Hamers, J. F. & Blanc, M. A. H., *Bilinguality and bilingualism*, Cambridge: Cambridge University Press, 1989.

40. Hasen, M. H., *Lessons in Being Chinese: Minority Education and Ethnic Identity in Southwest China*, Hong Kong: Hong Kong University Press, 1999.

41. Haust, D. & Dittmar. N., "Taxonomic or functional models in the description of codeswitching? Evidence from mandinka and Wolof in African contact situations", In R. Jacobson (ed.), *Codeswitching world* (Trends in linguistics: studies and monographs, 106), Berlin, New York: Mouton de Gruyter, 1998.

42. Herskovits, M. J., *Acculturation: the Study of Culture Contect*. Cloucester, mass: Peter Smith, 1938.

43. Herscovits, M. J., *Man and His Works*. New York: A. A. Knofp, 1948.

44. Huguet, A., Vila I. & Llurda, E., "Minority language education in unbalanced bilingual situations: a case for the linguistic interdependence hypothesis", *Journal of Psycholinguistic Research*, 29/3, 313 – 333, 2000.

45. Huss-Keeler, R. L., "Teaching perception of ethnic and linguistic minority parental involvement and its relationships to children's language and literacy learning: a case study", *Teaching and Teacher Education*, 13/2, 171 – 182, 1997.

46. Kachru, B. B., *The Indianization of English: the English language in India*, Delhi: Oxford University Press, 1983.

47. Jan, B., Collins, J. & Slembrouck, "Space of multilingualism",

Language and Communication, 25, 197 - 216, 2005.

48. Johnson, B., "The politics, policies, and practices in linguistic minority education in the People's Republic of China: the case of Tibet", *International Journal of Educational Research*, 33, 593 - 600, 2000.

49. Kamwangamalu, N. K., "'Mixer' and 'mixing': English across cultures", *World Englishes* 11 (2/3): 173 - 184, 1992.

50. Lederberg, A. R. and Morales, C., "Codeswitching by bilinguals: evidence against a third grammar", *Journal of Psycholinguistics*, 14/2: 113 - 136, 1985.

51. Li, D. C. S., *Issues in bilingualism and biculturalism: a Hong Kong case study*, New York; Washington, D. C./Baltimore; Bern; Frankfurt am Main; Berlin; Vienna; Paris: Peter Lang Publishing Inc., 1996.

52. Li Wei, "The 'why' and 'how' questions in the analysis of conversational code-switching", In Peter Auer (ed.), *Code-Switching in Conversation: Language, Interaction and Identity*, London and New York: Routeledge, 1998.

53. Luck, K. K., "Expedient and orientational language mixing in Hong Kong", *York Papers in Linguistics*, 11, 191 - 201, 1984.

54. Luke, K. K., "Why two languages might be better than one: motivations of language mixing in Hong Kong", In Pennington, M. (ed.), *Language in Hong Kong at century's end.* (pp. 145 - 160), Hong Kong: Hong Kong University Press, 1997.

55. Martin-Jones, M., "Codeswitching in the classroom: a discussion document", *Papers for the workshop on impact and consequences: broader Considerations* (European Science Foundation Network on Codeswitching and Language Contact), 1990.

56. Martin-Jones, M., "Codeswitching in the classroom: two decades of research", In Leslie Milroy and Pieter Muysken (eds.), *One speaker, two Languages: cross disciplinary perspectives on code-switching*, Cambridge: Cambridge University Press, 1995.

57. Milk, R., "An analysis of the functional allocation of Spanish and

English in a bilingual classroom", *California Association for Bilingual Education: Research Journal*, 1981.

58. Modood, T. & May, S., "Multilingualism and education in Britain: an internally contested debate", *International Journal of Educational Research*, 35, 305 – 317, 2001.

59. Moreno, E. M., Federmeier, K. D. & Kutas, M., "Switching languages, switching palabras (words): an electrophysiological study of code switching", *Brain and Language*, 80, 188 – 207, 2002.

60. Munoz, M. L., Marquardt, T. P. & Copeland, G., "A comparison of the codeswitching patterns of Aphasic and neurologically normal bilingual speakers of English and Spanish", *Brain and Language*, 66, 249 – 274, 1999.

61. Muysken, P., "Code-switching and grammatical theory", In Milroy, L. & Muysken, P. (ed.), 1990, *One speaker, two languages: Cross-disciplinary perspectives on code-switching*, New York and Melbourne: Cambridge University Press, 1995.

62. Myers-Scotton, C., "Common and uncommon ground: social and structural factors in codeswitching", In *Language in Society*, 22, 475 – 503, 1993.

63. Myers-Scotton, C., "A theoretical introduction to the markedness model", In Myers-Scotton (ed.), *Code and consequence: choosing linguistic varieties*, New York, Oxford: Oxford University Press, 1998.

64. Pedersen, P. B., "Recent trend in cultural theories", *Applied and Preventive Psychology*, 6, 221 – 231, 1997.

65. P. H. Nelde, "Language conflict", In F. Coulmas (ed.), *The Handbook of Sociolinguistics*, Beijing: Foreign Language Teaching and Research Press, 2001.

66. Pluddemann, P., "Multilingualism and education in South Africa: one year on", *International Journal of Educational Research*, 31, 327 – 340, 1999.

67. Postiglione, G. A., *Chinese National Minority Education: Culture,*

Schooling and Development, New York and London: Falmer Press, 1999.

68. Psathas, G., *Conversation analysis: the study of talk-in-interaction*, Thousand Oaks, London and New Delhi: Sage Publications, 1995.

69. Purdie, N. & Oliver, R., "Language learning strategies used by bilingual school-aged children", *System*, 27, 375 – 388, 1999.

70. Riley, K., "Big change question: should indigenous minorities have their right to have their own education systems, without reference to national standard?", *Journal of Educational Change*, 6, 177 – 189, 2005.

71. Rollin-Ianziti, J. & Brownlie, S., "Teacher use of learners' native language in the foreign language classroom", *Canadian Modern Language Review*, 58, 22 – 50, 2002.

72. Scheu, U. D., "Cultural constraints in bilinguals' codeswitching", *International Journal of Intercultural Relations*, 24, 2000.

73. Simon, D., "Toward a new understanding of codeswitching in the foreign language classroom", *Canadian Modern Language Review*, 58, 22 – 50, 2001.

74. Sridhar, S. N. and Sridhar, K. K., "The syntax and psycholinguistics of bilingual code mixing", *Canadian Journal of Psychology*, 34/4, 407 – 416, 1980.

75. Tay, M. W. J., "Codeswitching and codemixing as a communicative strategy in multilingual discourse", *World Englishes* 8 /3: 407 – 417, 1989.

76. Tuc, Ho-Dac. A., *Vietnamese-English bilingualism: patterns of code-switching*, London & New York: Taylor & Francis Group, 2003.

77. Verschueren, J., *Understanding pragmatics*, London, New York, Sydney and Auckland: Arnold, 1999.

78. Webb, V., "Multilingualism in democratic South Africa: the overestimation of language policy", *International Journal of Educational Development*, 19, 351 – 366, 1999.

79. Winford, D., *An introduction to contact linguistics*, Oxford: Blackwell Publisher Ltd., 2003.

80. 敖木巴斯尔:《三语教育改革实验研究课题的理论构思与实践框架》,《民族教育研究》2004 年第 1 期。

81. 巴战龙、滕星:《人类学·田野工作·教育研究——一个教育人类学家的关怀、经验和信念》,《中南民族大学学报》2004 年第 2 期。

82. 蔡其勇:《新课程改革背景下的教师专业发展研究》,《教育探索》2006 年第 12 期。

83. 陈嘉映:《语言哲学》,北京大学出版社 2003 年版。

84. 陈勤:《教师话语、课堂角色与语言学习》,《四川师范大学学报》(社会科学版) 2004 年第 4 期。

85. 陈向明:《质的研究方法与社会科学研究》,教育科学出版社 2000 年版。

86. 陈永明、杨丽霞:《当代心理语言学研究的若干重要问题》,《心理科学》1999 年第 5 期。

87. 陈至立:《高举邓小平理论的伟大旗帜认真实践"三个代表"重要思想努力开创民族教育工作新局面——在第五届全国民族教育工作会议上的讲话(2002 年 7 月 27 日)》(教育部民教司对部分数据进行了更改),载国家教育发展研究中心《2003 年中国教育绿皮书——中国教育政策年度分析报告》,教育科学出版社 2003 年版。

88. 陈慰:《英汉语言学词汇》,商务印书馆 2003 年版。

89. 董奇:《心理与教育研究方法》,北京师范大学出版社 2004 年版。

90. [英] 戴维·克里斯特尔:《现代语言学词典》,沈家煊译,商务印书馆 2000 年版。

91. 杜学增导读, R. A. Hudson, *Sociolinguistics*, Beijing: Foreign Language Teaching and Research Press, 2000。

92. 范国睿:《教育生态学》,人民教育出版社 2000 年版。

93. 费孝通:《简述我的民族研究经历与思考》,《北京大学学报》(哲学社会科学版) 1997 年第 2 期。

94. 冯增俊:《教育人类学》,江苏教育出版社 1998 年版。

95. 冯增俊等:《教育人类学教程》,人民教育出版社 2005 年版。

96. 郭春雨:《英语走进藏族课堂,三语教学发展的必然》,《基础教育外语教学研究》2003年第1期。

97. 桂诗春、宁春岩：《语言学方法论》，外语教学与研究出版社1997年版。

98. 哈经雄、滕星：《民族教育学通论》，教育科学出版社2001年版。

99. 何增俊、柯森：《双语教育与综合英语》，中山大学出版社2003年版。

100. 何自然、于国栋：《语码转换研究述评》，《现代外语》2001年第1期。

101. 胡学常：《文学话语与权力话语》，浙江人民出版社2000年版。

102. 黄成夫：《论英语课堂中的语码转换》，《云南师范大学学报》2004年第6期。

103. 黄书光、王伦信、袁文辉：《中国基础教育改革的文化使命》，教育科学出版社2001年版。

104. 黄远振：《新课程英语教与学》，福建教育出版社2003年版。

105. 黄小苹：《课堂话语微观分析：理论，方法与实践》，《外语研究》2006年第5期。

106. 黄晓岚：《从文化教育人类学看中国教育》，《湖北民族教育学院学报》（哲学社会科学版）2005年第1期。

107. 吉标：《教师话语霸权的危害、成因及消解》，《教育导刊》2006年第7期。

108. 贾爱武：《课堂话语模式的分析与改进》，《解放军外国语学院学报》1999年第4期。

109. 教育部：《全日制义务教育普通高级中学英语课程标准》，北京师范大学出版社2001年版。

110. 姜秋霞、刘全国、李志强：《西北民族地区外语基础教育现状调查》，《外语教学与研究》2006年第2期。

111. 蒋茵：《遗忘与追寻：关于教师话语权的问题》，《当代教育科学》2003年第14期。

112. ［英］理查茨等：《朗文语言教学及应用语言学词典》，管燕红译,外语教学与研究出版社 2000 年版。

113. 李秉德、李定仁:《教学论》,人民教育出版社 1991 年版。

114. 李德显、杨淑萍:《人种志方法与课堂研究》,《教育理论与实践》2002 年第 7 期。

115. 李刚:《自然语言语码转换研究的若干方面》,载赵蓉晖《社会语言学》,上海外语教育出版社 2005 年版。

116. 李松林:《课堂场域中的权力运作与学生的生存境遇》,《教育科学》2006 年第 8 期。

117. 李毅夫、王恩庆:《世界民族译名手册》,商务印书馆 1994 年版。

118. 李秀莲、全红:《教师话语策略与学生交际能力的培养》,《南昌大学学报》(人文社会科学版) 2004 年第 4 期。

119. 寮菲、冯晓媛:《英语课堂话语的认知语境与交际效果分析》,《外语教学》2005 年第 1 期。

120. 刘北成:《福柯思想肖像》,上海人民出版社 2001 年版。

121. 刘全国:《我国民族地区外语教育中的三语教学问题》,西部民族地区外语基础教育研讨会,兰州,2005 年 8 月。

122. 刘彦尊:《人种志方法在比较教育研究中的应用》,《外国教育研究》2006 年第 9 期。

123. 玛曲县藏族寄宿制中学:《玛曲县藏族寄宿制中学管理情况汇报》,2006 年 6 月 8 日。

124. 钱民辉:《当代欧美教育人类学研究的核心主题与趋势》,《北京大学学报》(哲学社会科学版) 2005 年第 5 期。

125. 施良方:《课程理论——课程的基础、原则与问题》,教育科学出版社 1996 年版。

126. 宋明钧:《反思:教师专业发展的应有之举》,《课程·教材·教法》2006 年第 7 期。

127. 孙振玉:《论"玛曲教育现象"——藏区牧区教育问题研究》,《中央民族大学学报》(哲学社会科学版) 2000 年第 6 期。

128. 谭东玲:《语码转换的心理语言学分析》,《外语学刊》2000 年第 2 期。

129. 滕星：《族群、文化与教育》，教育科学出版社 2002 年版。

130. 滕星、王军：《20 世纪中国少数民族与教育》，民族出版社 2002 年版。

131. 滕星：《英美多元文化教育学简述》，载滕星《族群、文化与教育》，民族出版社 2002 年版。

132. 万明钢：《多元文化视野价值观与民族认同研究》，民族出版社 2006 年版。

133. 王斌华：《双语教育与双语教学》，上海教育出版社 2003 年版。

134. 王楚安，徐美彦：《浅析语码转换的社会及心理动因》，《广东外语外贸大学学报》2005 年第 4 期。

135. 王钢：《定量分析与评价方法》，华东师范大学出版社 2003 年版。

136. 王红毅：《语用学轨道的哲学探究》，《江西社会科学》2005 年第 10 期。

137. 王鉴：《多元文化教育：西方民族教育的实践及其启示》，《民族教育研究》2003 年第 6 期。

138. 王瑾、黄国文：《语码转换之结构研究述评》，《外国语言文学》2004 年第 2 期。

139. 王军、平山求：《日本"异文化教育"研究》，《民族教育研究》1995 年第 2 期。

140. 魏宏君：《中国少数民族"三语教学"形式浅析》，《石河子大学学报》（哲学社会科学版）2005 年第 4 期。

141. 武文：《文化学论纲——社会文化人类学的解读》，兰州大学出版社 2000 年版。

142. 徐大明、陶红印、谢天蔚：《当代社会语言学》，中国社会科学出版社 1997 年版。

143. 徐大明：《约翰·甘柏兹的学术思想》，《语言教学与研究》2002 年第 4 期。

144. 徐辉：《教育人种志与比较教育学研究方法的进展》，《全球教育展望》2005 年第 6 期。

145. 邢思珍：《社会学视角下的教师话语权》，《当代教育科学》2004 年第 7 期。

146. 杨四耕：《我国双语教学研究新进展》，载黄兰宁《学校双语课程》，广西教育出版社 2004 年版。

147. 杨永林：《社会语言学研究：功能·称谓·性别篇》，上海教育出版社 2004 年版。

148. 于国栋：《英汉语码转换的语用学研究》，山西人民出版社 2001 年版。

149. 于国栋：《语码转换的顺应性模式》，《当代语言学》2004 年第 1 期。

150. 张华：《课程与教学论》，上海教育出版社 2000 年版。

151. 张华龙：《课堂教学：从求真殿堂的膜拜到意义家园的营建》，《教育评论》2006 年第 5 期。

152. 郑金洲：《教育文化学》，人民教育出版社 2000 年版。

153. 钟启泉：《"双语教学"之我见》，《全球教育展望》2003 年第 2 期。

154. 周健敏、赵风雨：《新课程背景下课堂社会的教师话语权探析》，《当代教育科学》2005 年第 14 期。

155. 祝畹瑾：《社会语言学概论》，湖南教育出版社 1992 年版。

附录一

甘南藏族自治州英语三语教学语码转换田野工作记录表

时间：_____年___月___日 上/下午_____：_____—_____：_____

被试学校：_____被试编号_____

被试基本信息：姓名_____性别_____年龄_____学历_____学位_____

教育背景：自考（ ） 中师（ ） 高师（ ） 跨专业（ ） 婚姻状况：已婚（ ） 未婚（ ）

记录人：_____ 三语水平自我评价：藏语（ ） 汉语（ ） 英语（ ）

（5 = 最好；4 = 较好；3 = 一般；2 = 较差；1 = 最差）

	起止时间	经 历
教育经历		
工作经历		

编号	时间	语码转换形态						影响因素							备注
		藏汉	藏英	汉英	汉藏	英藏	英汉	三语水平	语言接触	三语态度	教育背景价值判断	多元文化	课堂环境	其他	

附录二

三语环境下教师课堂语言保持时长数据库

(以教师1为例的样库)[①]

开始时间	结束时间	语言形态			空白		时间长度(秒)
		英语	汉语	藏语	1	2	
00：00：00	00：00：05				*		5
00：00：05	00：00：16	*					11
00：00：17	00：04：51				*		274
00：04：51	00：04：53	*					2
00：04：53	00：04：54					*	1
00：04：55	00：05：05				*		10
00：05：05	00：05：26		*				21
00：05：26	00：05：31	*					5
00：05：31	00：05：32					*	1
00：05：32	00：05：33	*					1
00：05：33	00：05：35					*	2
00：05：35	00：05：36	*					1
00：05：36	00：05：37					*	1
00：05：37	00：05：39	*					2
00：05：39	00：05：42					*	3
00：05：42	00：05：45	*					3
00：05：45	00：05：47					*	2
00：05：47	00：05：48	*					1

---

① 限于篇幅，本书只呈现教师1的语言保持时长数据，其余五名教师的语言保持时长数据从略。

续表

开始时间	结束时间	语言形态					时间长度（秒）
^	^	英语	汉语	藏语	空白		^
^	^	^	^	^	1	2	^
00：05：48	00：05：49					*	1
00：05：49	00：05：51	*					2
00：05：52	00：05：55					*	3
00：05：55	00：05：57	*					2
00：05：57	00：05：58					*	1
00：05：58	00：05：59	*					1
00：05：59	00：06：00					*	1
00：06：00	00：06：03	*					3
00：06：03	00：06：06					*	3
00：06：06	00：06：08	*					2
00：06：08	00：06：10					*	2
00：06：10	00：06：12	*					2
00：06：12	00：06：15					*	3
00：06：15	00：06：18	*					3
00：06：18	00：06：20					*	2
00：06：20	00：06：21	*					1
00：06：21	00：06：22					*	1
00：06：22	00：06：23	*					1
00：06：23	00：06：27				*		4
00：06：27	00：06：30	*					3
00：06：30	00：06：33				*		3
00：06：33	00：06：34	*					1
00：06：34	00：06：36				*		2
00：06：36	00：06：38			*			2
00：06：38	00：06：41				*		3
00：06：41	00：06：43		*				2
00：06：43	00：06：47				*		4
00：06：47	00：06：53			*			6
00：06：53	00：06：59				*		6
00：06：59	00：07：00	*					1

续表

开始时间	结束时间	语言形态			空白		时间长度（秒）
		英语	汉语	藏语	1	2	
00：07：00	00：07：03				*		3
00：07：03	00：07：06	*					3
00：07：06	00：07：12				*		6
00：07：12	00：07：14	*					2
00：07：14	00：07：16					*	2
00：07：17	00：07：20	*					3
00：07：20	00：07：22					*	2
00：07：22	00：07：31				*		9
00：07：31	00：07：32	*					1
00：07：32	00：07：35					*	3
00：07：35	00：07：37			*			2
00：07：38	00：07：42		*				4
00：07：42	00：07：46			*			4
00：07：46	00：07：48				*		2
00：07：48	00：07：50		*				2
00：07：50	00：07：51			*			1
00：07：51	00：07：55		*				4
00：07：55	00：07：57			*			2
00：07：57	00：08：06		*				9
00：08：06	00：08：08				*		2
00：08：08	00：08：11	*					3
00：08：11	00：08：13					*	2
00：08：13	00：08：30				*		17
00：08：30	00：08：31	*					1
00：08：31	00：08：32					*	1
00：08：32	00：08：34		*				2
00：08：34	00：08：40				*		6
00：08：40	00：08：41			*			1
00：08：41	00：08：43				*		2
00：08：43	00：08：45	*					2

续表

开始时间	结束时间	语言形态					时间长度（秒）
^	^	英语	汉语	藏语	空　白		^
^	^	^	^	^	1	2	^
00:08:45	00:08:47					*	2
00:08:47	00:08:50	*					3
00:08:50	00:08:53		*				3
00:08:53	00:08:54					*	1
00:08:54	00:08:57			*			3
00:08:57	00:09:13				*		16
00:09:13	00:09:17	*					4
00:09:17	00:09:18					*	1
00:09:18	00:09:19	*					1
00:09:19	00:09:20					*	1
00:09:21	00:09:22	*					1
00:09:22	00:09:23					*	1
00:09:24	00:09:25	*					1
00:09:25	00:09:26					*	1
00:09:27	00:09:28	*					1
00:09:28	00:09:29					*	1
00:09:29	00:09:31	*					2
00:09:31	00:09:32					*	1
00:09:33	00:09:34	*					1
00:09:34	00:09:35					*	1
00:09:35	00:09:36	*					1
00:09:36	00:09:37					*	1
00:09:37	00:09:38	*					1
00:09:38	00:09:39					*	1
00:09:40	00:09:41	*					1
00:09:41	00:09:42					*	1
00:09:42	00:09:43	*					1
00:09:43	00:09:44					*	1
00:09:45	00:09:46	*					1
00:09:46	00:09:47					*	1

续表

开始时间	结束时间	语言形态			空 白		时间长度（秒）
		英语	汉语	藏语	1	2	
00：09：48	00：09：49	*					1
00：09：49	00：09：50					*	1
00：09：51	00：09：52	*					1
00：09：52	00：09：53					*	1
00：09：54	00：09：55	*					1
00：09：55	00：09：56					*	1
00：09：56	00：09：57	*					1
00：09：57	00：09：58					*	1
00：09：58	00：09：59	*					1
00：09：59	00：10：00					*	1
00：10：00	00：10：05		*				5
00：10：05	00：10：07				*		2
00：10：07	00：10：08		*				1
00：10：08	00：10：29				*		19
00：10：29	00：10：30	*					1
00：10：30	00：10：32		*				2
00：10：32	00：10：35					*	3
00：10：35	00：10：38		*				3
00：10：38	00：10：39					*	1
00：10：39	00：10：42	*					3
00：10：43	00：11：51				*		68
00：11：51	00：11：53	*					2
00：11：53	00：11：54			*			1
00：11：54	00：11：57					*	3
00：11：58	00：12：00		*				2
00：12：00	00：12：03	*					3
00：12：03	00：12：05		*				2
00：12：05	00：12：06	*					1
00：12：06	00：12：07					*	1
00：12：07	00：12：13	*					6

附录二 三语环境下教师课堂语言保持时长数据库

续表

开始时间	结束时间	语言形态					时间长度（秒）
		英语	汉语	藏语	空　白		
					1	2	
00：12：13	00：12：15				*		2
00：12：15	00：12：18	*					3
00：12：18	00：12：23				*		5
00：12：23	00：12：25	*					2
00：12：25	00：12：31				*		6
00：12：31	00：12：32	*					1
00：12：32	00：12：36				*		4
00：12：36	00：12：37		*				1
00：12：37	00：12：41				*		4
00：12：41	00：12：46			*			5
00：12：47	00：13：07					*	20
00：13：07	00：13：09	*					2
00：13：07	00：13：37				*		30
00：13：37	00：13：39	*					2
00：13：39	00：13：40				*		1
00：13：40	00：13：41	*					1
00：13：41	00：13：45				*		4
00：13：45	00：13：47			*			2
00：13：47	00：14：02					*	15
00：14：03	00：14：04	*					1
00：14：04	00：14：17					*	13
00：14：18	00：14：19			*			1
00：14：19	00：14：29					*	10
00：14：29	00：14：30			*			1
00：14：30	00：14：32	*					2
00：14：32	00：14：36					*	4
00：14：36	00：14：38	*					2
00：14：38	00：14：41			*			3
00：14：41	00：14：46				*		5
00：14：46	00：14：48	*					2

续表

开始时间	结束时间	语言形态			空 白		时间长度（秒）
		英语	汉语	藏语	1	2	
00：14：48	00：14：53				*		5
00：14：53	00：14：54	*					1
00：14：54	00：14：56				*		2
00：14：56	00：14：58			*			2
00：14：58	00：15：01				*		3
00：15：01	00：15：03			*			2
00：15：03	00：15：08				*		5
00：15：08	00：15：10	*					2
00：15：11	00：15：13			*			2
00：15：13	00：15：29					*	16
00：15：29	00：15：31	*					2
00：15：31	00：15：33					*	2
00：15：33	00：15：35	*					2
00：15：35	00：15：40					*	5
00：15：40	00：15：42	*					2
00：15：42	00：15：44				*		2
00：15：44	00：15：52	*					8
00：15：52	00：15：57		*				5
00：15：57	00：15：58	*					1
00：15：58	00：15：59					*	1
00：15：59	00：16：01	*					2
00：16：01	00：16：02					*	1
00：16：02	00：16：03	*					1
00：16：03	00：16：04					*	1
00：16：04	00：16：05	*					1
00：16：05	00：16：06					*	1
00：16：06	00：16：07	*					1
00：16：07	00：16：08					*	1
00：16：08	00：16：09	*					1
00：16：09	00：16：11					*	2

附录二　三语环境下教师课堂语言保持时长数据库

续表

开始时间	结束时间	语言形态			空　白		时间长度（秒）
		英语	汉语	藏语	1	2	
00：16：11	00：16：12	*					1
00：16：12	00：16：13					*	1
00：16：13	00：16：15	*					2
00：16：15	00：16：17					*	2
00：16：17	00：16：18	*					1
00：16：18	00：16：19					*	1
00：16：19	00：16：21	*					2
00：16：21	00：16：23					*	2
00：16：23	00：16：24	*					1
00：16：24	00：16：26					*	2
00：16：26	00：16：28	*					2
00：16：28	00：16：30					*	2
00：16：30	00：16：32	*					2
00：16：32	00：16：34					*	2
00：16：35	00：16：36	*					1
00：16：36	00：16：37					*	1
00：16：37	00：16：38	*					1
00：16：38	00：16：39					*	1
00：16：40	00：16：41	*					1
00：16：41	00：16：42					*	1
00：16：43	00：16：45	*					2
00：16：45	00：16：47					*	2
00：16：47	00：16：48				*		1
00：16：48	00：16：49	*					1
00：16：49	00：16：59		*				10
00：16：59	00：17：05					*	6
00：17：05	00：17：09		*				4
00：17：09	00：17：11					*	2
00：17：11	00：17：13		*				2
00：17：13	00：17：14					*	1

续表

开始时间	结束时间	语言形态					时间长度（秒）
			英语	汉语	藏语	空　白	
						1	2	
00：17：14	00：17：15		*				1
00：17：15	00：17：17			*			2
00：17：17	00：17：19					*	2
00：17：19	00：17：30		*				11
00：17：30	00：17：31					*	1
00：17：31	00：17：32		*				1
00：17：32	00：17：33					*	1
00：17：33	00：17：37		*				4
00：17：37	00：17：38					*	1
00：17：38	00：17：54		*				16
00：17：54	00：17：55					*	1
00：17：55	00：17：58		*				3
00：17：58	00：17：59					*	1
00：17：59	00：18：00					*	1
00：18：00	00：18：02		*				2
00：18：02	00：18：03					*	1
00：18：03	00：18：04		*				1
00：18：04	00：18：05					*	1
00：18：05	00：18：06		*				1
00：18：06	00：18：07					*	1
00：18：07	00：18：08			*			1
00：18：08	00：18：11					*	3
00：18：11	00：18：12			*			1
00：18：12	00：18：20		*				8
00：18：20	00：18：38				*		18
00：18：38	00：18：45		*				7
00：18：45	00：19：14				*		29
00：19：14	00：19：16	*					2
00：19：16	00：19：19					*	3
00：19：19	00：19：20	*					1

续表

开始时间	结束时间	语言形态					时间长度（秒）
^	^	英语	汉语	藏语	空 白		^
^	^	^	^	^	1	2	^
00：19：20	00：19：21					*	1
00：19：21	00：19：23	*					2
00：19：23	00：19：25				*		2
00：19：25	00：19：26		*				1
00：19：26	00：19：27				*		1
00：19：27	00：19：28			*			1
00：19：28	00：19：32					*	4
00：19：32	00：19：34	*					2
00：19：35	00：19：38		*				3
00：19：38	00：19：39					*	1
00：19：39	00：19：48				*		9
00：19：48	00：19：52	*					4
00：19：52	00：19：58				*		6
00：19：58	00：20：00	*					2
00：20：00	00：20：01			*			1
00：20：01	00：20：03					*	2
00：20：03	00：20：16	*					13
00：20：16	00：20：17					*	1
00：20：17	00：20：20	*					3
00：20：20	00：20：24				*		4
00：20：24	00：20：26		*				2
00：20：26	00：20：27				*		1
00：20：27	00：20：30		*				3
00：20：30	00：20：36				*		6
00：20：36	00：20：38			*			2
00：20：38	00：20：41				*		3
00：20：41	00：20：48	*					7
00：20：48	00：20：53				*		5
00：20：53	00：20：57	*					4
00：20：57	00：21：03				*		7

续表

开始时间	结束时间	语言形态			空白		时间长度（秒）
		英语	汉语	藏语	1	2	
00：21：03	00：21：06		*				3
00：21：06	00：21：08				*		2
00：21：08	00：21：10			*			2
00：21：10	00：21：11					*	1
00：21：11	00：21：13	*					2
00：21：13	00：21：15			*			2
00：21：15	00：21：16					*	1
00：21：16	00：21：18	*					2
00：21：18	00：21：29				*		11
00：21：29	00：21：31					*	2
00：21：31	00：21：37	*					6
00：21：37	00：21：38			*			1
00：21：38	00：21：40		*				2
00：21：40	00：21：42					*	2
00：21：42	00：21：59	*					17
00：21：59	00：22：06					*	7
00：22：06	00：22：11	*					5
00：22：11	00：22：15					*	4
00：22：15	00：22：16	*					1
00：22：16	00：22：17					*	1
00：22：17	00：22：19	*					2
00：22：19	00：22：21				*		2
00：22：21	00：22：22	*					1
00：22：22	00：22：24					*	2
00：22：24	00：22：28	*					4
00：22：28	00：22：30					*	2
00：22：30	00：22：41	*					11
00：22：42	00：22：45				*		3
00：22：45	00：23：05	*					20
00：23：05	00：23：06			*			1

续表

开始时间	结束时间	语言形态					时间长度（秒）
			英语	汉语	藏语	空白		
							1	2	
00：23：06	00：23：09	*					3
00：23：09	00：23：11				*		2
00：23：11	00：23：14	*					3
00：23：14	00：23：16				*		2
00：23：16	00：23：17	*					1
00：23：17	00：23：21				*		4
00：23：21	00：23：23	*					2
00：23：23	00：23：27					*	4
00：23：27	00：23：29	*					2
00：23：29	00：23：31					*	2
00：23：31	00：23：34	*					3
00：23：34	00：23：36					*	2
00：23：36	00：23：37	*					1
00：23：37	00：23：38					*	1
00：23：38	00：23：39	*					1
00：23：39	00：23：41					*	2
00：23：41	00：23：43	*					2
00：23：43	00：23：46				*		3
00：23：46	00：23：49	*					3
00：23：50	00：23：51		*				1
00：23：51	00：23：53					*	2
00：23：53	00：23：55	*					2
00：23：55	00：23：56					*	1
00：23：56	00：23：57	*					1
00：23：57	00：24：02					*	5
00：24：02	00：24：04	*					2
00：24：05	00：24：06					*	1
00：24：06	00：24：08	*					2
00：24：08	00：24：09				*		1
00：24：09	00：24：19	*					10

续表

开始时间	结束时间	语言形态			空白		时间长度（秒）
		英语	汉语	藏语	1	2	
00：24：19	00：24：21					*	2
00：24：21	00：24：28	*					7
00：24：28	00：24：35				*		7
00：24：35	00：24：36		*				1
00：24：36	00：24：40					*	4
00：24：40	00：24：42				*		2
00：24：42	00：24：48	*					6
00：24：48	00：24：50					*	2
00：24：50	00：24：52	*					2
00：24：52	00：25：02				*		10
00：25：02	00：25：07		*				5
00：25：07	00：25：08					*	1
00：25：08	00：25：11		*				3
00：25：11	00：25：13					*	2
00：25：13	00：25：18		*				5
00：25：18	00：25：19				*		1
00：25：19	00：25：26		*				7
00：25：26	00：25：27					*	1
00：25：27	00：25：33		*				5
00：25：33	00：25：34					*	1
00：25：34	00：25：37		*				3
00：25：37	00：25：38					*	1
00：25：38	00：26：10				*		32
00：26：10	00：26：14	*					4
00：26：14	00：26：19				*		5
00：26：19	00：26：22	*					3
00：26：22	00：26：24				*		2
00：26：24	00：26：25			*			1
00：26：25	00：26：27				*		2
00：26：27	00：26：30	*					3

续表

开始时间	结束时间	语言形态					时间长度（秒）
		英语	汉语	藏语	空白	
					1	2	
00:26:30	00:26:44				*		14
00:26:44	00:26:46		*				2
00:26:46	00:26:47					*	1
00:26:47	00:26:48		*				1
00:26:48	00:26:49				*		1
00:26:49	00:26:50			*			1
00:26:50	00:27:02				*		12
00:27:02	00:27:05	*					3
00:27:05	00:27:09				*		4
00:27:09	00:27:11			*			2
00:27:11	00:27:13				*		2
00:27:13	00:27:18	*					5
00:27:18	00:27:37				*		19
00:27:37	00:27:39		*				2
00:27:39	00:27:41				*		2
00:27:41	00:27:42			*			1
00:27:42	00:27:47					*	5
00:27:47	00:27:51			*			4
00:27:51	00:28:02				*		11
00:28:02	00:28:05	*					3
00:28:05	00:28:12				*		7
00:28:12	00:28:13			*			1
00:28:14	00:28:17	*					3
00:28:17	00:28:23					*	6
00:28:23	00:28:25	*					2
00:28:25	00:28:27					*	2
00:28:27	00:28:29	*					2
00:28:29	00:28:31					*	2
00:28:31	00:28:32	*					1
00:28:32	00:28:35					*	3

续表

开始时间	结束时间	语言形态			空白		时间长度（秒）
			英语	汉语	藏语	1	2	
00：28：35	00：28：37	*					2
00：28：37	00：28：42					*	5
00：28：42	00：28：44	*					2
00：28：44	00：28：46				*		2
00：28：46	00：28：47	*					1
00：28：47	00：28：49					*	2
00：28：49	00：28：51	*					2
00：28：51	00：28：53				*		2
00：28：53	00：28：56	*					3
00：28：56	00：29：00				*		4
00：29：00	00：29：02	*					2
00：29：02	00：29：26				*		24
00：29：26	00：29：29	*					3
00：29：29	00：29：31					*	2
00：29：31	00：29：33				*		2
00：29：33	00：29：35	*					2
00：29：35	00：29：36				*		1
00：29：36	00：29：38	*					2
00：29：38	00：29：40				*		2
00：29：40	00：29：44					*	4
00：29：44	00：29：48	*					4
00：29：48	00：29：50				*		2
00：29：50	00：29：52					*	2
00：29：52	00：29：58	*					6
00：29：58	00：29：59				*		1
00：29：59	00：30：01	*					2
00：30：01	00：30：02				*		1
00：30：02	00：30：03	*					1
00：30：03	00：30：12				*		9
00：30：12	00：30：13	*					1

续表

开始时间	结束时间	语言形态					时间长度（秒）
		英语	汉语	藏语	空白		
					1	2	
00：30：13	00：30：34				*		21
00：30：34	00：30：36		*				2
00：30：36	00：30：39		*				3
00：30：39	00：30：41					*	2
00：30：41	00：30：42		*				1
00：30：42	00：30：45	*					3
00：30：45	00：30：52		*				7
00：30：52	00：30：54					*	2
00：30：54	00：30：56		*				2
00：30：56	00：30：58					*	2
00：30：58	00：31：00		*				2
00：31：00	00：31：03					*	3
00：31：03	00：31：05		*				2
00：31：05	00：31：19				*		14
00：31：19	00：31：26		*				7
00：31：26	00：31：28			*			2
00：31：28	00：31：30					*	2
00：31：30	00：31：30			*			1
00：31：31	00：31：32					*	1
00：31：32	00：31：34				*		2
00：31：34	00：31：38		*				4
00：31：38	00：31：39					*	1
00：31：39	00：31：43		*				4
00：31：43	00：31：44					*	1
00：31：44	00：31：49	*					5
00：31：49	00：31：51					*	2
00：31：51	00：31：55		*				4
00：31：55	00：31：57					*	2
00：31：57	00：32：02		*				5
00：32：02	00：32：05					*	3

续表

开始时间	结束时间	语言形态			空白		时间长度（秒）
		英语	汉语	藏语	1	2	
00:32:05	00:32:08		*				3
00:32:08	00:32:10					*	2
00:32:10	00:32:12			*			2
00:32:12	00:32:15		*				3
00:32:15	00:32:16					*	1
00:32:16	00:32:18		*				2
00:32:18	00:32:19					*	1
00:32:19	00:32:22		*				3
00:32:22	00:32:26	*					4
00:32:26	00:32:28					*	2
00:32:28	00:32:40		*				12
00:32:40	00:32:43					*	2
00:32:43	00:32:50		*				7
00:32:50	00:32:52					*	2
00:32:52	00:32:53		*				1
00:32:53	00:32:54					*	1
00:32:54	00:32:55				*		1
00:32:55	00:32:56		*				1
00:32:56	00:32:58					*	2
00:32:58	00:33:00		*				2
00:33:00	00:33:01				*		1
00:33:01	00:33:03		*				2
00:33:03	00:33:04	*					1
00:33:04	00:33:13		*				9
00:33:13	00:33:15				*		2
00:33:16	00:33:26		*				10
00:33:26	00:33:27				*		1
00:33:27	00:33:28		*				1
00:33:28	00:33:33				*		5
00:33:33	00:33:35	*					2

续表

开始时间	结束时间	语言形态					时间长度（秒）
^	^	英语	汉语	藏语	空白		^
^	^	^	^	^	1	2	^
00:33:35	00:33:36			*			1
00:33:37	00:33:38	*					1
00:33:38	00:33:42				*		4
00:33:42	00:33:44		*				2
00:33:44	00:33:45				*		1
00:33:45	00:33:47		*				2
00:33:47	00:33:51	*					4
00:33:51	00:33:57				*		6
00:33:57	00:33:59	*					2
00:33:59	00:34:06				*		7
00:34:06	00:34:12	*					6
00:34:12	00:34:20				*		8
00:34:20	00:34:22	*					2
00:34:22	00:34:23				*		1
00:34:23	00:34:26	*					3
00:34:26	00:34:27			*			1
00:34:27	00:34:31				*		4
00:34:31	00:34:34	*					3
00:34:34	00:34:37				*		3
00:34:37	00:34:39					*	3
00:34:39	00:34:41	*					2
00:34:41	00:34:45	*					4
00:34:45	00:34:49	*					4
00:34:49	00:34:51				*		2
00:34:51	00:34:54	*					3
00:34:54	00:34:56					*	2
00:34:56	00:35:00	*					4
00:35:00	00:35:01				*		1
00:35:01	00:35:04	*					3
00:35:04	00:35:06				*		2

续表

开始时间	结束时间	语言形态			空白		时间长度（秒）
		英语	汉语	藏语	1	2	
00：35：06	00：35：07		*				1
00：35：07	00：35：08					*	1
00：35：08	00：35：09		*				1
00：35：09	00：35：11					*	2
00：35：11	00：35：15		*				4
00：35：15	00：35：20			*			5
00：35：20	00：35：23		*				3
00：35：23	00：35：24					*	1
00：35：24	00：35：27		*				3
00：35：27	00：35：29					*	2
00：35：29	00：35：32		*				3
00：35：32	00：35：34					*	2
00：35：34	00：35：35	*					1
00：35：35	00：35：36					*	1
00：35：36	00：35：44		*				8
00：35：44	00：35：45					*	1
00：35：45	00：35：47	*					2
00：35：47	00：35：53				*		6
00：35：53	00：35：54				*		1
00：35：55	00：35：59	*					4
00：35：59	00：36：14					*	15
00：36：14	00：36：17	*					3
00：36：17	00：36：24				*		7
00：36：24	00：36：26					*	2
00：36：26	00：36：31	*					5
00：36：31	00：36：33				*		2
00：36：33	00：36：37	*					4
00：36：37	00：36：40				*		3
00：36：40	00：36：43	*					3
00：36：43	00：36：44					*	1

附录二　三语环境下教师课堂语言保持时长数据库　　237

续表

开始时间	结束时间	语言形态					时间长度（秒）
^	^	英语	汉语	藏语	空　白		^
^	^	^	^	^	1	2	^
00：36：44	00：36：47	*					3
00：36：47	00：36：51				*		4
00：36：51	00：36：52		*				1
00：36：52	00：36：58				*		6
00：36：58	00：37：01	*					3
00：37：01	00：37：16				*		15
00：37：16	00：37：19	*					3
00：37：19	00：37：47				*		28
00：37：47	00：37：48	*					1
00：37：48	00：37：54				*		6
00：37：54	00：37：56	*					2
00：37：56	00：37：57				*		1
00：37：57	00：37：58	*					1
00：37：58	00：37：59				*		1
00：37：59	00：38：01	*					2
00：38：01	00：38：06					*	5
00：38：06	00：38：09	*					3
00：38：09	00：38：10				*		1
00：38：10	00：38：14	*					4
00：38：14	00：38：16					*	2
00：38：16	00：38：18				*		2
00：38：18	00：38：20					*	2
00：38：20	00：38：22	*					2
00：38：22	00：38：23				*		1
00：38：23	00：38：25	*					2
00：38：25	00：38：26			*			1
00：38：26	00：38：27		*				1
00：38：27	00：38：37					*	10
00：38：37	00：38：40				*		3
00：38：40	00：38：41			*			1

续表

开始时间	结束时间	语言形态					时间长度（秒）
^	^	英语	汉语	藏语	空 白		^
^	^	^	^	^	1	2	^
00：38：41	00：38：43					*	2
00：38：43	00：38：44	*					1
00：38：44	00：38：51				*		7
00：38：51	00：38：52			*			1
00：38：52	00：39：00				*		8
00：39：00	00：39：07	*					8
00：39：07	00：39：18				*		11
00：39：18	00：39：24	*					6
00：39：24	00：39：44				*		20
00：39：44	00：39：46	*					2
00：39：46	00：39：47				*		1
00：39：47	00：39：51	*					4
00：39：51	00：39：53				*		2
00：39：53	00：39：55	*					2
00：39：55	00：39：57				*		2
00：39：57	00：39：58	*					1
00：39：58	00：40：00				*		2
00：40：00	00：40：02	*					2
00：40：02	00：40：03				*		1
00：40：03	00：40：07	*					4
00：40：07	00：40：15				*		8
00：40：15	00：40：17		*				2
00：40：17	00：40：18					*	1
00：40：18	00：40：20				*		2
00：40：20	00：40：23	*					3
00：40：23	00：41：02				*		39
00：41：02	00：41：06	*					4
00：41：06	00：41：07				*		1
00：41：07	00：41：08		*				1
00：41：08	00：41：09					*	1

续表

开始时间	结束时间	语言形态			空白		时间长度（秒）
		英语	汉语	藏语	1	2	
00:41:09	00:41:12				*		3
00:41:12	00:41:14		*				2
00:41:14	00:41:16					*	2
00:41:16	00:41:18		*				2
00:41:18	00:41:20				*		2
00:41:20	00:41:23	*					3
00:41:23	00:41:25				*		2
00:41:25	00:41:28			*			3
00:41:28	00:41:31				*		3
00:41:31	00:41:41					*	10
00:41:41	00:41:48	*					7
00:41:48	00:41:50					*	2
00:41:50	00:41:51	*					1
00:41:51	00:41:57				*		6
00:41:57	00:41:59	*					2
00:41:59	00:42:00				*		1
00:42:00	00:42:02	*					2
00:42:02	00:42:03					*	1
00:42:03	00:42:04				*		1
00:42:04	00:42:08		*				4
00:42:08	00:42:09				*		1
00:42:09	00:42:12		*				3
00:42:12	00:42:13					*	1
00:42:13	00:42:16		*				3
00:42:16	00:42:17					*	1
00:42:17	00:42:19		*				2
00:42:19	00:42:23					*	4
00:42:23	00:42:26		*				3
00:42:26	00:42:29				*		3
00:42:30	00:42:31	*					1

续表

开始时间	结束时间	语言形态			空白		时间长度（秒）
		英语	汉语	藏语	1	2	
00：42：31	00：42：33				*		3
00：42：33	00：42：34	*					1
00：42：34	00：42：35				*		1
00：42：35	00：42：36	*					1
00：42：36	00：42：38				*		2
00：42：38	00：42：41	*					3
00：42：41	00：42：52				*		9
00：42：52	00：42：54	*					2
00：42：54	00：42：55				*		1
00：42：55	00：42：57	*					2
00：42：57	00：43：05				*		7
00：43：05	00：43：07			*			2
00：43：07	00：43：10				*		3
00：43：10	00：43：13	*					3
00：43：13	00：43：25				*		12
00：43：25	00：43：27	*					2
00：43：27	00：43：37				*		10
00：43：37	00：43：39	*					2
00：43：39	00：43：41				*		2
00：43：41	00：43：42	*					1
00：43：42	00：43：43					*	1
00：43：43	00：43：44			*			1
00：43：44	00：43：45	*					1
00：43：45	00：43：46					*	1
00：43：46	00：43：47	*					1
00：43：47	00：43：48					*	1
00：43：48	00：43：49	*					1
00：43：49	00：43：50					*	1
00：43：50	00：43：52	*					2
00：43：52	00：43：54					*	1

续表

开始时间	结束时间	语言形态			空白		时间长度（秒）
		英语	汉语	藏语	1	2	
00:43:54	00:43:56	*					2
00:43:57	00:43:58					*	1
00:43:58	00:44:01	*					3
00:44:01	00:44:03					*	2
00:44:03	00:44:04	*					1
00:44:04	00:44:05					*	1
00:44:05	00:44:08		*				3
00:44:08	00:44:11				*		3
00:44:11	00:44:13		*				2
00:44:13	00:44:15				*		2
00:44:15	00:44:18			*			3
00:44:18	00:44:22					*	4
00:44:22	00:44:24	*					2
00:44:24	00:44:30					*	6
00:44:30	00:44:34	*					4
00:44:34	00:44:38		*				4
00:44:38	00:44:39					*	1
00:44:39	00:44:45		*				6
00:44:45	00:44:51	*					6
00:44:51	00:44:53		*				2
00:44:53	00:44:54					*	1
00:44:54	00:44:59						5
00:44:59	00:45:00					*	1
00:45:00	00:45:02		*				2
00:45:02	00:45:03				*		1
00:45:03	00:45:13		*				10
00:45:13	00:45:14				*		1
00:45:14	00:45:16		*				2
00:45:16	00:45:18				*		2
00:45:18	00:45:20		*				2

续表

开始时间	结束时间	语言形态			空白		时间长度（秒）
		英语	汉语	藏语	1	2	
00：45：20	00：45：21					*	1
00：45：21	00：45：25		*				4
00：45：25	00：45：26					*	1
00：45：26	00：45：29		*				3
00：45：29	00：45：30	*					1
00：45：30	00：45：37			*			7
00：45：37	00：45：38					*	1
00：45：38	00：45：40			*			2
00：45：40	00：45：41					*	1
00：45：41	00：45：42	*					1
00：45：42	00：45：44				*		2
00：45：44	00：45：47	*					3
00：45：47	00：45：51				*		4
00：45：51	00：45：53			*			2
00：45：53	00：45：55	*					2
00：45：55	00：45：57					*	2
00：45：57	00：45：59	*					2
00：45：59	00：46：10				*		11

后　　记

本书是基于我的博士学位论文《三语环境下外语教师课堂语码转换研究》修改完成的。

本书写作的整个过程对我来说是一个漫长、艰辛而又充满愉悦的历程，本书的完成得益于很多人的支持和帮助。

首先，我要最深切地感谢我的导师姜秋霞教授，本书从选题到撰写都是在导师的悉心指导下完成的。导师渊博的学识、严谨的治学态度和虚怀若谷的高尚品格使我受益终生。多年以来，导师的谆谆教诲和殷切期望时时激励着我，鞭策我在求学和为人的道路上不敢有丝毫懈怠。曾幻想本书完成后的轻松与喜悦，但本书脱稿之际却发现自己学力不足，辜负恩师的期望和要求使我深感不安，唯有今后孜孜不倦地继续努力，用自己的全面成长和进步回报恩师的辛勤栽培。

西北师范大学有着悠久的学术传统和浓郁的学术氛围，我亦深受西北师范大学李定仁教授、胡德海教授、王嘉毅教授、周爱保教授、武和平教授和靳琰教授的影响和教诲。感谢西北师范大学外国语学院曹进教授对本书出版的关心与支持。

西北师范大学外国语学院为本研究的田野工作提供了大力支持，中共玛曲县委、玛曲县人民政府、玛曲县教育局、玛曲县藏族寄宿制中学和玛曲县藏族寄宿制小学都积极配合并大力支持本研究田野工作，八名个案教师花费了大量的时间和精力积极配合研究，他们的敬业精神和合作态度使我深受感动，在此一并致谢。

感谢中国社会科学出版社任明老师和其他老师在本书出版中给予的大力支持与帮助。

感谢杨婕老师和赵峰艳老师在数据录入时提供的慷慨帮助，感谢西北师范大学文学院元旦副教授和多杰端智同学为本研究提供了藏文翻译。感谢西北师范大学教育学院慕宝龙老师以及研究生王耀华同学、施多东同学和贾寅凤同学在本书最后的文稿校订中付出的辛勤劳动。

  最后特别感谢我的亲人。岳父、岳母不辞辛劳、不计牺牲地承担着抚养孩子的重任,使我能潜心于本书写作;感谢父母含辛茹苦地将我抚养成人,又支持我走过了漫长的求学生涯;感谢妻子在生活上所做的牺牲和学业上给予的支持;感谢女儿充满童趣的打扰,使我艰辛的写作过程多了一份愉悦的回忆。

刘全国

2012 年 12 月于金城兰州